AN HAVÉRE 1967

MATÉRIALISME
VITALISME
RATIONALISME

ÉTUDES SUR L'EMPLOI DES DONNÉES DE LA SCIENCE

EN PHILOSOPHIE

PAR M. COURNOT

ANCIEN INSPECTEUR GÉNÉRAL DES ÉTUDES

Novissima verba.

PARIS
LIBRAIRIE HACHETTE ET Cie
79, BOULEVARD SAINT-GERMAIN, 79

MATÉRIALISME
VITALISME
RATIONALISME

OUVRAGES DE L'AUTEUR

QUI SE TROUVENT A LA MÊME LIBRAIRIE.

Traité élémentaire de la théorie des fonctions et du calcul infinitésimal, 2e édit. 1857. 2 vol.

Exposition de la théorie des chances et des probabilités. 1843.

De l'origine et des limites de la correspondance entre l'algèbre et la géométrie. 1847.

Recherches sur les principes mathématiques de la théorie des richesses. 1838.

Principes de la théorie des richesses. 1863.

Essai sur les fondements de nos connaissances et sur les caractères de la critique philosophique. 1851. 2 vol.

Traité de l'enchaînement des idées fondamentales dans les sciences et dans l'histoire. 1861. 2 vol.

Considérations sur la marche des idées et des événements dans les temps modernes. 1872. 2 vol.

Des institutions d'instruction publique en France. 1864.

Paris. — Imprimerie de E. Donnaud, rue Cassette, 9.

MATÉRIALISME
VITALISME
RATIONALISME

ÉTUDES SUR L'EMPLOI DES DONNÉES DE LA SCIENCE

EN PHILOSOPHIE

PAR M. COURNOT

ANCIEN INSPECTEUR GÉNÉRAL DES ÉTUDES

Novissima verba.

PARIS
LIBRAIRIE HACHETTE ET CIE
79, BOULEVARD SAINT-GERMAIN, 79

1875

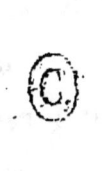

Au bienveillant Lecteur.

C'est la suscription que les vieux auteurs mettaient à leurs préfaces, et aucune ne convient mieux à mon âge, à la condition de mon livre, à la difficulté ou à l'obscurité des matières que j'y traite. Il faut avouer une faiblesse : après avoir pris, il y a trois ans, assez solennellement congé du public restreint auquel je m'étais jusqu'alors adressé, je me suis laissé trop facilement persuader de resserrer dans un volume de petit format un système de philosophie laborieusement exposé dans toute une rangée de volumes in-8°, dont il serait dur en effet d'exiger que l'amateur chargeât sa bibliothèque. On ne m'avait cependant pas reproché d'être prolixe, mais plutôt trop concis ; et peut-être ce défaut choquera-t-il moins dans un abrégé où l'on sait bien que l'auteur ne peut pas tout dire et qu'il s'en remet pour les développements à l'intelligence du lecteur. D'ailleurs le titre donné au volume préviendra suffisamment ceux qui n'aiment que les lectures faciles. Cependant, pour ne pas me réduire tout à fait au rôle d'abréviateur, et pour que ce nouveau travail eût son intérêt propre, j'ai entrepris d'y serrer de plus près la donnée scientifique en évitant toutefois, autant que possible, les détails techniques. Ce sera plutôt un « Discours sur la philosophie naturelle », au sens des Anglais, qu'une « Philosophie de la Nature », au sens ambitieux des Allemands. Ou plutôt encore j'ai fait de mon mieux pour que le livre ne fût ni anglais, ni allemand, mais purement français.

Je dois des remercîments à un ami que m'ont valu de précédentes publications, M. Langlacé, dont j'ai mis à profit les avis et qui m'a aidé à purger ce volume d'une partie des fautes qu'il contenait.

Paris, le 1er janvier 1875.

MATÉRIALISME. VITALISME.
RATIONALISME.

ÉTUDES SUR L'EMPLOI DES DONNÉES DE LA SCIENCE

EN PHILOSOPHIE

PREMIÈRE SECTION

MATÉRIALISME

§ 1ᵉʳ. — De l'idée de matière.

Chez un peuple pour qui le passage de la vie des bois à la vie des champs n'était pas encore un fait bien ancien, le mot de MATIÈRE (*materia, materies*) désignait un abatis de bois, gisant dans le voisinage de la cabane : sorte de provision tout à la fois encombrante et utile au premier chef; soit qu'il s'agisse pour l'homme de se créer avec les grosses pièces un abri, des ouvrages de défense, un radeau, un canot, un pont, une route, des armes, des outils, des meubles grossiers; soit qu'il tire parti des débris pour réchauffer ses membres et pour cuire ses aliments. Mais puisque le même bois devient, entre les mains de l'homme, tantôt une poutre, tantôt un canot, tantôt un pieu, tantôt une massue, tantôt une fascine, tantôt un fagot à brûler, il est bien naturel que l'homme soit ainsi frappé pour la première fois du contraste entre la *forme* qui change et la *matière* qui reste la même malgré les changements de forme. Puis, par généralisation, on dira de la pierre, du métal, à mesure que l'homme aprendra à les travailler, ce que tout à l'heure on disait du bois, et le mot de matière deviendra un terme générique et abstrait : *materiam superabat opus*. Bien plus tard on opposera, sous le nom de *matières premières*, aux produits d'une industrie perfectionnée, ce qui a déjà reçu des mains de l'homme une forme, un apprêt adapté à des fabrications ultérieures. Sans même attendre cette époque de civilisation très-avancée, l'on sera conduit à transporter par analogie, dans la langue des écoles, dans celle des tribunaux et des affaires, les idées et les mots de *matière* et de *forme*, en les appliquant à des choses qui ne tombent plus sous les sens, ou qui n'y tombent que d'une manière détournée et indirecte, grâce à l'artifice des allusions et des signes. Un rhéteur dictera la *matière* d'une amplification ; un tribunal sera dit incompetent à cause de la *matière ;* un théologien raisonnera sur la *matière* d'un sacrement, et ainsi de suite.

Nous ne nous occupons point ici de ces analogies éloignées, mais seulement de l'idée de matière en tant qu'elle s'applique aux choses corporelles et sensibles qui sont l'objet des sciences physico-chimiques. Revenons donc au sens archaïque et primitif du mot de matière, selon les Latins et les Grecs (1), en prenant pour

---

(1) On admet avec raison que la présence, dans des langues de même souche, de mots issus de la même racine et pris dans le même sens, témoigne d'un fonds commun d'habitudes et d'idées, antérieu à la séparation des idiomes. Tel n'est pas précisément le cas pour le

terme de comparaison ou pour type l'abatis de bois. Ce bois non travaillé offrira encore des différences sensibles de texture, de dureté, de couleur, selon les essences forestières et l'âge des arbres qui l'ont fourni : mais, avec quelques préparations, on le débarrassera de l'eau qu'il retient, des principes qui le colorent; on en pulvérisera les cellules et les fibres, de manière à le convertir en une substance blanche que naguère on appelait le *ligneux*, dont l'ingrédient principal porte aujourd'hui le nom de *cellulose*, substance avec laquelle se fabrique le papier, et qu'on retrouve à très-peu près la même dans tous les bois, dans toutes les fibres textiles. De même que le bois prend la forme d'un ustensile ou d'un meuble sans cesser d'être du bois, ainsi la cellulose prend la forme de bois, de toile ou de papier, sans cesser d'être de la cellulose. C'est la matière première du bois, de la toile ou du papier, qui revêt des formes diverses, avec ou sans l'addition d'autres substances, soit par l'industrie de la Nature, soit par celle de l'homme.

Et même la capacité de transformation ne s'arrêtera point là. Entre les mains du chimiste, la cellulose pourra donner du sucre, de l'alcool, des huiles, des acides. Par les procédés vulgaires de combustion, elle se résoudra en eau et en charbon qui se dissiperont, l'eau

---

latin *materia* et pour le grec ὕλη (*sylva*) dont les racines n'ont rien de commun. Cependant ils se correspondent si bien dans la série de leurs acceptions, moins par une nécessité logique et rigoureuse, que par suite de certaines habitudes d'esprit, qu'on pourrait encore y voir un indice de la parenté originelle, et rapporter ces habitudes à une date antérieure à la séparation des idiomes. Ne reconnaît-on pas la parenté des langues, aussi bien et mieux encore à la ressemblance des formes grammaticales qu'à l'identité des racines ou des éléments phonétiques du langage, c'est-à-dire, pour rentrer dans notre sujet, aussi bien à la forme qu'à la matière du langage ?

sous forme de vapeur, le charbon en passant à l'état de gaz acide carbonique par sa combinaison avec l'oxygène de l'air : de sorte que, si l'on s'en tient à une observation grossière, on pourra croire que la matière du bois a été anéantie, qu'il n'en reste rien, et que le phénomène de la combustion a entraîné une déperdition de matière ou de substance.

Telle n'est pourtant pas l'idée que la science nous donne. Au contraire elle met hors de doute ce fait capital, qu'à travers toutes les métamorphoses, et pourvu qu'on recueille soigneusement tous les produits solides, liquides ou gazeux, il ne se fait jamais la moindre déperdition, non plus que la moindre augmentation de matière ou de substance. Si l'on opère sur un kilogramme de bois, il faudra que ce kilogramme se retrouve sous forme de cendres, de vapeur d'eau, d'acide carbonique, en tenant compte de tous les produits obtenus et en les suivant dans toutes leurs transformations, dans toutes leurs associations avec des corps étrangers. Ce qui reste indépendant de la forme et de tous les caractères qui tombent sous nos sens, ce qui ne varie jamais, ce qui constitue la matière, l'étoffe ou la substance des corps, nous est donc accusé par la balance, pourvu qu'elle ait une grande précision et que la pesée se fasse avec tout le soin possible, en ne négligeant rien pour se mettre à l'abri de toutes les chances d'erreur.

Arrêtons-nous un instant sur ce point capital. Bien avant que les physiciens ne fussent en mesure de donner la preuve expérimentale du fait qu'on vient d'énoncer, les philosophes avaient discouru sur l'idée de *substance*, les grammairiens distinguaient des *substantifs* et des *adjectifs*, c'est-à-dire distinguaient la substance d'une chose d'avec les qualités qu'elle revêt et qui la rendent sensible : ce qui suffit pour montrer que l'esprit humain est naturellement enclin à concevoir dans les choses un fond qui subsiste malgré leurs métamorphoses continuelles, mais ce qui ne suffit pas pour établir que la nature des choses cadre avec cette disposition de l'esprit humain et la justifie. Il a fallu l'avénement de la physique expérimentale moderne pour justifier en cela les métaphysiciens et les grammairiens, pour donner à l'idée ou à la catégorie de substance une valeur scientifique, en ce qui concerne les corps que nous touchons, que nous remuons, et dont le poids peut être accusé par la balance : ce qui ne veut pas dire qu'en d'autres choses sur lesquelles l'observation scientifique n'a eu jusqu'ici et n'aura probablement jamais aucune prise, la même idée préconçue de substance n'ait singulièrement contribué à égarer les philosophes et à les jeter dans d'inextricables difficultés.

Le poids est facilement mesurable, et l'instrument de mesure peut acquérir une grande précision : voilà les deux circonstances qui, dans l'espèce, rendent possible la preuve scientifique, qui d'une conception de l'esprit humain font une loi de la Nature et une vérité *positive*. D'ailleurs nous avons en cela l'exemple de l'artifice fécond auquel l'expérimentation est surtout redevable de sa puissance, et qui consiste à substituer à la mesure directe une mesure indirecte d'un emploi plus commode. Car le poids n'est ici que l'indice de la *masse* ou de la *quantité de matière*. On achète du pain au poids, non qu'on tienne au poids du pain, mais parce que l'on tient à savoir au juste quelle quantité de cette matière nutritive on obtient pour son argent, sauf à en apprécier comme on pourra les autres qualités qui ne comportent pas une mesure ou une détermination aussi précise. Que d'inégales quantités de la même matière puissent être entassées dans le même volume, c'est ce que nous apprend l'observation la plus grossière, toute abstraction faite de la considération du poids, et de la manière dont les corps font impression sur nous, en tant que pesants. En réalité le poids des corps n'est nullement invariable : la science nous apprend que la cargaison d'un navire qui fait route de St-Nazaire à la Pointe-à-Pitre, diminue de poids à mesure qu'elle s'approche des régions équatoriales; ce que l'on constaterait au moyen d'une balance à ressort, mais ce qu'on ne peut constater avec une balance ordinaire, attendu que la diminution porte également sur le poids qu'on mesure et sur le poids étalon qui sert d'instrument de mesure. Or, cette altération du poids ne change rien au grand principe de l'inaltérabilité de la masse ou de la quantité de matière, lequel est un des fondements de la philosophie naturelle.

Dans l'état de nos connaissances scientifiques, nous pouvons affirmer qu'il y a hétérogénéité radicale entre certaines substances matérielles; que toutes ne sont pas convertibles les unes dans les autres; que, malgré le dire du poëte et les promesses de l'alchimiste, l'or reste toujours de l'or et le plomb toujours du plomb; que le charbon et l'hydrogène mis en liberté par la décomposition du bois ou par celle des produits d'une première décomposition, ne se transforment jamais, l'hydrogène en charbon, ni le charbon en hydrogène.

Selon les doctrines de l'empirisme pur, cela veut dire seulement que nous n'avons trouvé jusqu'ici aucun moyen, et que la Nature dans son laboratoire n'emploie à notre connaissance aucun moyen pour changer le plomb en or ou l'hydrogène en charbon ; et pendant longtemps les chimistes se sont crus obligés à cette réserve de langage afin de se mettre en règle avec la philosophie régnante : mais la science dont l'empirisme n'est pas, quoi qu'on dise, le seul élément, va plus loin ; et toutes les analogies portaient à ranger les terres et les alcalis parmi les corps composés, bien avant qu'on n'en eût effectivement opéré la décomposition. C'est aussi par une convenable interprétation des analogies chimiques que Davy a pu, avec l'assentiment de tous les chimistes, ranger parmi les corps simples et baptiser du nom de *chlore* ce qui était pour Scheele l'*acide muriatique déphlogistiqué*, pour Lavoisier l'*acide muriatique oxygéné*, c'est-à-dire un corps composé. Sans doute la science ne nous autorise point à prononcer que des corps sont *absolument* simples ou irréductibles (puisque l'absolu n'est point l'objet de la science), mais seulement qu'ils jouent le rôle d'éléments ou de corps simples dans le monde phénoménal où se renferment nécessairement nos observations, nos formules et nos théories.

A la vérité, l'allongement de la liste des corps simples, bien plus encore que l'allongement de la liste des planètes, commence à nous embarrasser beaucoup. Notre raison est ainsi faite, qu'elle admettrait volontiers deux, trois, quatre éléments, et qu'il lui coûte d'en admettre 73 ou 146. Pourquoi cela ? Serait-ce que nous subissons encore l'influence de certaines doctrines pythagoriciennes? Nullement; mais c'est que nous n'entrevoyons aucune raison théorique pour que le nombre des substances qui possèdent ce caractère si tranché de l'irréductibilité, ne fût pas tout aussi bien 73 ou 74, 145 ou 147 : tandis que la simplicité des nombres 2, 3, 4, la gradation bien plus prononcée de l'un à l'autre, sans nous donner la raison de préférence, sont pour nous, dans les conditions de notre jugement humain, le véhément indice d'une raison intrinsèque de préférence. Il fallait bien prendre 4 là où 3 n'aurait pas suffi. Aussi ne doutons-nous point que la Nature n'ait eu d'excellentes raisons de choisir quatre radicaux chimiques, l'oxygène, l'hydrogène, le carbone et l'azote, à l'effet d'en composer les éléments essentiels de tous les tissus vivants. Au contraire il nous répugne de croire que la Nature ait produit, uniquement pour satisfaire la curiosité des chimistes de profession, des radicaux chimiques en doses si petites et dans un tel état de dissémination, qu'ils ne jouent à vrai dire aucun rôle dans l'économie de notre monde terrestre. Ainsi commence à se montrer, jusques dans ce qui paraît constituer la première étoffe du monde sensible, l'irrationnalité ou la contingence du fait, l'arbitraire de la donnée, la part du hasard, comme nous l'expliquerons plus loin. Car c'est par hasard que notre masse terrestre a englobé tels radicaux chimiques plutôt que tels autres; et nous ne pouvons raisonnablement douter que pour d'autres planètes, pour d'autres soleils, pour d'autres nébuleuses, la liste serait autre, tout en conservant partout le caractère de fait contingent.

§ 2. — De l'idée de force et des principes de la mécanique.

Nous voyons constamment que des blocs de pierre, de bois, de métal, et en général tous les corps que la vie n'anime pas ou qu'elle n'anime plus, gisent immobiles tant qu'une impulsion ou une traction étrangère, à laquelle on donne le nom de *force*, ne vient pas les tirer de leur immobilité. En conséquence nous les qualifions de corps *inertes*, par opposition aux corps vivants, capables, à ce qu'il semble, de se mouvoir d'eux-mêmes; et nous regardons l'*inertie* comme une propriété générale de la matière, sauf à tenir compte des forces que la vie suscite chez les êtres organisés et vivants, à l'effet de surmonter l'inertie propre aux matériaux de l'organisme comme à toutes les autres substances matérielles.

Cependant, même pour les corps privés de vie, il y a des exemples fréquents de mouvements en apparence spontanés. De menus morceaux de paille ou de papier se soulèvent en présence d'un bâton de résine que l'on vient de frotter; la limaille de fer marche à la rencontre d'un barreau aimanté; une pierre que l'on cesse de soutenir tombe suivant la verticale, comme si elle était poussée vers le centre de la terre. Enfin Newton et ses successeurs ont mis hors de doute la *gravitation universelle* ou l'*attraction à distance* que toutes les particules de la matière exercent les unes sur les autres en raison de leurs masses, quels que soient les espaces vides qui les séparent, et sauf à tenir compte du décroissement de l'action par l'accroissement des distances, suivant la loi donnée par le grand philosophe anglais.

On peut dire et l'on a dit que ces faits sont d'accord avec la notion de l'inertie de la matière, en ce sens que le corps mis en mouvement l'est toujours par suite de l'action ou de l'influence d'un corps étranger. Ainsi le morceau de papier ne se meut que sous l'influence du bâton de résine, la limaille de fer sous l'influence du barreau aimanté, la pierre sous l'influence de toutes les molécules dont se compose la masse terrestre : de sorte que le morceau de papier, la limaille de fer, la pierre resteraient dans un repos éternel si rien d'extérieur ne les en tirait. Mais on répondrait qu'à cet égard il en est absolument des corps vivants comme des corps réputés inertes; que jamais l'animal ne se mettrait en mouvement s'il n'y avait des objets extérieurs dont l'influence le sollicite à prendre tel mouvement plutôt que tel autre, ou que si des organes se meuvent en l'absence de stimulants extérieurs à l'animal, c'est en vertu de l'action stimulante exercée par d'autres parties de l'organisme. Il faudra donc chercher ailleurs la différence essentielle entre les phénomènes du monde inorganique et ceux que nous offrent les êtres vivants.

Et d'abord, si l'estomac qui a faim sollicite les membres de l'animal à se mouvoir pour chercher de la nourriture, on ne peut pas dire que les membres mis en mouvement réagissent sur l'estomac tant que la nourriture n'est pas trouvée, contrairement à cette loi du monde inorganique, que toute action implique une réaction égale et contraire. Ainsi le bâton de résine est sollicité au mouvement par les corps légers qu'il soulève, l'aimant par la limaille de fer attirée, le globe terrestre par la pierre qui tombe, quoique les mouvements de réaction soient incomparablement moins sensibles pour des masses incomparablement plus grandes. D'après l'idée que nous nous faisons de l'inertie de la matière, il y aurait donc lieu de localiser dans l'aimant la force qui meut la limaille de fer, sauf à localiser dans la parcelle de fer la force d'intensité égale et de direction contraire, qui meut ou qui tend à mouvoir l'aimant; mais il revient au même et l'on trouve plus commode dans le discours ou dans les calculs, de réputer adhérente à chaque particule matérielle, comme à son siége ou à son support substantiel, la force qui la meut actuellement ou qui la sollicite actuellement à se mouvoir. Ce n'est là sans doute qu'une conception, peut-être même une simple fiction de l'esprit. La fiction, si fiction il y a, sera justifiée au cas qu'elle facilite la construction scientifique; et une critique supérieure pourra seule nous apprendre s'il faut y voir autre chose qu'un artifice plus ou moins commode.

Dès à présent nous pouvons répondre à ceux qui voudraient (en haine, disent-ils, des entités métaphysiques) que l'on se contentât de signaler un *fait* ou une *loi*, là où les physiciens et les géomètres s'accordent généralement à admettre une *force*. On coupe le fil d'un fil-à-plomb et le plomb tombe : c'est une loi, disent les uns; c'est un fait, disent d'autres logiciens qui se piquent de plus de rigueur encore. Mais, avant d'être coupé le fil était tendu, il exerçait une traction sur ses supports, on pouvait reconnaître tous les symptômes de l'action des forces qui nous sont familières;

et dès lors on pécherait contre les règles logiques de la définition *per genus proximum*, on tomberait dans la métaphysique, c'est-à-dire, comme ces logiciens l'entendent, dans l'abus de l'abstraction et des généralités, si l'on préférait des termes généraux qui n'expriment rien des symptômes en question, au terme propre qui correspond justement à l'une des plus naturelles et des plus fondamentales de nos idées, sauf (nous le répétons) à examiner ultérieurement jusqu'à quel point cette idée, pour nous si naturelle, s'accorde avec la nature et le fond des choses extérieures.

L'inertie des corps ne consiste pas seulement à persévérer dans l'état de repos, si nulle force étrangère ne les sollicite à se mouvoir ; elle consiste tout aussi bien à persévérer dans l'état de mouvement, sans changement de direction ni de vitesse, si nulle force n'intervient pour opérer l'accélération, le ralentissement ou la déviation du mouvement. — La même force agit sur une particule matérielle de la même manière, en lui imprimant la même vitesse ou le même surcroît de vitesse, quel que soit l'état de repos ou de mouvement de la particule : ce qui fait que dans la chute des corps pesants, continuellement soumis à l'action constante de la pesanteur, un surcroît constant de vitesse s'ajoute continuellement à la vitesse acquise, et la chute est constamment accélérée suivant la loi donnée par Galilée. — La vitesse imprimée à une particule matérielle est proportionnelle à l'intensité de la force ; et par exemple, si deux barreaux aimantés, agissant séparément à la même distance, impriment à un globule de fer des vitesses égales, le faisceau des deux barreaux, agissant toujours à la même distance, imprimera au même globule une vitesse double. — Réciproquement, les vitesses imprimées par la même force à des particules matérielles de masses inégales, seront en raison inverse de leurs masses. Si, par exemple, on soude à un globule de fer un globule de plomb du même poids sur lequel l'aimant n'agit pas, mais qu'entraîne dans son mouvement le globule de fer sur lequel l'aimant agit, la vitesse imprimée au système des deux globules ne sera que la moitié de celle qu'imprimait l'aimant au globule de fer isolé: attendu que la même force aura été employée à mouvoir un poids double, c'est-à-dire une masse double, d'après les explications déjà données.

Tels sont à peu près les principes qui suffisent pour constituer la *dynamique* ou la théorie mathématique du mouvement des corps soumis à des forces dont nous ne prétendons pas assigner l'origine et l'essence, mais qui sont géométriquement définies par ce qu'elles ont de géométrique, à savoir leur direction et leur intensité. Ces principes paraissent découler si simplement de l'idée que nous nous formons de l'inertie de la matière, qu'aux yeux d'un philosophe tel que d'Alembert, peu suspect d'excès dans son dogmatisme, la raison suffirait pour les établir, comme étant les plus simples que Dieu pût choisir, et que l'expérience n'interviendrait que pour montrer qu'en fait il n'a pas plu à Dieu d'en choisir d'autres moins simples ou moins conformes au dictamen de la raison. Mais la philosophie des sciences a marché, c'est-à-dire a changé depuis le temps où d'Alembert écrivait son *Traité de Dynamique*; et aujourd'hui l'on ne serait pas reçu, chez les physiciens et les géomètres, à méconnaître le caractère empirique des lois physiques du mouvement. Toutefois il faut se garder de confondre la preuve empirique qu'on en donne avec les expériences décrites dans la physique expérimentale proprement dite, où l'invention des appareils, l'habileté du constructeur, la sagacité de l'expérimentateur ont le rôle important. Les principes généraux de la mécanique sont bien moins des faits cachés que l'on découvre, que des hypothèses que l'on vérifie par l'accord soutenu des observations, surtout des observations astronomiques, les plus précises de toutes, avec les hypothèses préconçues. Il en résulte bientôt une telle confiance dans l'hypothèse que, si des cas singuliers de désaccord se présentent, on y verra l'indice d'une cause spéciale de trouble qu'il faut rechercher, sans pour cela abandonner l'hypothèse. C'est donc au fond la liaison, l'ordre mis dans les phénomènes à la faveur de l'hypothèse, qui, en satisfaisant notre raison, déterminent notre croyance à l'hypothèse ; et en ce sens la preuve est rationnelle plutôt qu'empirique. D'ailleurs il n'y a rien de plus fondamental en physique que les principes généraux de la mécanique ; et comme ce sont les bases mêmes de la science qui fournissent les bases de l'expérience scientifique, il y aurait une sorte de cercle vicieux à admettre que le genre d'expériences auquel une science doit ses développements, pût servir à asseoir les fondements mêmes de la science.

Au temps de d'Alembert, physiciens et géomètres distinguaient encore des forces *continues*, telles que la pesanteur ou l'action magnétique, qui modifient par degrés insensibles le mouvement d'un corps, qui ne lui impriment qu'au bout d'un temps fini une vitesse appréciable, et des forces *instantanées,* comme celles qui résultent du choc de deux corps durs, et qui font éprouver aux vitesses de l'un et de l'autre corps de brusques changements en grandeur et en direction. Mais les progrès de la physique ont supprimé cette distinction. Il n'y a point de dureté absolue, point de choc proprement dit, par la raison toute simple qu'il n'y a jamais de vrai contact, ainsi que cela va être expliqué. Les phénomènes mécaniques qui étaient réputés s'accomplir dans un instant indivisible, s'accomplissent effectivement dans un intervalle de temps qui n'est très-court que par rapport à nous ou par rapport à la durée requise pour l'accomplissement d'autres phénomènes. On peut souvent, par d'ingénieux artifices, y mettre en évidence une succession de phases, et en tout cas l'on doit y concevoir une succession de phases, aussi bien que dans les phénomènes dont la durée nous paraît la plus longue. Etablir que les caractères d'un phénomène sont exclusifs de la loi de continuité, ce serait virtuellement reconnaître qu'on doit renoncer à en donner une explication mécanique.

Il faut bien parler ici de la fameuse dispute *sur la mesure des forces,* entamée au dix-septième siècle où elle est une des marques du contraste du génie de Leibnitz et du génie du Newton, continuée au dix-huitième siècle par les demi-savants et les beaux-esprits, car les vrais savants avaient alors mieux à faire, reprise de notre temps par les ingénieurs et les professeurs, et en dernier lieu (on peut le dire aujourd'hui) définitivement jugée à l'avantage de Leibnitz, grâce aux progrès de la physique. Ceci exige que nous revenions un peu sur nos pas.

Toutes les forces motrices qui tombent directement sous nos sens, et à l'instar desquelles l'esprit conçoit d'autres forces que les sens ne perçoivent pas, offrent un caractère commun, celui du déplacement de la force motrice pendant qu'elle agit. Ainsi l'animal de trait chemine avec l'équipage que son effort entraîne, et cet acte complexe constitue son *travail*; l'eau contenue par un barrage s'écoule en poussant l'aube de la roue motrice; la vapeur se dilate et s'échappe en mettant le piston en mouvement. D'un autre côté l'on conçoit que si l'on a des moyens de répéter dix fois la dépense de force nécessaire pour remonter d'un mètre un poids d'un kilogramme, la même dépense totale pourra avoir pour effet, soit de remonter de dix mètres un poids d'un kilogramme, soit de remonter d'un mètre un poids de dix kilogrammes; et réciproquement que des poids employés comme moteurs feront le même travail, soit qu'on s'arrange pour faire descendre d'un mètre un poids de dix kilogrammes ou de dix mètres un poids d'un kilogramme. Ce sera, suivant l'expression vulgaire, une affaire de détail. Selon les circonstances, le machiniste fera choix d'un moyen ou de l'autre et y appropriera son mécanisme. La mesure du *travail* et par suite, selon Leibnitz, la vraie mesure de la force motrice dépend donc de deux *facteurs*, l'intensité de la force, telle qu'on la mesurerait par la pression qu'elle exerce contre un obstacle insurmontable (ce que Leibnitz appelle la *force morte*), et le chemin que le moteur parcourt en même temps qu'il agit par son effort. C'est ce que Leibnitz appelle *force vive*, et ce qu'au point de vue de l'industrie, si justement préoccupée de l'épargne et par suite de la mesure des forces, on a appelé de nos jours *quantité de travail* (1). Plus tard Montgolfier a dit un mot heureux : « La force vive est ce qui se paie », conséquence naturelle de ce qu'elle est la mesure de l'effet utile. Ainsi la chute d'eau s'évaluera, se payera en raison composée de la masse d'eau débitée à la minute et de la hauteur de la chute. La force vive a de plus cette qualité si précieuse pour l'industriel, qu'on peut la recueillir, l'emmagasiner et ensuite en régler la dépense selon les besoins de l'industrie ; et chez Leibnitz le trait de génie a consisté à deviner, près de deux siècles à l'avance, que l'étalon qui se prête si bien aux besoins de l'industrie de l'homme, doit jouer un rôle analogue dans la grande industrie de la Nature, ou que la nature même des choses, non une manière de voir qui nous soit propre, dicte le choix de l'étalon. Car là était tout le débat : personne ne pouvant contester, ni le droit de donner un nom au produit de deux facteurs, ni l'exactitude des formules où le produit figure, et dans l'énonciation desquelles le nom du produit est employé. Le débat ne portait donc pas sur quelque chose de *positif*, comme on dirait maintenant ; et pourtant ce n'était pas une dispute de mots, comme le soutenait d'Alembert, mais bien, au premier chef, une dispute d'idées, puisqu'elle ne portait sur rien moins que de savoir quelle idée devrait être prise pour le fondement, d'abord de la mécanique, et plus tard de toute la philosophie naturelle. En premier lieu toute la mécanique, la théorie de l'équilibre comme celle du

---

(1) Plus exactement, ce qu'on appelle *force vive* est le double de la *quantité de travail*, mais cela ne change rien au fond des idées.

mouvement, se tirait de ce principe, qu'on ne peut avec des engins inertes par eux-mêmes, tels que les machines, créer de la force vive, augmenter celle dont on dispose, mais seulement en régler la dépense selon ses convenances. Lorsque Lagrange, un siècle après Leibnitz, tirait ainsi par la vertu de l'algèbre toute la mécanique d'un seul principe, il lui fallait (puisqu'il appartenait avec tous les géomètres de son temps à l'école newtonienne) renoncer à établir directement son principe et se borner à en faire ressortir « la fécondité »; tandis que Leibnitz eût vu dans cette fécondité même, si bien mise en lumière, la meilleure justification de sa théorie.

Remarquons qu'à la faveur du principe de l'égalité entre l'action et la réaction, sur lequel Newton avait particulièrement insisté, il en est des actions à distance comme des forces qui agissent par l'intermédiaire de liens matériels. Ainsi l'aimant se déplace en mouvant le fer comme le fer en mouvant l'aimant : l'aimant travaille comme le fer. La terre se déplace en attirant la lune, comme la lune en attirant la terre : la terre travaille comme la lune.

L'affaire de Newton n'était pas de s'occuper de ce travail-là, ni de modeler la mécanique céleste sur celle des machinistes et des ingénieurs. Au contraire il était fort naturel qu'après avoir construit une théorie de la mécanique, appropriée surtout à l'explication des mouvements des corps célestes, Newton entreprit d'appliquer à d'autres questions de physique la méthode qui lui avait si bien réussi en astronomie. Pendant plus d'un siècle les physiciens sortis de son école ont suivi la même voie, en laissant les chimistes en suivre d'autres ; et comme il était prouvé que la plupart des actions de contact ne sont qu'apparentes, que les corps solides ou liquides qui offrent à nos sens un simulacre de continuité, sont en réalité des amas de particules d'une ténuité extrême, maintenues à distance les unes des autres par l'équilibre de forces qui se combattent, la mystérieuse action à distance, qui n'avait été pour les cartésiens que la résurrection des qualités occultes, proscrites par le maître, redevenait la clé de la physique tout entière. Bientôt l'on a été conduit à admettre que le nombre des particules disjointes, contenues dans le plus petit espace sensible, est immense ; que, par comparaison avec les distances qui les séparent, leurs dimensions sont inappréciables ; et que, dans le détail des phénomènes moléculaires qui comportent une explication mécanique, rien ne peut nous renseigner sur la figure de ces particules, nous dire si elles sont sphériques ou polyédriques, molles ou dures, liquides ou solides. Par habitude et pour les besoins de l'imagination nous les supposons volontiers solides et douées d'une rigidité absolue ; nous assimilons plus ou moins ces corps en miniature qui échappent à toute perception sensible, aux corps solides qui tombent constamment sous nos sens et qui nous ont suggéré, lorsque notre intelligence se formait, les premières notions de la matérialité. Mais tout cela n'a rien de scientifique et sert seulement d'échafaudage à la science ou de véhicule à l'enseignement scientifique.

Un instant l'on a pu croire, lorsqu'Haüy faisait connaître son ingénieuse théorie de la construction et de la déconstruction des cristaux, par une sorte d'empilement ou d'enlèvement successif des rangées et des strates de cristaux élémentaires, que ceux-ci possèdent en effet, conformément à une vieille idée platonicienne, une figure polyédrique assignable : mais un examen attentif a vite dissipé cette illusion. Tandis que, dans les milieux solides non cristallisés, comme dans les liquides et dans les gaz, chaque molécule est soumise à la même pression ou tension dans toutes les directions, le caractère du milieu cristallin est une sorte d'orientation des forces moléculaires, qui détermine des plans de stratification du milieu, ou inversement des plans de délitement par clivage, avec lesquels on rend compte de toute la géométrie des cristaux, en laissant dans la même indétermination la figure des molécules élémentaires. Scientifiquement donc (et en cela la chimie s'accorde avec la mécanique) les corps ne sont pour nous que des systèmes de points mobiles, d'où émanent comme d'autant de centres des forces capables de les maintenir à distance les uns des autres, et de propager dans l'intérieur du corps ou du milieu, par voie de pression ou de tension, les actions des forces extérieures qui agissent à la surface du corps ou d'une portion circonscrite du milieu.

Mais alors pourquoi ne pas supprimer la notion du corpuscule figuré dont la science ne fait rien, en ne retenant que l'idée effectivement mise en œuvre, c'est-à-dire l'idée de force? On le peut sans doute, et c'est en cela que consiste le *dynamisme* ou le leibnitzianisme moderne, comme l'*atomisme* de Gassendi et de Descartes consistait à rejeter la force, à titre d'entité scolastique ou de qualité occulte, en regardant tous les phénomènes physiques comme les effets nécessaires du contact et du choc de corpuscules impénétrables. Au fond, l'homme, considéré comme être sensible, reçoit en même temps de la Nature, et par le même acte, la notion du corps et celle de la force; et dès lors il est tout simple qu'il ne puisse, même dans les spéculations les plus hautes, détruire cette association naturelle sans faire violence à sa constitution psychologique. Et pourtant sa raison, ses facultés logiques tendent à ramener cette dualité à l'unité, en montrant que l'une des notions associées n'est réclamée que par les besoins de l'imagination, à titre d'image, et parce que nous ne pouvons nous passer d'images comme soutiens de nos idées. Il ne faut donc point conseiller au physicien d'abandonner la notion du corpuscule non plus que celle de la force. Il faut assigner pour terrain au dynamisme pur la philosophie de la science plutôt que la science didactique. L'écolier ou, comme s'exprime Leibnitz, « le petit garçon » ne se représenterait pas cette force qui a pour siége un point mathématique, mobile dans l'espace : et effectivement pour Leibnitz qui n'attribue pas plus de réalité externe au point mathématique qu'à l'étendue figurée, le siége de la force n'est pas le point mathématique, mais la *monade*, ou plutôt la force est ce en quoi consiste l'essence ou la substance de la monade. Les corps étendus et figurés, tels que nos sens les perçoivent, tels que notre imagination nous les représente là où les sens font défaut, n'ont rien de substantiel, ne sont que « des phénomènes bien ordonnés ». Le dynamisme sort ici, on le voit bien, du terrain de la science pour n'y rentrer qu'à la faveur d'un autre progrès scientifique, analogue à celui dont il était question au paragraphe précédent, c'est-à-dire lorsque par des mesures précises la science montrera, dans les phénomènes dont le monde physique est le théâtre, la manifestation de forces ou d'énergies qui se transforment sans cesse les unes dans les autres, et dont la somme mesurable ou le fonds persiste à travers les métamorphoses les plus variées.

§ 3. — De la constitution chimique des corps et de l'atomisme chimique.

L'hétérogénéité de la matière, tout en étant radicale, pourrait consister uniquement en ce que les matières hétérogènes auraient des propriétés physiques différentes et pourraient être séparées les unes des autres à la faveur de ces différences de propriétés, comme lorsque l'on décante l'huile qui surnage en vertu de sa légèreté spécifique à la surface de l'eau, ou lorsque l'on profite de la plus grande volatilité de l'alcool pour l'extraire par distillation d'un mélange d'eau et d'alcool. En ce cas la chimie ne serait point une science *sui juris*, mais l'art d'appliquer la physique à l'analyse ou à la dissociation des matières hétérogènes. Il en est autrement parce qu'une force *sui generis*, la force chimique, détermine des matières hétérogènes à s'unir, à se combiner pour former des corps composés, qui ont leurs caractères propres, souvent très-différents de ceux qui appartiennent aux corps composants; et parce que ces composés peuvent à leur tour s'unir, se combiner avec d'autres corps simples ou composés, de manière à donner naissance à des corps d'un degré plus élevé de composition, et doués aussi de propriétés qui les caractérisent. Ainsi l'oxygène gazeux s'unit d'une part au charbon qui est fixe, d'autre part à un métal qu'on appelle le calcium, pour former l'acide carbonique qui est gazeux, et la substance caustique et friable à laquelle on donne le nom de chaux. L'acide carbonique et la chaux, en s'unissant, constituent le carbonate de chaux qui pourra à son tour s'unir à l'eau, combinaison des deux gaz oxygène et hydrogène, pour former la pierre calcaire qui constitue des roches, des montagnes et de vastes portions de nos continents terrestres. Dans cette pierre on ne reconnaîtrait guère ni la chaux vive, ni l'eau, ni surtout l'oxygène, l'hydrogène, le charbon et le calcium; et de pareils exemples se multiplieraient à l'infini.

On a donné depuis longtemps à la force chimique qui produit les combinaisons le nom d'*affinité élective* ou plus brièvement d'*affinité*, pour marquer qu'elle ne s'exerce pas indifféremment entre tous les corps hétérogènes, mais de préférence entre tel corps et tel autre, et avec une énergie qui dépend beaucoup de la nature des corps mis en présence. Toutefois cette dénomination pourrait induire en erreur si l'on y attachait le sens que les naturalistes y attachent, si l'on en inférait que les corps les plus semblables de nature ou d'origine sont ceux qui montrent le plus de tendance à s'unir. C'est précisément le contraire que l'on observe, comme si l'union avait pour but de compléter des êtres incomplets, d'effacer les contrastes des corps qui s'unissent, ou d'en neutraliser respectivement les propriétés les plus saillantes. Aussi dit-on que, dans l'action chimique d'un *acide* et d'une *base* (par exemple, de l'acide carbonique et de la chaux), l'acide sature la base qui, à son tour, sature l'acide : le composé auquel on donne le nom de *sel*, étant qualifié de *neutre* quand la saturation réciproque est complète, ou quand le sel ne manifeste plus à aucun degré, ni les propriétés des acides, ni les propriétés des bases. L'art du chimiste ne consiste donc pas seulement à modifier l'état physique des corps, à les dissoudre, à les précipiter, à les chauffer ou à les refroidir, à les soumettre aux agents électriques : il consiste surtout à opposer certaines affinités à d'autres, de manière à manifester la présence des ingrédients chimiquement définis, à les doser s'il se peut, et finalement à constater le mode de leur association dans le corps soumis à l'analyse.

Le phénomène de la saturation des agents chimiques les uns par les autres, aurait pu et dû provoquer de très-bonne heure, dans l'enfance même de la chimie, une remarque capitale qui pourtant ne s'est fait jour que tardivement, à la suite et non par suite des travaux de Lavoisier qui renouvelaient la face de la science. Imaginons que l'on pèse successivement les doses a, a', a'',... d'acides sulfurique, nitrique, chlorhydrique,... capables de saturer un poids b de potasse, puis les poids b', b'',... de soude, de chaux,... capables de saturer le poids a d'acide sulfurique : on trouvera que chacune des doses d'acides

$$a, a', a'',...$$

est également capable de saturer l'une quelconque des doses de bases salifiables

$$b, b', b'',...$$

On aura donc, d'une part une table de poids pour la série des acides, poids inégaux, mais qu'on doit réputer *équivalents* quant à la capacité de saturer les bases salifiables, et d'autre part une table de poids pour la série des bases salifiables, équivalents aussi quant à la capacité de saturer les acides. Et comme la même proportionnalité se soutiendra dans des réactions chimiques autres que celles qui consistent dans la saturation réciproque d'un acide et d'une base, on conçoit la construction d'une table générale des *équivalents chimiques*, destinée à indiquer dans quelles proportions pondérales des corps doivent être employés pour se remplacer les unes les autres dans des composés chimiques, ou pour constituer des corps chimiquement analogues.

On ne s'expliquerait pas que toutes les réactions chimiques s'accordassent à donner aux poids équivalents les mêmes rapports numériques, si l'état de division des molécules qui entrent en combinaison n'était poussé dans chaque expérience aussi loin qu'il le peut être sans dénaturer chimiquement les corps qui se combinent. Il faut donc que la table des équivalents donne les poids relatifs ou les masses relatives des dernières molécules capables d'action chimique, c'est-à-dire des *atomes chimiques*. Ainsi a reparu dans la science moderne, sous les auspices de l'expérience, ce mot d'*atome* qu'avaient rendu si fameux les discours des philosophes, de Démocrite à Gassendi. L'expérience établissait que le pouvoir chimique de l'atome (ce qu'on pourrait appeler la *masse chimique*) n'a pas la même mesure que son poids ou que sa *masse mécanique*; et qu'à ce point de vue, il y a une hétérogénéité fondamentale, d'une part entre les diverses substances chimiques, d'autre part entre les phénomènes qui sont du ressort de la chimie et ceux qui s'expliquent par la mécanique.

Une foule d'expériences viennent à l'appui de cette théorie. Si un corps peut s'unir chimiquement à un autre corps, par exemple le soufre à un métal, en proportions diverses, la même dose pondérale de métal prendra successivement une dose, deux doses, trois doses pondérales de soufre, suivant des rapports rigoureusement définis et toujours très-simples : comme si chaque atome de métal se combinait successivement avec un, deux ou trois atomes de soufre. Cette loi sera réputée le caractère distinctif des combinaisons chimiques; et par opposition on réputera du ressort de la physique les dissolutions, les alliages, les mélanges qui peuvent avoir lieu en proportions non définies, si le dosage est influencé par des causes accidentelles, ou avec passage continu d'une proportion à une autre, si cette proportion tient à des causes soumises dans leurs variations à la loi de continuité.

Quand des gaz, pris à la même pression, s'unissent chimiquement, on observe encore un rapport simple et défini entre les volumes des gaz qui s'unissent. Ainsi un volume d'oxygène s'unira à deux volumes d'hydrogène pour former de l'eau, un volume de chlore à un volume d'hydrogène pour former de l'acide chlorhydrique, et ainsi de suite. Or, il est bien naturel d'admettre que dans les gaz, les atomes n'obéissant plus qu'à la force répulsive dont la chaleur est le principe, se maintiennent à la même distance les uns des autres pour les mêmes conditions de température et de pression, quelle que soit leur nature chimique, et sont compris en même nombre sous le même volume : de sorte que la combinaison volume à volume est une conséquence de la combinaison atome à atome. En général, lorsque dans une théorie physique, telle que celle des chaleurs spécifiques ou des raies du spectre, on verra figurer le poids de l'atome chimique, on pourra dire que cette théorie rentre dans le domaine de la chimie, et que le physicien qui s'en occupe fait de la chimie à sa manière, sinon avec les procédés de laboratoire qui sont plus particulièrement à l'usage du chimiste.

A ce propos les rigides logiciens de l'empirisme pur reproduisent leur éternelle objection. Pourquoi ne pas se borner à constater le fait de l'équivalence chimique ou la loi des proportions définies, sans y mêler l'idée d'atomes insaisissables à l'expérience? D'abord parce que toute science se compose de faits et de théories ; parce que l'esprit humain a besoin d'une idée qui relie et explique les faits ; ensuite parce que le fait particulier a souvent besoin d'être interprété et précisé par la théorie. Ainsi l'on conçoit que, par l'ensemble des analogies, tel composé salin doive être rapporté au type des sels neutres quoiqu'il n'offre pas, à ne consulter que les réactifs vulgaires, une parfaite neutralisation des propriétés de l'acide et des propriétés de la base. Il arrive encore que l'ensemble des analogies physico-chimiques conduise à prendre pour le poids de l'atome, non plus l'équivalent chimique, tel qu'il a été déterminé dans un ordre d'expériences, mais la moitié ou le tiers, le double ou le triple de cet équivalent, ce qui embrasse et relie tous les ordres d'expériences, en distinguant néanmoins ce qui doit être distingué.

Ainsi, tandis que les physiciens ne tiraient de la mécanique newtonienne que des théories à beaucoup d'égards imparfaites, fragmentaires ou même incohérentes, les chimistes, en suivant d'autres voies, réussissaient à construire un système des mieux liés, une science autonome qui n'emprunte rien au mécanisme, et qui est même, autant qu'on en peut juger, irréductible à la mécanique; puisque la discontinuité y règne partout, comme dans la théorie des nombres et dans la syntactique abstraite, au rebours de la mécanique qui suppose partout la continuité des forces et des mouvements qu'elles engendrent. A peine un demi-siècle s'était-il écoulé depuis Lavoisier, que déjà la chimie offrait dans ses théories, dans sa nomenclature, un type de perfection scientifique, bien fait pour commander l'attention des personnes mêmes les plus étrangères à la chimie pratique. Quoi de plus net en effet que l'idée de ces combinaisons en rapports simples entre des groupes d'atomes à propriétés contrastantes, que leur contraste même provoque à s'unir pour former un composé de premier ordre, qui s'unira de même, soit avec un corps simple, soit avec un autre composé de premier ordre, pour former un composé de second ordre, et ainsi de suite, selon une progression qui bientôt s'arrête, mais dont la loi a fait donner à la chimie ainsi conçue le nom de chimie *dualistique!* L'on comprend que ce dualisme resserre le nombre des combinaisons dans un champ que l'esprit peut embrasser sans fatigue, et facilite l'application régulière d'une nomenclature systématique ou même d'une notation encore plus concise, d'une sorte d'algèbre construite à l'instar de l'algèbre mathématique, et recommandable aux yeux du logicien par des mérites analogues.

Mais la beauté n'a qu'un temps, même dans les

sciences où l'homme mêle un grain de son esprit à l'esprit de la Nature; et à côté de la science si bien construite allait s'en construire une autre qui ne comporterait pas la même beauté de forme : de sorte que, pour relier l'ancien édifice au nouveau, il faudrait bien apporter quelques changements à l'architecture de l'ancien. Pour parler sans figure, à côté de la chimie dualistique, si bien appropriée à l'étude des corps inorganiques, allait naître et se développer une seconde chimie, la *chimie organique*.

Il ne faut pas se tromper sur le sens de cette expression, ni supposer que la chimie organique empiète en rien sur les sciences qui ont pour objet les phénomènes de l'organisation et de la vie. Les corps, tels que l'alcool ou le sucre, dont les matériaux sont tirés du règne organique et que la chimie organique étudie, ne retiennent plus nulle trace d'organisation, sont absolument privés de vie, sont soumis à la loi des proportions définies, à laquelle la Nature vivante ne s'assujettit point. La chimie organique se place, si l'on veut, aux confins des deux mondes inorganique et organique, mais sans cesser d'appartenir essentiellement au monde inorganique.

En regardant les plantes et les animaux comme des appareils ou des réactifs propres à effectuer des combinaisons atomiques que nous ne savons pas encore réaliser dans nos laboratoires, le chimiste admet sans hésitation qu'ils fonctionnent en vertu de leur structure comme appareils, de leur composition comme réactifs, par la seule efficacité des forces physico-chimiques, en vertu des lois qui gouvernent le monde inorganique et auxquelles les lois de la vie ne prêtent leur concours qu'autant qu'il est nécessaire pour fournir aux appareils et aux réactifs l'occasion d'entrer en jeu : absolument comme dans le laboratoire du chimiste dont les facultés intellectuelles n'interviennent que pour monter les appareils, pour préparer et employer les réactifs, sans changer le mode d'action qui leur est propre. On admet sans conteste qu'avec toutes les ressources de la chimie on ne parviendrait pas à fabriquer un corps organisé de l'organisation la plus simple, la moindre cellule, le moindre vibrion : mais les chimistes ont déjà réussi à fabriquer de toutes pièces, avec les matériaux puisés au sein du monde inorganique, quelques-unes des substances qu'on appelle organiques, quoiqu'elles n'offrent aucune trace d'organisation, parce que c'est habituellement chez les êtres vivants et organisés qu'on les trouve; et l'analogie de composition chimique ou de rôle chimique entre ces substances et d'autres qu'on ne sait pas encore fabriquer de toutes pièces, montre qu'il ne faut pas en théorie attacher d'importance à cette particularité purement accidentelle.

Le caractère essentiel des combinaisons de la chimie organique consiste à offrir moins de stabilité, comme étant le produit d'affinités moins énergiques, et aussi plus de complexité, parce que l'antagonisme ou le dualisme qui préside aux combinaisons de la chimie minérale fait place à des associations ternaires ou quaternaires entre les quatre radicaux dont la Nature a fait choix (sans doute en raison même de leurs propriétés physico-chimiques) pour entrer essentiellement dans la composition matérielle des êtres vivants. D'ailleurs d'autres substances entrent, sinon aussi essentiellement, du moins aussi constamment, dans la composition de certains tissus, de certaines humeurs ; et les chimistes sont parvenus, heureusement pour la médecine et les arts, à marier les deux chimies, à combiner les produits d'origine organique à d'autres corps dont l'emploi n'entrait pas dans le plan de l'économie végétale ou animale. De là une fabrique incessante de corps nouveaux, que la Nature n'avait pas pris la peine de créer, dans la foule desquels l'esprit n'a pour s'orienter que des essais de distribution en *familles naturelles*, mode de classification emprunté aux naturalistes, et qui ne peut avoir la régularité ni la précision propres aux conceptions de la chimie dualistique. Quant à la nomenclature, elle est devenue d'un polysyllabisme rebutant pour tout autre qu'un homme du métier.

Le trait saillant des modernes théories chimiques est de subordonner de plus en plus l'idée de *force* à celle de *type* ou de configuration des groupes atomiques, en entendant par là, non des figures géométriques déterminées, sur lesquelles la chimie, non plus que la mécanique, ne nous renseigne aucunement, mais une syntactique ou construction idéale, dans laquelle il n'est question que de nombres et de combinaisons de nombres, et qui rappelle assez bien les *nombres* de Pythagore ou les *noumènes* de Kant. La théorie dite des *substitutions* a ouvert ces nouvelles perspectives. Voilà une substance organique qui contient de l'hydrogène et sur laquelle on fait agir le chlore, corps connu en chimie minérale ou dualistique pour être l'un des plus énergiques antagonistes de l'hydrogène. Le chlore s'emparera donc de l'hydrogène ou d'une portion de l'hydrogène contenu dans la substance soumise à la réaction, et jusques-là rien que de conforme aux idées déjà reçues. Mais de plus une partie du chlore se substituera, atome par atome, à l'hydrogène enlevé, comme si la tendance de la substance sur laquelle on opère, à conserver la même structure ou configuration atomique, prévalait sur la contrariété de rôles que, dans une explication dynamique des phénomènes, on pourrait, on devrait même supposer entre l'hydrogène et le chlore, d'après le contraste si marqué de leurs affinités chimiques. Mais nous ne pouvons qu'indiquer ici ces idées, sans chercher à les approfondir.

En tout cas l'inconvénient le plus réel de l'état actuel de la chimie, dû à ce qu'on pourrait appeler l'envahissement de la chimie organique, est d'avoir ouvert une trop libre carrière aux hypothèses sur la structure chimique des corps composés, par le groupement de radicaux ou de composés plus simples, que souvent il est impossible d'isoler et de montrer. La chimie minérale avait bien aussi son *fluor* qu'elle ne pouvait montrer, mais c'était une exception. Dans la science constituée comme elle l'est de nos jours, l'idée a acquis trop de prépondérance sur le fait empirique et positif, au préjudice d'une sorte d'équilibre dont les sciences les plus parfaites offrent le modèle, et auquel on doit viser dans toute théorie scientifique, en suivant en cela l'exemple des grands maîtres, d'un Newton et d'un Lavoisier. Par la même raison, les modernes théories chimiques ont pu changer beaucoup, sans qu'il en résultât en chimie de révolution comparable à celle que la science a subie au siècle dernier : car, si les idées dirigent les évolutions lentes, les révolutions tiennent surtout aux faits. La découverte de l'oxygène, de l'hydrogène, de l'azote était bien la découverte d'autant de faits, et de faits du premier ordre, lesquels devaient avoir d'incalculables conséquences pour les sciences et pour l'industrie, comme jadis la découverte du bronze et du fer.

Il est bien permis d'espérer que les progrès ultérieurs de la chimie simplifieront ce qui est aujourd'hui compliqué, éclairciront ce qui est obscur, constateront ce qui est douteux : mais il est aussi bien permis de croire que les complications, les obscurités, les ambiguïtés sont inhérentes au sujet ; et que, si le champ des connaissances à acquérir est sans bornes, les théories scientifiques ont, comme l'esprit humain, leurs limites de perfection assignées par la nature des choses. On sait, par exemple, ce que Newton et Leibnitz ne savaient pas, ce qui ne veut pas dire que le type du savant se soit perfectionné depuis Leibnitz et Newton. Même pour les sciences, s'enrichir n'est pas toujours se perfectionner. D'ailleurs, dès que l'homme ne se contente plus d'être, comme le veut Bacon, « le ministre et l'interprète de la Nature », dès qu'il sort du cercle des phénomènes naturels pour s'avancer dans un ordre de spéculations et de combinaisons dont il est lui-même le créateur ou l'instituteur, il n'y a plus de secret à surprendre à la Nature, et dès lors plus de raison de compter sur une de ces heureuses révolutions qui font retrouver la simplicité là où nos échafaudages provisoires avaient mis la complication.

§ 4. — Des agents impondérables et de la conversion des énergies physiques les unes dans les autres.

Bien des phénomènes, les uns imposants, d'autres attrayants ou seulement curieux, ont de bonne heure suggéré aux philosophes l'idée de fluides ou d'effluves prodigieusement subtils, essentiellement différents de la matière ou des matières dont se composent les corps solides ou liquides sur lesquels nous agissons, qui réagissent sur nous mécaniquement, et qui déjà pour la plupart peuvent prendre à l'état de vapeurs ou de gaz une si grande ténuité, sans rien perdre de leurs caractères essentiels.

D'abord la lumière. Pour que les corps lumineux agissent à de si grandes distances, non-seulement sur le plus délicat de nos sens, mais sur presque tous les tissus des plantes et des animaux, et même déterminent des réactions purement chimiques, il faut qu'ils émettent dans tous les sens des particules douées d'une si grande vitesse qu'elles franchissent en un demi-quart d'heure la distance du soleil à la terre; ou mieux encore il faut admettre, dans l'état actuel de l'optique, que tous les espaces célestes sont occupés, que tous les corps diaphanes sont intimement pénétrés par un fluide subtil qu'on appelle *éther*, dont les mouvements vibratoires se propagent avec la vitesse indiquée, depuis la source de lumière jusqu'au corps atteint par l'irradiation lumineuse. Or, les observations astronomiques tendent à prouver que l'émission continuelle de tant de particules lumineuses (si émission il y a) n'apporte à la masse du soleil aucune diminution appréciable;

que la vitesse des corps qu'elles rencontrent n'est point altérée par le choc de ces particules, dont l'extrême vitesse devrait, à ce qu'il semble, compenser l'extrême ténuité ; et que le milieu éthéré (au cas qu'il existe) n'oppose non plus aux mouvements des corps célestes aucune résistance appréciable.

Un boulet chauffé au rouge ne pèse ni plus, ni moins que le même boulet pris aux plus basses températures ; et comme la proportionnalité des masses aux poids résulte d'expériences faites à toutes les températures, il s'ensuit que l'on peut accumuler la chaleur dans un corps aux dépens d'un corps voisin, sans que la masse de l'un ni celle de l'autre éprouve de changement appréciable.

Quoique nous ne songions pas, à l'exemple de Vico, à faire de « Jupiter tonnant » la clé de la philosophie de l'histoire, nous reconnaissons volontiers que nul phénomène physique n'inspire à l'homme plus de surprise et de terreur que la foudre, comme étant le signe le plus évident du courroux d'une puissance surnaturelle. En effet, l'homme ne dispose pas de la foudre, mais la science établit l'identité de la foudre et des forces électriques dont l'homme dispose. Or, l'on a beau accumuler l'électricité à la surface d'un corps conducteur isolé : le poids, la masse du corps électrisé n'augmentent ni ne diminuent. Il en est de même pour le barreau aimanté à saturation, et à qui cette opération n'a rien fait gagner ni perdre dans son poids ou dans sa masse.

Donc, si les phénomènes de lumière, de chaleur, d'électricité, de magnétisme, doivent être rapportés à des fluides *sui generis*, à des effluves de particules ou d'atomes plus ou moins analogues à ceux que nous imaginons pour rendre raison des propriétés mécaniques et chimiques des corps proprement dits, il faut admettre que les fluides de cette sorte ne sont pas seulement subtils, à la manière des agents dont le magicien dispose, en ce qu'ils pourraient pénétrer les corps et s'y mouvoir avec une extrême prestesse, comme dans le vide absolu ; mais que de plus ils sont soustraits à l'action de la pesanteur ou de la gravitation universelle; d'où le nom de fluides ou d'agents *impondérables* sous lequel on les désigne communément. On y ajoute volontiers les épithètes d'*intangibles* et d'*incoërcibles*.

Mais toutes ces épithètes ne disent pas encore assez : car l'idée capitale qu'il faudrait exprimer, c'est que ces fluides étranges, au cas que l'on puisse y appliquer les notions de quantité et de mesure comme aux corps ou aux matières pondérables, résistent à l'application de l'idée de masse et de tout ce qui s'y réfère dans les théories de la mécanique et de la chimie. Et comme l'invariabilité de la masse est le seul fait qui justifie scientifiquement la notion de substance dans son application aux choses matérielles, il s'ensuit que rien n'autorise à qualifier de substances les fluides ou les agents impondérables. Tout à l'heure la chimie nous conduisait à admettre des substances radicalement hétérogènes, qui conservent sans altération, non-seulement leur masse physique ou mécanique, accusée par le poids, mais une masse chimique qui varie à poids égaux d'une substance à l'autre : maintenant nous tombons sur des fluides ou des atomes qui paraissent n'avoir point de masse du tout et que rien n'autorise (rien, sinon une certaine logique transcendante qui nous est suspecte) à qualifier de substances. Après tout, cette conclusion n'a rien de si étrange pour qui ne voit avec Leibnitz dans la constitution de la matière pondérable « qu'un phénomène bien ordonné », et qui dès lors ne répugne point à l'idée que d'autres classes de phénomènes aient pu être bien ordonnées d'une autre façon.

Les phénomènes de la lumière, de la chaleur, de l'électricité, du magnétisme offrent bien des rapprochements, surtout quand on compare la chaleur à la lumière et le magnétisme à l'électricité : mais ils présentent aussi bien des différences, et même de telles différences qu'on a longtemps désespéré de pouvoir conclure de l'analogie des phénomènes à l'identité du principe. Il fallait donc admettre quatre matières subtiles ou fluides impondérables, spécifiquement distincts : il en fallait même reconnaître six, si l'on admettait en électricité l'hypothèse de deux fluides, *positif* et *négatif*, neutralisés ou saturés l'un par l'autre dans les corps réputés *à l'état naturel*, comme l'acide et la base dans le sel neutre, et si par analogie l'on admettait le conflit de deux fluides magnétiques, *austral* et *boréal*, capables de se neutraliser mutuellement. Mais les ingénieuses spéculations d'Ampère, venant après les expériences de Volta et d'Œrstedt, ont permis de regarder les phénomènes de l'aimant comme un cas singulier des manifestations électriques, et de rayer, sans doute définitivement, les deux fluides austral et boréal. D'un autre côté, les épithètes mêmes qui ont prévalu pour désigner les électricités contraires, indiquent assez que la raison inclinerait à préférer l'hypothèse d'un fluide unique, ici en excès, là en défaut, et à ne conserver la théorie des deux fluides qu'à titre d'hypothèse plus commode pour l'exposition didactique. Il ne resterait donc plus (et c'est encore beaucoup) qu'à bien établir trois sœurs qui offrent tant d'airs de famille et tant d'oppositions de caractères :

> Facies non omnibus una,
> Nec diversa tamen.....

En effet, la chaleur rayonne comme la lumière, mais tels corps laissent passer les rayons de lumière et tels autres les rayons de chaleur; l'optique n'offre rien de pareil à la lente propagation de la chaleur dans les corps solides, de molécule à molécule; et tandis que l'on verse, en la jaugeant pour ainsi dire, la chaleur d'un corps dans un autre, il n'y a rien en optique qu'on puisse assimiler à ce mode de transvasement ou de jauge. D'un autre côté, l'électricité à de hautes tensions s'accompagne aussi de lumière et de chaleur : mais la vitesse de l'électricité, quoique du même ordre de grandeur que celle de la lumière, se mesure par un nombre différent; la conductibilité des corps pour l'électricité, la vitesse de transmission des courants électriques, restent parfaitement distinctes de leur diaphanéité, de leur perméabilité aux rayons de chaleur, enfin de leur conductibilité pour la chaleur transmise de molécule à molécule. De quelque manière que l'on se représente la mise en branle, la transmission et le jeu des courants électriques qui sillonnent aujourd'hui la surface des continents et le fond des mers, on ne trouve rien d'analogue en optique ni dans la théorie de la chaleur rayonnante ou diffuse.

De toutes les explications mécaniques qu'on a pu

donner, sur le modèle de la physique céleste de Newton, des phénomènes que l'on rapporte aux fluides impondérables, aucune n'approche plus du modèle que la théorie de la distribution statique de l'électricité à la surface des corps conducteurs. L'une est pour ainsi dire le pendant de l'autre; les atomes impondérables sont censés se repousser comme les atomes pondérables s'attirent, et suivant la même loi; on admet que les atomes répulsifs (car rien n'oblige à donner à l'amas d'atomes le nom de fluide) trouvent à la surface du corps conducteur un obstacle à leur dispersion indéfinie; le reste n'est plus qu'une affaire de calcul. Mais tout cela ne compose qu'un mince chapitre de l'histoire de l'électricité, au point de vue surtout des applications; et quant à l'origine des courants directs et induits, ainsi qu'à leurs effets physico-chimiques, les explications tirées de la physique newtonienne n'offrent rien de satisfaisant. C'est pourtant dans les actions moléculaires, bien plus que dans les actions à grandes distances ou à distances sensibles, qu'il faudrait voir cette dynamique à l'œuvre.

On n'en peut pas dire autant de la théorie des vibrations de l'éther, telle qu'elle est sortie des mains de Fresnel. Rien de plus beau, de mieux lié, de plus complet dans son genre que les phénomènes d'optique dont cette théorie a donné l'explication, quelquefois même en devançant l'expérience ou l'observation, ce qui est toujours la meilleure épreuve d'une théorie. Mais remarquons que la théorie de Fresnel relève de la cinématique plutôt que de la dynamique, qu'elle porte sur la composition des mouvements plutôt que des forces, et qu'elle n'a point la prétention de remonter jusqu'aux forces atomiques d'où résulte la constitution du milieu éthéré dans lequel les ondes lumineuses se propagent. D'autres géomètres de notre temps, et des plus habiles, ont entrepris de compléter à cet égard et, selon eux, de perfectionner la théorie de Fresnel. Est-il bien sûr qu'en cela ils aient cédé à une instance de la Nature, plutôt qu'à l'esprit de système et à des habitudes d'école? Il est permis d'en douter et de croire que la Nature a pu prendre pour point de départ tel postulat géométrique de Fresnel à aussi bon droit que le postulat dynamique d'une force moléculaire décroissant en raison de la quatrième ou de la cinquième puissance de la distance, ou que le postulat algébrique de l'évanouissement de tels cofficients dans une formule de plusieurs pages. En tout cas il faudrait que la dynamique moléculaire rendît compte, sans une trop grande complication d'hypothèses, des effluves de chaleur rayonnante comme des effluves lumineux, et de l'action des milieux pondérables sur l'éther, en tant que véhicule de la chaleur comme de la lumière.

Car, si l'on ne peut guère séparer l'étude de la chaleur rayonnante de celle de la lumière, on peut encore moins isoler l'étude des autres manifestations de la chaleur, de celle de la constitution des corps pondérables, à l'état solide, liquide ou gazeux. Dans la plupart des cas on peut dire que les corps agissent indirectement sur les phénomènes de lumière en modifiant la constitution du milieu éthéré, plutôt que la lumière n'agit sur la matière pondérable; au lieu que la chaleur se manifeste surtout par les changements qu'elle opère dans l'état des corps. Aussi y a-t-il place dans les antiques cosmogonies pour un principe de lumière dont l'existence ne dépend point de la présence des corps; tandis qu'on n'a jamais séparé l'existence de la chaleur de l'existence des corps échauffés, et qu'aujourd'hui, dans l'état de la science ou plutôt des conjectures scientifiques, on est enclin à rapporter la température des corps, plutôt à un état de vibration des atomes pondérables, qu'aux vibrations d'un milieu impondérable, tel que l'éther lumineux. La physique du dernier siècle, avec son émission de calorique, modelée sur l'optique newtonienne, dérogeait à la présente remarque, et nous nous rappelons le temps où les gens du monde, pour faire montre d'instruction, parlaient de *calorique* là où le vulgaire parlait de *chaleur* : mais le calorique est tombé et la chaleur reste, dans le langage de la science comme dans la langue commune.

Ne parlons donc plus de ce calorique, tantôt libre et tantôt latent, sorte d'atmosphère plus subtile, enveloppant les atomes pondérables déjà si subtils, tantôt y adhérant, pour expliquer les actions répulsives d'atome à atome, et tantôt lancés dans toutes les directions, pour expliquer les échanges de température. Tout cela ne pouvait légitimement passer pour une explication mécanique des phénomènes, mais seulement pour une manière de dire *en gros*, selon le conseil de Pascal : « cela se fait par matière et mouvement »; et l'on n'est pas plus en mesure de prétendre à une pareille réduction, dans l'état actuel des sciences physico-chimiques.

Cependant un rayon de lumière est venu de nos jours percer cette nuit, et (chose remarquable) ce n'est point, comme d'habitude, la science qui a éclairé l'industrie, c'est l'industrie qui dans cette occurrence a eu le mérite de jeter une lueur sur la science. En effet, depuis le règne de la machine à vapeur, tout le monde sait qu'emmagasiner de la houille ou emmagasiner de la chaleur, c'est emmagasiner de la force. A l'inverse, il suffira de dépenser de la force pour produire de la chaleur, soit par le choc, soit par le frottement, soit par la brusque compression d'un gaz, comme dans l'expérience du briquet pneumatique. La chaleur solaire régénère sans cesse à la surface de notre globe les forces mécaniques des vents, des courants marins, des cours d'eau qui sillonnent le sol émergé; inversement, le bolide qui circule dans l'espace avec une vitesse planétaire, s'échauffe en perdant rapidement cette vitesse par le frottement des couches atmosphériques qu'il pénètre; et l'on peut supposer sans invraisemblance que la collision de masses innombrables, venant de toutes les directions et animées de vitesses du même ordre, a suffi pour élever la température du soleil au point d'en faire, pour un nombre incalculable de siècles, le foyer de chaleur et de lumière qui éclaire et vivifie tout.

Une fois l'attention des ingénieurs et des physiciens tournée de ce côté, leur premier soin devait être de profiter de ce que la dépense de chaleur et la dépense de force vive sont l'une et l'autre des choses mesurables, pour déterminer numériquement l'*équivalent mécanique de la chaleur*, c'est-à-dire la dépense de chaleur correspondant à la production d'une quantité déterminée de force vive, ou la dépense de force vive correspondant à la production d'une quantité déterminée de chaleur. Il fallait s'assurer de la fixité numérique de l'équivalent, soit que la conversion se fît dans un sens ou dans l'autre, et quelles que fussent d'ailleurs la variété ou la complication des autres circonstances du phénomène, après toutefois qu'on aurait tenu compte des déchets inévitables. Car, par exemple, en brûlant de la houille dans une machine à vapeur, on ne peut éviter qu'une portion de la chaleur dégagée ne soit dépensée, en pure perte pour l'effet mécanique qu'on a en vue, à échauffer la masse de la chaudière et de ses supports, à rayonner sur les corps voisins, etc.; de même qu'une machine, si parfaite qu'on la suppose, ne peut transmettre et modifier dans son application la force motrice qu'elle recueille, sans qu'une portion en soit inutilement détruite par les frottements et les trépidations de la machine et de ses supports. Ainsi il y aura des déchets de chaleur ou de force vive dans l'opération physique de la conversion, déchets dont la pratique doit tenir grand compte, mais dont la théorie peut faire abstraction comme d'une cause perturbatrice dont le perfectionnement des appareils restreint de plus en plus la part d'influence. Au contraire la machine inerte ne peut jamais rendre plus de force motrice qu'elle n'en recueille; et par la même raison il ne se peut qu'en convertissant d'abord la chaleur en force vive, puis la force vive en chaleur, on recueille plus de chaleur qu'on n'en avait dépensé dans la première conversion, ce qui équivaudrait à créer de toutes pièces de la chaleur ou de la force vive qui en est l'équivalent. *Ex nihilo nihil.* C'est là un principe de la plus haute importance en philosophie naturelle, et qui fournit à la science le moyen d'arriver à des conclusions certaines dans des questions qu'elle ne pourrait aborder directement à cause de l'imperfection des données, des difficultés de l'expérience ou de la complication des calculs.

Le cas de conversion de la chaleur en force vive ou de la force vive en chaleur, s'il est le plus important dans les ateliers de notre industrie et même dans le grand atelier de la Nature, n'est en soi qu'un cas particulier, une application du principe majeur de la convertibilité de toutes les actions, forces ou *énergies* naturelles (comme on les appelle maintenant) les unes dans les autres. La force mécanique du frottement développe l'électricité et le magnétisme, et les courants voltaïques mettent en mouvement les appareils télégraphiques, ébranlent les sonneries ou même remplacent la machine à vapeur dans certains travaux de l'industrie ordinaire où ils peuvent être d'un emploi économique. L'épanchement des vapeurs d'eau dans l'atmosphère est accompagné d'un développement d'électricité, et le magnétisme du globe terrestre, auquel paraît dû celui des aimants naturels, semble tenir aux inégalités de température de l'écorce terrestre. La chaleur provoque des réactions chimiques, et les réactions chimiques, tantôt engendrent de la chaleur, tantôt en enlèvent aux corps environnants. Il faut dépenser des énergies chimiques, consommer des métaux et des acides, pour déterminer des courants électriques qui, à leur tour, décomposent d'autres corps; pour engendrer cette force mécanique que le télégraphe utilise; pour produire cette lumière éblouissante, devenue l'ornement de nos fêtes ou le signal sauveur de nos navires. Beaucoup de réactions chimiques, en donnant subitement naissance à des corps gazéiformes, sont accompagnées d'explosions ou de production de forces mécaniques, les plus redoutables de toutes celles dont l'homme a l'entière disposition. Enfin cette douce lumière dont l'action modérée et bienfaisante semble exclure toute idée de force, agit chimiquement sur les parties vertes des plantes, pour y fixer le charbon extrait de l'acide carbonique répandu dans l'atmosphère, de manière à être regardée aujourd'hui sans contestation comme l'agent qui nous a approvisionnés jadis et qui nous approvisionne encore des combustibles auxquels nous demandons la chaleur et par suite la force mécanique dont nous avons besoin.

Il va sans dire que pour toutes ces conversions il y a un équivalent à déterminer, et une liaison à admettre entre tous les équivalents, de telle sorte qu'après le cycle des conversions accomplies on revienne au point de départ sans accroissement possible des énergies dépensées, et sauf les déchets dus à l'imperfection pratique des procédés de conversion. En d'autres termes il faut admettre (et l'expérience tend à confirmer de plus en plus cette assertion spéculative, de manière à lui donner le caractère de vérité scientifique) que la Nature transforme sans cesse et ne crée jamais, toute idée de création nous transportant dans un ordre de choses surnaturel et inaccessible à la science.

Il faut bien distinguer entre la force dépensée pour être convertie, et la dépense de force qu'entraîne l'apprêt des conditions qui rendent la conversion possible. La construction de la machine à vapeur, son installation, l'extraction de la houille du sein de la terre, son transport à l'usine, etc., ont exigé des dépenses de force mécanique qui toutes, lorsqu'on les

3.

dépensait, se sont éteintes ou transformées à leur manière, qui toutes concourent à fixer pour l'industriel le prix de revient de la houille qu'il consomme et de la force mécanique qu'il utilise, mais dont le physicien n'a point à s'occuper, parce qu'elles n'ont aucune relation avec l'équivalent mécanique de la chaleur dépensée dans l'acte de conversion, par le jeu même de la machine. Dans la fabrication de la poudre il y a aussi une force mécanique dépensée pour le concassement, la trituration, le mélange des matières solides dont la poudre est formée, c'est-à-dire pour mettre chaque grain de mélange explosible en état de s'enflammer et de contribuer à l'explosion. Mais la force mécanique ainsi dépensée et qui s'est éteinte dans le jeu des cames et des pilons sans laisser, à ce qu'il semble, de traces sensibles, n'a aucune relation théorique avec la force mécanique développée par l'explosion, et due à la détente des forces chimiques, lors de l'approche de la mèche enflammée. Si les sacs de poudre sont mouillés par accident, la force dépensée lors de la fabrication de la poudre l'aura été en pure perte, au sens physique comme au sens économique.

Les énergies physiques dépensées, à ce qu'il semble, en pure perte dans les opérations préparatoires ou accessoires à l'acte de conversion, sont-elles effectivement éteintes ou seulement transformées de manière à ce que leurs effets nous échappent. Ces forces que, ni la Nature, ni l'homme ne peuvent augmenter ou créer de toutes pièces, mais seulement transformer, échanger conformément à un tarif fixé d'avance, peuvent-elles être diminuées, anéanties sans compensation, partiellement ou en totalité, par le fait de la Nature ou par celui de l'homme? Ou bien la diminution, la destruction très-réelle au sens économique et utilitaire, n'est-elle au sens physique qu'une apparence trompeuse? Question délicate, que nous nous réservons d'aborder quelques pages plus loin.

§ 5. — Du rôle des sens dans la construction des sciences physico-chimiques.

Le titre du présent Essai suffit pour indiquer que nous nous réservons de traiter en dernier lieu des sources où la raison de l'homme puise les règles de sa conduite, les motifs de son assentiment et la justification de ses théories. Toutefois, puisque nous avons placé cette première section sous la rubrique du *matérialisme*, que tant de gens ont affecté ou affectent de confondre avec le *sensualisme*, il peut être opportun de dire dès à présent ce que nous pensons du rôle des sens dans les sciences qui ont pour objet les propriétés de la matière, et de montrer jusqu'à quel point sont dégagés des impressions sensibles, sont voués au culte de l'idée pure, ces matérialistes par état, que l'on appelle physiciens ou chimistes.

Il y a deux sens, l'odorat et le goût, qu'on pourrait appeler chimiques, tant il est manifeste que les sensations d'odeur et de saveur se lient à quelque action chimique exercée sur les papilles nerveuses par les molécules odorantes ou sapides que l'humeur qui baigne les papilles tient en dissolution. Aussi les chimistes se servent-ils de ces deux sens comme de réactifs souvent très-délicats pour constater la présence, en doses extrêmement petites, de substances reconnaissables à une odeur, à une saveur caractéristique, ou à des propriétés du genre de celles qu'un illustre chimiste contemporain a qualifiées d'*organoleptiques*. Le sens sert en pareil cas comme le papier de tournesol qui rougit, pour peu que la liqueur où on le plonge soit acide, et qui revient à sa première teinte, pour peu que la liqueur où on le replonge soit alcaline. Mais c'est là la part de la pratique ou du métier, et nulle personne tant soit peu instruite en chimie ne supposera que l'emploi habituel de ce réactif si commode soit pour quelque chose dans la construction de la chimie théorique, ni que les progrès de la théorie eussent été nécessairement arrêtés par suite de la privation du réactif. Il en faut dire autant des sens de l'odorat et du goût, en tant que réactifs chimiques. S'ils sont d'une importance capitale dans l'ordre des fonctions de la vie animale, on peut dire qu'ils n'en ont foncièrement aucune pour la vie intellectuelle, et que leur abolition, dont l'exemple n'est pas rare, n'entraînerait forcément aucune suppression essentielle dans le dénombrement de nos connaissances, dans le système de nos idées. La sensation peut être le seul indice que nous ayons de la présence d'un corps que nous connaissons d'ailleurs et que nous savons définir par ses caractères physico-chimiques : mais elle ne nous apprend rien de plus sur la nature du corps, ni sur ses caractères. Ce que nous ne savons pas, ce que nous ne saurons jamais, c'est la relation qui existe entre les propriétés du corps, telles que nous les connaissons par d'autres voies, et la nature de la sensation qu'il nous cause. Nous disons qu'on ne le saura jamais, parce qu'il faudrait pour le savoir connaître le lien qui rattache les phénomènes de la vie aux phénomènes de l'ordre physico-chimique, et que nous avons les plus fortes raisons de croire que ce lien est quelque chose d'absolument insaisissable pour nous. Encore moins pourrait-on expliquer physiquement pourquoi telle odeur, telle saveur qui plaisent aux uns déplaisent aux autres, et quelquefois plaisent ou déplaisent selon les habitudes acquises, selon l'âge ou les conditions de santé. Nous conclurons seulement de ce fait d'observation que l'affection de plaisir ou de répugnance tient à des variétés individuelles et très-superficielles du sujet sentant, ou même tout simplement à l'éducation et à l'habitude : tandis qu'on est fondé à croire, sans cependant pouvoir l'affirmer absolument, que l'impression spéciale reçue par les nerfs sensoriels, et dépouillée de cette affection de plaisir ou de répugnance que l'habitude entretient ou émousse selon les cas, est quelque chose de commun à tous les individus de même espèce ou même d'espèces voisines.

Chez l'homme le sens de l'ouïe sert au développement des fonctions intellectuelles, grâce à l'artifice des signes dont nous n'avons pas à traiter ici, autant que les sens de l'odorat et du goût y servent peu ; et de plus (ce qui rentre dans la discussion actuelle) une branche importante de la physique, l'acoustique, semblerait de prime abord devoir être supprimée par suite de l'abolition du sens de l'ouïe. Mais, quand on y regarde de plus près, on reconnaît qu'effectivement le sens de l'ouïe ou, pour employer une expression plus précise, le sens de la *tonalité* n'est pour le physicien, comme le flair ou la dégustation pour le chimiste, qu'un réactif, susceptible à la rigueur d'être remplacé par des appareils ingénieux de mesure et de comptage; et qu'enfin dans les théories du physicien il n'est jamais question que d'ondulations ou de mouvements vibratoires très-petits et très-rapides, toute abstraction faite du caractère organoleptique, ou de la propriété qu'ont ces mouvements vibratoires d'affecter d'une certaine façon le nerf auditif et de donner notamment la perception d'une tonalité plus ou moins grave ou aiguë. Rien n'empêche absolument un sourd-muet, sinon d'expérimenter en acoustique avec l'adresse d'un Chladni ou d'un Savart, au moins de savoir en acoustique tout ce qu'ont su ces grands physiciens, tout ce que l'on peut savoir; et s'il les surpasse en sagacité mathématique, de lire dans les équations des ondes sonores ce qu'ils n'y ont pas su lire. Y a-t-il un fait empirique comme le *cri de l'étain,* ou telle autre modification de *timbre* dont la théorie des vibrations ne rende point compte, et qu'on ne puisse lire dans les équations? Ce fait ne nous apprendra absolument rien sur la constitution moléculaire de l'étain; il n'aura d'utilité pratique qu'à titre de réactif comme l'odeur ou la saveur, pour discerner promptement une lame d'étain d'une autre lame métallique de même apparence. Y a-t-il dans les effets sensibles de la musique, dans la théorie musicale des accords, des intervalles, des gammes et des modes, bien des choses dont la théorie toute sèche des mouvements vibratoires ne suffise pas à rendre compte? Réciproquement on pourra affirmer que toutes ces parties de l'art ou de la science du musicien, susceptibles peut-être de figurer un jour utilement dans un traité de physiologie, voire même de psychologie, ne contribueront pas à l'avancement de nos connaissances en physique.

On sait que, dans l'état de l'optique, il y a pour le physicien une grande analogie entre la tonalité acoustique et la couleur, tellement que l'on peut dire de la sensation de couleur à peu près tout ce que nous disions tout à l'heure de la sensation de tonalité. Quoique la polarisation des rayons de lumière, bien plus que leur coloration, soit propre à nous renseigner sur la nature de la lumière aussi bien que sur la structure moléculaire et chimique des corps qu'elle traverse, il n'a pas plu à la Nature de rendre le nerf optique capable d'impressions sensorielles distinctes, selon que le rayon qui l'affecte est ou non polarisé : or, l'industrie du physicien a très-bien suppléé à cet oubli de la Nature (si c'est un oubli) par l'invention d'appareils ingénieux, de manière que les progrès de la physique n'en soient point entravés. De même, à défaut de la sensation de couleur qui le fait reconnaître sans qu'on ait besoin de recourir à aucun instrument, à aucune mesure, chaque rayon de lumière colorée serait encore défini, caractérisé physiquement par son indice de réfraction, comme le sont les rayons invisibles dont l'on reconnaît l'existence en dehors des limites du spectre visible; et par exemple tout ce que les récentes analyses des spectres lumineux nous ont appris concernant la nature chimique des sources de lumière les plus lointaines, nous le saurions également, quand même les raies brillantes ne seraient plus différenciées par la couleur, mais seulement par l'indice de réfraction ou par le lieu qu'elles occupent dans l'étendue du spectre. Les expériences faites sur ce sujet devant un auditoire mondain en auraient moins d'agrément ; et voilà tout. Certains yeux distinguent mal ou même ne distinguent pas les couleurs ; tout tableau n'est pour eux qu'une peinture en grisaille ; ils sont privés ainsi de bien des jouissances, sans être nécessairement privés d'aucune source de connaissances, et surtout sans qu'il y ait dans les théories d'optique une ligne à changer pour les personnes atteintes de cette désagréable infirmité.

On n'en pourrait sans doute dire autant s'il y avait abolition complète de la sensibilité générale de la rétine à l'égard de l'effluve lumineux. Il n'est pas besoin d'insister sur les tristes restrictions que cela apporterait à nos connaissances comme à nos jouissances : mais nous remarquons encore que, si l'aveugle-né est dans des conditions exceptionnellement malheureuses, le système fondamental de ses idées est si peu changé, qu'il reste capable d'apprendre et au besoin d'enseigner à son tour tout ce que savent les autres hommes, en optique, en astronomie, comme dans tout le reste. Il peut acquérir et il acquiert effectivement la même *idée* du monde extérieur, quoiqu'il ne puisse pas s'en faire la même *image*.

On a coutume de rapporter aux impressions tactiles les sensations de chaleur ou de froid dont la peau est le siège. Or, pour les sensations de cette dernière espèce, il ne suffirait pas de dire, comme nous l'avons dit pour d'autres, qu'elles n'interviennent dans les opérations du physicien qu'à titre de réactifs, si l'on n'ajoutait qu'ici le réactif est bien plus vague dans ses indications, bien plus sujet à tromper que ne le sont des appareils organiques d'une perfection plus exquise. Bien loin qu'en pareil cas le sens saisisse par sa finesse ce que la grossièreté relative de l'instrument ne permettrait pas de saisir, c'est la précision de l'instrument construit de main d'homme qui permet de saisir ce que le sens, dans sa grossièreté relative, ne saisirait pas. L'instrument constate notamment qu'un milieu dont la température ne varie pas cause la sensation de chaleur ou de froid selon l'état sain ou fébrile du sujet sentant, selon qu'il sort d'un bain froid ou d'un bain chaud. Il n'est donc pas surprenant qu'en pareil cas l'impression sensible ne nous fasse absolument rien connaître sur la nature de l'objet senti ; qu'elle n'entre absolument pour rien dans les théories ou dans les hypothèses des physiciens sur les propriétés et sur la nature de l'effluve calorifique, lesquelles seraient précisément ce qu'elles sont quand même la Nature n'aurait pas donné aux animaux, et à l'homme en tant qu'animal, pour les besoins de leur conservation, l'aptitude à percevoir, par une impression nerveuse *sui generis*, les changements brusques de température du milieu ambiant. Il en serait alors des changements de température comme de la polarisation du rayon de lumière, comme du changement d'état magnétique du barreau aimanté, dont l'homme n'est pas averti par une sensation *sui generis*, et qu'il n'en est pas moins parvenu à saisir indirectement, à concevoir théoriquement, à utiliser pratiquement, grâce à ce qu'il saisit et mesure directement certains phénomènes mécaniques, qui dépendent de l'état optique ou magnétique. Ainsi, pour la chaleur, on aurait observé qu'exposés au soleil ou dans le voisinage d'un gueulard de haut-fourneau, les corps solides et liquides se dilatent ; que la dilatation du liquide est surtout sensible si le vase qui le contient se termine par un tube effilé : on aurait été en possession d'un *thermomètre*, et de proche en proche on aurait construit toute la théorie de la chaleur telle que nous la possédons, avec les mêmes clartés et les mêmes obscurités, sans que la sensation y fût pour rien. Seulement quelque nom, tiré artificiellement du grec, remplacerait celui qui a passé naturellement du latin dans notre idiome roman ; et ce nom technique, artificiel, ne réveillerait pas dans le cerveau, quand on le prononcerait, je ne sais quelles traces obscures d'une certaine sensation que, dans l'hypothèse, nous n'aurions jamais éprouvée.

Parmi les sensations que l'on appelle proprement tactiles, il y en a encore, comme celles qui font distinguer le poli métallique de celui du marbre ou du bois, le tissu de soie du tissu de lin ou de coton, lesquelles ont plus ou moins d'analogie avec les sensations d'odeur, de saveur, de son, de couleur, et qui jouent pareillement le rôle de réactifs, sans pour cela nous faire pénétrer plus avant dans la connaissance scientifique des corps, sans contribuer à la génération des idées à la clarté desquelles nous tentons plus ou moins heureusement d'en expliquer la composition et la structure.

Que reste-t-il donc de caractéristique et d'essentiellement *instructif* dans les sensations du tact comme dans celles de la vue ? Il reste la perception de l'étendue, des figures, des dimensions, des distances et des mouvements, c'est-à-dire de tout ce qui est du ressort de la géométrie proprement dite et de la *cinématique* ou de la théorie géométrique des mouvements : l'idée de force, sur laquelle se fonde la *dynamique*, ne venant point des impressions sensorielles, mais de celles qui accompagnent la fonction des nerfs moteurs, que l'anatomie et la physiologie distinguent nettement des nerfs de la sensation. Pourquoi les sensations de cette catégorie sont-elles représentatives ou instructives à l'exclusion des autres? A cause d'une homogénéité ou d'une conformité évidente entre la nature des rapports à percevoir et la structure de l'organe qui les perçoit. La rétine est « un tableau sentant »; les rayons de lumière ont été, non sans justesse, comparés à ces bâtons à l'aide desquels l'aveugle prolonge, quoique à une distance relativement bien petite, ses impressions tactiles. Les rayons comme les bâtons donnent lieu à des parallaxes, à une sorte de trigonométrie naturelle ou instinctive, sur laquelle se fonde l'estimation des distances et des dimensions relatives. Pour le tact il n'y a pas, comme pour la vue, un *tableau*, une toile sensible qui relie sans discontinuité tous les points perçus, mais il y a (à l'instar de l'appareil inventé par les statuaires pour « mettre au point », comme ils disent, la copie en marbre d'un modèle en terre) une *charpente* dont la sensibilité bien moins exquise et habituellement latente, se prête mieux à l'analyse, en ce qu'elle peut être successivement et itérativement éveillée « en chaque point » autant qu'il est nécessaire pour la distinction nette des parties et pour la complète éducation de l'organe, c'est-à-dire pour douer la sensation de toute sa vertu représentative ou instructive, en la dépouillant de tout ce qui ne représente rien. Cette vertu représentative n'a donc au fond rien de mystérieux, rien dont la raison ne se rende parfaitement compte. Voilà ce qui fonde la prééminence de la géométrie, et pourquoi nous sommes invinciblement conduits à expliquer la physique par la géométrie : il le faut bien puisque, d'après la nature de nos organes de perception, nous ne pouvons effectivement connaître et expliquer de la physique que ce qu'elle a de géométrique. Et cela ne doit point infirmer l'autorité des sciences physiques, diminuer notre confiance dans la valeur des connaissances qu'elles nous donnent, comme si le mode de structure des organes de la vue et du tact n'était qu'un caprice de la Nature, un fait accidentel, sans liaison avec le plan général sur lequel a été construit le monde physique. Il est au contraire bien manifeste d'après l'ensemble des faits observés, que, dans le plan de l'organisation animale, la Nature a entendu ajuster la structure des deux sens fondamentaux ou des deux variantes du même sens fondamental, à la connaissance de ce qu'il y a de fondamental dans la structure du monde physique : sauf à l'animal à ne tirer de cette connaissance que ce qu'il y a d'indispensable à l'accomplissement des fonctions de la vie animale, et sauf à l'homme à analyser, à épurer cette même connaissance de manière à en tirer, d'abord la science qui a servi de modèle à toutes les autres, puis successivement celles qui participent à la rigueur scientifique d'autant plus qu'elles tiennent de plus près à leur mère ou aïeule commune. Ces réserves faites dans l'intérêt de la raison, nous pourrons nous égayer avec l'auteur de *Micromégas*, en accordant autant de sens qu'il lui plaira au *Saturnien* et au *Sirien*. Ces messieurs auront une plus longue liste de propriétés organoleptiques, mais qui ne les rendra pas plus savants : car la nôtre, dans sa brièveté, n'est pas ce qui nous apprend quelque chose.

Nous tâchons de nous représenter par des images géométriques l'essence de la matière, la nature intime des corps, tout ce qui surpasse effectivement nos moyens de connaître et ce qui rentre dans le champ des hypothèses, par delà le domaine de la science positive. Il ne faut point confondre ces images avec des idées : celles-ci sont effectivement les matériaux de nos connaissances scientifiques; celles-là ne figurent dans la science qu'auxiliairement, en manière d'échafaudage pour la construction de l'édifice, à cause du besoin qu'a l'esprit humain d'enter les idées sur des images, sauf à faire ensuite abstraction de tout ce qu'il y a de sensible dans l'image pour ne retenir que ce qu'il y a d'intelligible dans l'idée.

Après que le physicien a fait avec scrupule ce dépouillement, ce départ entre l'idée ou la connaissance et l'image ou l'hypothèse, il se trouve, répétons-le, que tout ce qui s'ajoute à la pure géométrie, à la cinématique pure, pour composer la notion de la matérialité, des forces, des agents et des lois physico-chimiques, c'est-à-dire pour constituer les sciences physico-chimiques dans ce qu'elles ont de positivement justifié par l'expérience, appartient à un ordre de vérités purement intelligibles, aussi peu dépendantes de la nature de la sensation, que peuvent l'être des vérités de quelque ordre que ce soit. En un mot, puisque la matière, les forces, ne sont et ne peuvent être pour nous que des idées, il s'ensuit, comme nous le disions en commençant, que les physiciens, les chimistes, ces *matérialistes*, ces *dynamistes* par état, doivent être aussi réputés, contre le préjugé vulgaire, plutôt des idéalistes que des sensualistes par état. Il est vrai que par état ils doivent être portés, comme tous les humains, à attacher une plus grande importance aux choses qui sont l'objet de leurs études habituelles : mais aussi il faut convenir que la Nature a tout fait pour justifier leurs prétentions et pour montrer aux ignorants comme aux doctes, qu'effectivement les lois du monde physique sont ce qu'il y a de plus universel, de plus stable, de plus fondamental dans l'économie de ses œuvres, la donnée qui précède et qui prime toutes les autres. Est-ce la faute de la physique et de la chimie, est-ce celle du physicien et du chimiste, si ce qu'il y a de plus fondamental et de plus durable n'est pas toujours ce qu'il y a de plus délicat, de plus élevé, de plus beau, de plus propre à nous donner l'idée d'un art merveilleux et d'une exquise perfection ; si l'organisme d'un ciron l'emporte à cet égard sur un système planétaire et si une rose vit « ce que vivent les roses », tandis qu'une aiguille de quartz ou une pépite d'or durent éternellement ? Est-ce à dire pour cela que le physicien et le chimiste soient insensibles à la beauté et au parfum de la rose ? Une philosophie faussement systématique met d'un côté la matière et en regard ce qui n'est point matière ; une pire philosophie ne voit partout que de la matière, sans pouvoir, bien entendu, nous dire ce que c'est que la matière ; une philosophie plus judicieuse (à notre avis du moins) distingue dans le plan de la Nature des assises ou des étages superposés, et reconnaît dans l'assise qui est l'objet des sciences physico-chimiques l'assise fondamentale, le support de toute l'architecture. Si elle se trompait en cela, si tous les progrès des sciences la confirmaient dans son erreur, il faudrait reconnaître de bonne foi que la Nature a tout fait pour la tromper. Nous évitons à dessein les termes qui donneraient à cette proposition hypothétique quelque apparence de blasphème, tant il faut se garder du blasphème, même sous forme d'hypothèse !

§ 6. — **Des modes de succession et d'extinction des phénomènes physico-chimiques et des idées de déterminisme et de hasard qui y sont applicables.**

Après cette digression sur les sources de nos connaissances, reprenons le cours de nos explications théoriques, et d'abord signalons deux classes de phénomènes que leur forme distingue nettement, et pour lesquels la science a aussi deux modes d'explication bien distincts. Figurons-nous d'abord un système de points matériels ou de corps très-petits en comparaison des distances qui les séparent, et qui, selon la rigueur des principes newtoniens, sont toujours maintenus à distance les uns des autres par les forces attractives ou répulsives qui en émanent : il suffira d'assigner, outre la loi des forces auxquelles le système est continuellement soumis, l'état du système à un moment donné, c'est-à-dire le lieu de chaque corps, la direction et la vitesse du mouvement dont il est animé, pour que l'état du système dans tous les instants consécutifs se trouve implicitement déterminé. Avec ces données et à l'aide d'un outillage de calcul approprié, une intelligence supérieure à la nôtre, quoique fondamentalement constituée comme la nôtre, pourra calculer et prédire toutes les phases ultérieures du système, de même que nos astronomes calculent et prédisent une éclipse de soleil. D'ailleurs, si la prédiction des phénomènes dépend de la puissance de notre esprit et de la perfection de nos procédés de raisonnement ou de calcul, il est de toute évidence que la détermination des phénomènes n'en dépend pas, et que, loin d'être déterminé parce qu'il est prédit, le phénomène n'est prédit que parce qu'il est déterminé. L'intelligence supérieure ne lit dans la phase actuelle toute la série des phases ultérieures qu'en raison de ce que, sous l'empire des lois immanentes qui régissent le système, la phase actuelle détermine effectivement toutes les phases ultérieures ; de sorte qu'ici l'on peut dire en toute vérité « que le présent est gros de l'avenir. »

A la faveur de notre hypothèse, il ne serait pas moins exact de dire « que le présent est gros de tout le passé » : car on pourrait également remonter par le calcul, de la phase actuelle à celle qui l'a immédiatement précédée, puis de celle-ci à une phase antérieure, et ainsi indéfiniment. Nulle différence à cet égard, pas plus théoriquement que pratiquement, entre le passé et l'avenir. Pour éclairer un point d'histoire ancienne, l'astronome calcule rétrospectivement l'éclipse de Thalès, par les mêmes procédés qui lui serviraient à calculer l'éclipse qu'on observera dans vingt siècles.

D'autres phénomènes physiques nous donnent l'idée d'un autre mode d'enchaînement et de succession. Si, par exemple, on jette un petit caillou dans une nappe d'eau parfaitement calme et d'une étendue indéfinie, on verra se propager, à partir du centre d'ébranlement, des rides ou ondulations circulaires, dont la vitesse de propagation régulière ne dépendra, ni de la figure ou de la grosseur du caillou, ni de la vitesse de projection, ni des autres circonstances *initiales*, comme on les appelle, qui ont à l'origine imprimé aux molécules d'eau les plus voisines du centre d'ébranlement, une agitation plus ou moins irrégulière. De même pour les ondes sonores qui se propagent régulièrement dans un tuyau d'orgue, avec une vitesse qui ne dépend que de la longueur du tuyau, et non des agitations irrégulières, originairement imprimées aux molécules d'air sur lesquelles agit immédiatement l'appareil d'insufflation.

Si un globe métallique d'un grand diamètre, d'abord inégalement échauffé jusqu'à de hautes températures en divers points de sa masse, est ensuite abandonné à un refroidissement lent, la chaleur tendra sans cesse, d'abord à se propager dans l'intérieur de la masse, des parties plus chaudes aux parties plus froides, et en second lieu à se dissiper à la surface du corps sphérique : de sorte qu'au bout d'un temps suffisant les températures iront en croissant régulièrement du centre du globe à la surface, suivant une loi qui ne sera plus sensiblement influencée par la distribution initiale et irrégulière des températures. On appelle cet état du corps l'état *pénultième*, par opposition à l'état *initial*, et aussi par opposition à l'état *final*, dans lequel toute la masse du corps a pris la température du milieu ambiant et perdu toute sa chaleur d'origine, ou du moins tout ce qui excédait, dans cette chaleur d'origine, la quantité requise pour le nivellement des températures du corps sphérique et du milieu ambiant. Si donc on observe actuellement le corps arrivé, soit à l'état final, soit à l'état pénultième, on aura beau connaître les lois de propagation et de déperdition de la chaleur, ainsi que le coefficient de conductibilité du corps, il ne restera dans l'état actuel aucune trace sensible de l'état initial; il n'y aura aucun moyen de remonter de l'état actuel à l'état initial; et en ce sens le présent cessera d'être « gros du passé. »

Nous sommes maintenant en mesure de répondre à cette question que nous avions ajournée : les forces physico-chimiques dont la somme ne peut s'accroître par la transformation des unes dans les autres, peuvent-elles diminuer, s'éteindre, intégralement ou partiellement? Non, selon la rigueur de la conception mathématique; oui, selon la réalité physique qui devient dans ce cas la vérité scientifique, puisque c'est la seule pour laquelle l'observation puisse fournir la confirmation positive de nos théories. Voici un aérolithe qui circulait dans les espaces interplanétaires en compagnie de tant d'autres, et qui vient à rencontrer notre atmosphère : son mouvement s'y éteint par le frottement; en revanche sa température s'élève, et cet accroissement de température est (nous l'accordons) l'exact équivalent de la force qu'il a perdue. Mais bientôt cet accroissement de température se dissipe par le rayonnement dans les espaces célestes ; et comme ces espaces sont sans bornes, tandis que la chaleur perdue par l'aérolithe est finie et même très-petite, il s'ensuit que le refroidissement de l'aérolithe ne peut communiquer aux espaces célestes qu'un accroissement de température *infiniment petit*, c'est-à-dire absolument insaisissable par l'observation ou physiquement nul. Les trépidations moléculaires du sol, causées par la chute de l'aérolithe, lesquelles ont aussi absorbé ou dissimulé une portion de la force vive dont le corps était antérieurement animé, s'éteignent pareillement, sans laisser de trace observable, ni dans les mouvements de la masse terrestre, ni dans ceux des autres planètes, ni certes dans les mouvements des étoiles fixes et des nébuleuses. Tout cela est théoriquement infiniment petit et physiquement nul.

Profitons de la nature de notre exemple pour placer ici une remarque d'une extrême importance. Par cela seul que la masse terrestre est désormais accrue de celle de l'aérolithe, elle subit, dans ses mouvements de rotation et de translation des altérations que leur extrême petitesse rend tout à fait inappréciables, comme celles dont il était question tout à l'heure, et qui cependant peuvent acquérir une réalité physique. Supposons que tous les jours, ou toutes les semaines, ou tous les mois, la terre soit rencontrée par un aérolithe : au bout de quelques milliers de siècles, c'est-à-dire après un laps de temps d'une durée comparable à celle de nos périodes géologiques, il en sera résulté un accroissement sensible dans la masse terrestre, un allongement sensible et observable du jour sidéral. Le temps se sera chargé, comme le dit Playfair, « d'intégrer l'infiniment petit », tandis qu'il n'aura rien intégré en ce qui concerne les trépidations moléculaires, les rayonnements de chaleur, etc., dont tout l'effet s'est épuisé dans l'intervalle entre deux chutes d'aérolithes. L'infiniment petit qu'il faut réputer physiquement nul, est donc l'infiniment petit que le temps n'intègre pas ; et il y a des forces qui s'éteignent, parce que les circonstances ne se prêtent pas à ce que le temps intègre les éléments infiniment petits dans lesquels elles se transforment. L'exemple choisi est surtout très-propre à montrer qu'il ne faut pas mettre sur la même ligne le principe de la conservation de la masse et celui de la conservation de la force : celui-ci ne s'applique plus dans des cas où l'autre trouve encore une application rigoureuse.

Maintenant que l'aérolithe gît à la surface du sol refroidi et dont les trépidations causées par le choc sont depuis longtemps éteintes, il serait impossible, même à une intelligence bien supérieure à la nôtre, de remonter théoriquement, par la seule connaissance des lois physiques, jointe à l'observation des faits actuels, à l'histoire de l'aérolithe avant sa chute, à la détermination de sa ci-devant trajectoire qui n'a laissé aucune trace. Tout au plus certaines particularités de gisement pourraient-elles nous renseigner sur l'époque ou sur d'autres circonstances de la chute : comme si l'aérolithe se trouvait intercalé entre deux formations géologiques différentes, ou si l'épaisseur d'une croûte oxydée témoignait de la durée de l'incandescence. Il faut bien distinguer entre des sources d'information si différentes, et n'en pas mesurer l'importance intrinsèque à la faiblesse de l'esprit humain : car, grâce à l'une, nous savons avec notre intelligence bornée incomparablement plus de choses sur le passé que sur l'avenir, tandis que l'autre implique la connaissance virtuelle de tout l'avenir, pour une intelligence qui resterait encore dans une grande ignorance du passé. Par l'une nous savons pourquoi toutes les choses de l'avenir doivent nécessairement arriver de telle façon, et par l'autre nous savons seulement que certaines choses sont arrivées dans le passé, sans savoir pourquoi.

Quoi qu'il en soit du mode de lecture dans le passé ou dans l'avenir, il suffit qu'en vertu des lois constantes de la physique, l'état actuel du système détermine complétement toute la suite des phases ultérieures, pour que l'on doive considérer la série comme complétement déterminée, si haut que l'on remonte dans le passé pour y placer l'origine de la série ; et rien n'empêche d'y remonter (du moins par la pensée) aussi haut qu'on le voudra, de manière à embrasser toutes les séries, tous les chaînons de causes et d'effets, aussi bien ceux qui doivent se poursuivre indéfiniment à la manière des mouvements planétaires, que ceux qui sont destinés à s'arrêter court, à mourir pour ainsi dire sans postérité, suivant l'exemple fourni par la chute de l'aérolithe. Cette idée d'une détermination rigoureuse des phénomènes subséquents par les phénomènes antérieurs, s'exprime souvent dans les écrits de philosophes par le mot de *fatalisme*, empreint de je ne sais quel sceau de mystère ou de mysticisme, mieux assorti au génie de l'Orient qu'à celui de nos populations occidentales, et en remplacement duquel on a réussi de notre temps à faire admettre le mot de *déterminisme*, ressuscité de la scolastique, mais qui ne rappelle plus que des conceptions rationnelles, appuyées de l'autorité de la science.

Abstraction faite de toute hypothèse sur la réductibilité de tous les phénomènes physico-chimiques à des phénomènes mécaniques, conformément aux principes de la philosophie newtonienne, le caractère essentiel du déterminisme physico-chimique consiste en ce que toutes les forces dont le physicien et le chimiste s'occupent ont actuellement une action déterminée par l'état actuel du système matériel, sans aucune référence aux phases antérieures : de manière à se retrouver exactement les mêmes et à agir absolument de la même manière, chaque fois que le système revient au même état. Ainsi la force qui sollicite la planète dans son orbite ne se lasse jamais et reprend la même valeur chaque fois que la planète revient au même point de son orbite. Ainsi la molécule de fer ou de soude a pour la molécule de soufre ou d'acide carbonique une affinité que le travail chimique antérieur n'a point épuisée, et qui montre la même énergie, quels que soient le nombre et la nature des combinaisons où les molécules ont pu être précédemment engagées. Si au contraire les forces physico-chimiques variaient avec le temps en vertu d'un plan primordial, ou dépendaient des anciennes phases par lesquelles le système a passé, il faudrait pour le calcul ou la prévision des événements futurs connaître le plan primordial ou la loi de la variation des forces dans le temps, et aussi connaître toute la série des phases antérieures, c'est-à-dire qu'il faudrait être l'auteur du monde. D'ailleurs l'état futur ne cesserait pas d'être rigoureusement déterminé, parce qu'il cesserait d'être suffisamment déterminé par l'état actuel.

Le déterminisme absolu, tel qu'on l'admet avec fondement, d'après les données de la science, dans l'ordre des phénomènes physico-chimiques, n'exclut point la notion de l'indépendance des causes, ni par suite celle de l'*accidentel* et du *fortuit,* et d'une part faite au *hasard* dans la succession des phénomènes ou des événements. Si l'aérolithe en tombant à l'état d'incandescence fait sauter une poudrière, on dira que l'explosion a eu lieu accidentellement ou par hasard, attendu qu'il n'y a nulle liaison entre les causes qui ont déterminé la trajectoire de l'aérolithe, sa chute en tel point de la surface de la terre, et celles qui ont déterminé une accumulation de matières explosibles juste au point où l'aérolithe devait un jour tomber. Le défaut de notre exemple consisterait en ce que la poudrière a été construite par un travail humain, et que nous ne nous occupons ici que des phénomènes de l'ordre physico-chimique. Mais rien n'empêche de substituer à la poudrière une solfatare naturelle ou une source de pétrole dont la chute de l'aérolithe détermine l'inflammation; car il est bien évident que le travail de la Nature auquel la solfatare ou la source de pétrole doivent leur existence, est sans liaison aucune avec les forces qui ont déterminé la trajectoire de l'aérolithe et le point où il devait rencontrer le globe terrestre. En général dans tous les phénomènes s'observe le contraste de la *loi* et du *fait*, de ce qui est *essentiel* ou *nécessaire* en vertu d'une loi (comme, par exemple, l'aplatissement vers les pôles d'un globe fluide qui tourne sur lui-même et dont toutes les molécules s'attirent), et de ce qui résulte *accidentellement* ou *fortuitement* de certaines dispositions initiales ou de certaines rencontres dont nous n'admettons pas la nécessité en vertu d'une loi; quoique dans chacune des séries qui se rencontrent fortuitement, parce qu'elles sont indépendantes les unes des autres, chaque fait soit nécessairement lié aux faits antécédents dans sa propre série, et complétement déterminé par ses antécédents. Cette notion de l'indépendance des causes et des rencontres fortuites entre des séries de causes et d'effets, indépendantes les unes des autres, notion au développement de laquelle nous avons consacré tous les loisirs d'une longue vie, sera encore reprise dans la suite du présent écrit, en vue de ses applications purement rationnelles : ici nous ne l'envisageons que dans ses applications aux phénomènes de l'ordre physique. Et puisque le hasard même a des lois qui sont un objet important de nos spéculations rationnelles, il résulte des explications qui précèdent, que de telles spéculations trouveront dans les phénomènes de l'ordre physique une application légitime, sans qu'on puisse à l'encontre arguer de la nécessité qui gouverne ces phénomènes, ou de leur détermination rigoureuse.

Ainsi la théorie rationnelle du hasard nous apprendra combien il faudrait accumuler d'observations barométriques pour mettre hors de doute une action de la lune sur notre atmosphère, analogue à celle qu'elle exerce sur les eaux de l'Océan dans le phénomène des marées, ou pour s'assurer que cette influence est insensible. Il n'est guère de questions de météorologie où il ne s'agisse pareillement de mettre en évidence des influences faibles, mais constantes, grâce aux compensations qui ne manquent pas de s'établir, si le nombre des observations est suffisamment grand, entre les influences irrégulières qui jouent le principal rôle, dans chaque observation prise isolément.

§ 7. — De l'idée du Monde et de la cosmologie physique.

Autre est l'idée de la *Nature*, autre l'idée du *Monde* ou (si nous voulons à l'exemple du vieil Humboldt reprendre le mot grec, moins profané par l'usage) l'idée du *Cosmos*. Avant tout remarquons cette association que les Grecs, puis les Latins leurs imitateurs, ont faite de l'idée du Monde avec l'idée de la beauté. Le Cosmos, le Monde est pour les uns et les autres la beauté, la parure par excellence. Pour le physicien et le chimiste, comme pour l'algébriste et le géomètre, il y a d'élégants théorèmes, des formules, des constructions élégantes, en ce qu'elles font ressortir des symétries, des analogies propres à mettre l'ordre dans la confusion, l'unité dans la variété. Souvent même cette élégance des formules est ce qui en a fait pressentir la vérité et chercher la preuve rigoureuse. Nous les jugeons vraies parce qu'elles sont belles, quoique d'une beauté froide et austère. Mais la beauté qui émeut les sens, qui plaît à l'imagination comme à la raison, qui parle à l'homme tout entier, c'est dans le Monde que nous la cherchons et que nous la trouvons de manière à surpasser les espérances qui nous l'ont fait chercher. Le Monde des êtres vivants et à plus forte raison le Monde moral nous seraient inconnus, que le spectacle du Monde physique suffirait pour nous donner l'idée du beau. Nous n'aurions d'ailleurs l'idée ni du bien, ni du mal, ni de l'utile, ni du nuisible : car, ce que l'on a appelé dans l'école « le mal physique » devrait plutôt s'appeler, selon l'acception plus précise que les mots ont prise, « le mal physiologique ou biologique ». C'est sur la contemplation de l'ordre et des beautés du Monde, bien plus que sur la connaissance des lois de la physique et de la chimie, qui se fonde toute théologie naturelle. Ces esprits célestes qui, suivant Voltaire, ont bien pu être jaloux du grand Newton, n'ont jamais été soupçonnés d'être jaloux de Galilée ou de Lavoisier. Que les propriétés de la matière soient incompatibles avec ce que la métaphysique enseigne des attributs nécessaires d'un premier Être, c'est là un argument qui sent bien le collége ou le séminaire, et qui n'a guère de prise sur le *Monde* des ignorants, des lettrés et des savants, ni même sur bon nombre de philosophes : tandis qu'on est toujours bien reçu à dire « que les cieux racontent les merveilles de Dieu. »

Quand on réfléchit sur la classification des sciences, on ne tarde pas à y reconnaître deux embranchements ou deux séries collatérales : l'une qui comprend des sciences telles que la physique et la chimie, qu'on peut qualifier de *théoriques;* l'autre où se rangent des sciences telles que l'astronomie et la géologie, auxquelles conviendrait l'épithète de *cosmologiques;* celles-ci se référant à l'idée d'un Monde dont on tâche d'embrasser l'ordonnance, les autres à l'idée d'une Nature dont on cherche à constater les lois, en tant qu'elles sont indépendantes de toute ordonnance cosmique. Les explications où nous sommes entré au paragraphe précédent donnent la clé de cette distinction capitale entre les *lois* de la physique et les *faits* de la cosmologie. Les étoiles et les amas d'étoiles, la voie lactée et les nébuleuses, les lambeaux de comètes et les essaims d'aérolithes ne sont-ils pas disséminés dans les espaces célestes comme les îles et les archipels à la surface des mers, sans loi, sans ordre apparent, par suite de faits anciens dont chacun avait sa cause dans un fait antécédent, mais dont l'ensemble se présente à nous avec les caractères d'une donnée contingente ou d'un fait accidentel, si colossal que soit par fois l'accident.

Pourquoi Saturne est-il pourvu d'un anneau dont sont privées toutes les autres planètes, tant supérieures qu'inférieures? Pourquoi la même planète a-t-elle sept lunes, Jupiter quatre et la Terre une seule, tandis que Mars et Vénus, entre les orbites desquelles s'intercale l'orbe terrestre, et qui forment avec la Terre un groupe si naturel, n'en ont pas du tout? Ce sont là autant d'accidents, autant de faits cosmiques qu'expliquerait peut-être la connaissance des phases antérieures par lesquelles le monde planétaire aurait passé à des époques très-reculées, mais qui, pour être expliqués de la sorte, ne perdraient pas le caractère de faits cosmiques accidentels, tandis que les lois de Kepler et celles de la réfraction de la lumière, établies par la théorie à titre de corollaires d'autres lois, ne passeront jamais pour des accidents, quel que soit l'état futur de nos connaissances.

Sur notre mappemonde terrestre, telle que l'ont dessinée les derniers mouvements de l'écorce du globe, nous observons la distribution des mers et des terres émergées et nous démêlons, à travers mille irrégularités de détail, des traits singuliers de ressemblance entre les deux principales masses continentales, subdivisées chacune en un massif boréal et un massif austral qui s'articulent au moyen d'un isthme : chaque massif se terminant en pointe vers le pôle antarctique, tandis que les terres se massent autour du pôle arctique et que, sur l'une et sur l'autre rive de l'Atlantique, deux grandes mers intérieures pénètrent entre le massif boréal et le massif austral de chaque continent. Ce sont encore là des faits, des accidents dont la description appartient à la cosmologie, et qui n'ont rien perdu de leur caractère de faits ou d'accidents cosmiques, par tout ce que la géologie a pu nous apprendre des phases antérieures par lesquelles le globe a passé, et des causes qui peuvent expliquer le passage de la figure de la mappemonde aux anciennes époques, à sa figure actuelle.

Nous verrons que plus on s'élève dans l'ordre des phénomènes, à partir de l'assise fondamentale, plus le fait, plus la donnée cosmologique, géographique ou historique acquiert de prépondérance sur la loi ou sur la donnée théorique. Mais si l'on se borne, comme nous le faisons en ce moment, à considérer les phénomènes de l'ordre physique, il sera permis et même il sera convenable de concevoir aussi une cosmologie physique où il n'y aurait lieu de tenir compte que des faits ou des accidents produits par la disposition initiale des éléments du monde matériel et par le jeu des forces physico-chimiques, en tant qu'il amène des séries de faits ou d'événements, entre lesquelles n'existe aucun lien de solidarité. Il est clair que partout ailleurs qu'à la surface de la planète où nous sommes destinés à vivre, nous ne pouvons rien connaître du Monde que ce qui appartient à la cosmologie physique, laquelle empruntera ses caractères distinctifs aux caractères mêmes des forces physiques, les plus puissantes de toutes assurément et celles dont l'action s'étend le plus loin.

On peut regarder comme le point capital en cosmologie physique, l'ubiquité et la constance des lois physiques, leur rigoureuse uniformité et leur identité absolue dans tous les lieux et à toutes les époques. Il a fallu beaucoup de temps pour que l'observation scientifique établît cette maxime fondamentale, contrairement aux préjugés du vulgaire et à ceux des philosophes. L'ancienne philosophie admettait d'emblée une distinction tranchée entre les phénomènes célestes et ceux de la région inférieure, sublunaire ou terrestre : là-haut une pureté, une régularité parfaite, ici-bas la grossièreté, la complication, la corruption et le trouble. Les corps terrestres étaient inertes ; les autres se mouvaient d'eux-mêmes, ils étaient dieux ou tenaient de la nature divine. Le mouvement circulaire, le plus parfait de tous, leur était aussi naturel que le mouvement en ligne droite semble l'être aux corps terrestres, quand ils cèdent à une impulsion étrangère. La physique, l'astronomie se sont transformées l'une et l'autre, le jour où l'on s'est avisé d'essayer si la même mécanique ne s'appliquerait pas aux mouvements des corps célestes et à ceux des corps que nous touchons, que nous remuons à la surface de la Terre. En même temps que la théorie suggérait l'idée d'une telle hypothèse, l'invention du télescope la rendait vraisemblable, par suite des ressemblances physiques qu'on apercevait entre les planètes et la Terre, déjà assimilée dans le système de Copernic aux autres planètes. Pendant que l'astronomie atteignait à une perfection inouïe, par l'application des principes de la mécanique terrestre, elle donnait de ces mêmes principes, par l'accord soutenu des observations les plus délicates et des calculs les plus minutieux, une confirmation empirique bien supérieure à celle qu'auraient pu fournir des expériences faites sur les corps mobiles à la surface de la Terre. Les deux sciences, en s'unissant, se servaient mutuellement d'appui.

Ce que le dix-septième siècle avait fait pour les lois de la mécanique, la science contemporaine est en train de le faire pour ce qui tient à la constitution chimique. Quand les chimistes mettent la main sur l'aérolithe devenu un corps terrestre, de céleste qu'il avait été pendant si longtemps, ils n'y trouvent que des éléments chimiques qu'ils connaissaient déjà par l'analyse des corps situés à la surface ou tout près de la surface de la Terre. Une autre merveilleuse chimie, pour laquelle l'analyse des spectres lumineux tient lieu de voie sèche et de voie humide, nous certifie la présence des plus importants d'entre les matériaux chimiques de notre monde terrestre, non-seulement dans l'atmosphère du soleil, mais jusque dans les étoiles et les nébuleuses les plus lointaines, pour peu que leurs effluves lumineux soient en état d'arriver jusqu'à nous.

En géométrie pure, les dimensions des corps, c'est-à-dire des portions d'étendue limitées et figurées, ne sont que relatives; il n'y a pas de grandeur ni de petitesse absolue; les mêmes figures peuvent être construites sur une infinité d'échelles différentes, auquel cas on dit qu'elles sont *semblables*, ou qu'elles ne diffèrent que par le module de grandeur qui reste arbitraire. En transportant ces considérations abstraites dans l'ordre des réalités physiques, les philosophes et les lettrés ont composé, tantôt des dissertations abstraites, tantôt des contes plaisants ou des tirades éloquentes. L'homme est comme suspendu entre deux abîmes, l'infini en grandeur et l'infini en petitesse. Après avoir mis un lilliputien dans sa poche, Gulliver est mis à son tour dans la poche d'un géant. Mais la cosmologie nous ramène à des faits plus positifs. En réalité chaque classe de phénomène a son échelle, et d'ordinaire on observe un saut très-brusque d'une échelle à l'autre. On ne voit pas de cristaux gros comme des planètes ou des montagnes; et nous avons beau augmenter la puissance de nos microscopes, nous ne trouvons dans un cristal ou dans une goutte d'eau rien qui ressemble à un système planétaire, pas plus que nous ne trouvons parmi les végétaux ou les animalcules microscopiques des miniatures de chênes ou d'éléphants. Les phénomènes d'ondulations lumineuses, les phénomènes capillaires, les phénomènes chimiques ont tous leurs échelles respectives, n'empiètent pas les uns sur les autres, ne se reproduisent pas périodiquement ou à tour de rôle, comme il le faudrait dans l'hypothèse d'un emboîtement indéfini des phénomènes cosmiques. Et la conséquence que la raison en tire, c'est qu'effectivement la série est limitée, et qu'il y a un point de départ, un commencement dans la petitesse, au point de vue de la structure du monde physique et de l'échafaudage des phénomènes cosmiques les uns sur les autres. Voilà ce que la science, aidée du microscope et d'autres instruments de précision, nous a appris sur l'infiniment petit, et ce qui nous renseigne plus à cet égard que tous les raisonnements des métaphysiciens ou que toutes les inventions d'une littérature humoristique. Voyons ce que la science nous apprend à l'aide du télescope, pour l'infiniment grand.

Et d'abord demandons qu'on nous permette une supposition, à savoir celle que la Nature nous ait dérobé la connaissance des étoiles fixes, soit en en augmentant encore plus l'éloignement, soit en rendant moins exquise la sensibilité de l'œil pour la lumière : on pourrait difficilement, à défaut de ces points de repère si commodes, mais enfin on pourrait à la rigueur arriver à connaître la constitution de notre système planétaire ; et une fois en possession de cette connaissance, si de notables perfectionnements apportés aux instruments optiques ne faisaient rien apercevoir au delà, l'on serait suffisamment autorisé à croire que l'œil de l'homme embrasse effectivement le monde tout entier. La découverte d'une planète à grand'peine visible à l'œil nu, comme Uranus, celle d'une planète tout à fait invisible à l'œil nu, comme Neptune, à plus forte raison le retour d'une comète périodique à orbite très-allongée, suggéraient bien la pensée que les limites du monde astronomique peuvent être successivement reculées. Mais, comme d'autre part on verrait que l'intervalle d'une orbite à l'autre augmente à mesure qu'il s'agit de planètes plus éloignées de l'astre central, on concevrait qu'il y eût une limite à cette sorte de raréfaction des orbites comme il y en a une à la raréfaction des atmosphères. Le monde matériel serait donc conçu comme limité à la manière de nos atmosphères planétaires ou de la lumière zodiacale, sans qu'on en pût fixer précisément la limite. Il porterait tous les caractères d'unité systématique où notre esprit se complaît. Au-delà seraient les solitudes de l'espace, c'est-à-dire rien ; et vainement demanderait-on pourquoi le système du Monde se trouve en tel lieu de l'espace plutôt qu'en tel autre : comme le centre de l'espace infini est partout, ce serait le cas de répondre avec Leibnitz que le lieu du monde limité serait toujours le même. Donc, quoi que Kant en ait dit, la conception d'un monde limité pourrait être naturelle, logique, et n'offrirait à la raison ni contradiction, ni mystère, ni *antinomie*. Tout au plus suggérerait-elle quelques arguties scolastiques, dédaignées des savants et des vrais philosophes.

Rendons maintenant à l'homme le magnifique spectacle du ciel étoilé, et armons-le des puissants instruments qui ont procuré de si belles découvertes dans le champ des espaces sans fin. Tout prend alors une autre face : notre système solaire n'est qu'un atome ; les soleils et les mondes se groupent sporadiquement, comme des îles et des archipels dans un océan sans rivages. Des découvertes successives dans une série que rien ne paraît arrêter, conduisent presque irrésistiblement à admettre que la série ne s'arrête jamais et que le Monde est infini comme l'espace : ce qui peut bien accabler l'imagination, mais non la raison dont les conceptions n'ont rien de commun avec les simulacres de l'imagination. D'ailleurs il ne s'agit plus, comme tout à l'heure, de mondes emboîtés les uns dans les autres, mais de mondes juxtaposés les uns aux autres, puisque rien n'indique une ordonnance systématique autour d'un centre, telle qu'on l'observe dans notre monde planétaire. Le point des espaces stellaires où notre système solaire est placé, n'offre rien qui le singularise; le groupe stellaire auquel il appartient n'a rien de particulier : *Unus e multis*. En résumé, la fameuse question de l'infinité du monde dans l'espace, pour laquelle on ne brûlera plus personne, comporte une solution raisonnable; et malgré notre goût pour une symétrie favorable surtout à l'effet oratoire, la solution scientifique est inverse, selon qu'il sagit de l'infiniment grand ou de l'infiniment petit.

§ 8. — Des questions d'origine ou de la cosmogonie physique.

Venons à la question non moins célèbre et épineuse, de l'infinité du monde dans le temps; et d'abord regardons comme vidée d'elle-même la question de l'infinie petitesse, puisque nous n'avons besoin d'aucun appareil, d'aucune expérience, d'aucune preuve scientifique pour comprendre qu'il n'y a pas de mouvement, pas de phénomène physique qui n'ait autant de phases correspondant à autant d'éléments du temps, si petits qu'on les suppose. Par contre, s'il est permis à la raison, en l'absence d'observations contraires, de concevoir un monde limité dans l'espace, elle ne peut de même le concevoir comme limité dans le temps sans se heurter contre une maxime scientifique, celle qui prescrit de regarder les lois de la physique comme immuables, la substance des corps comme indestructible, et leurs propriétés fondamentales comme tenant à des caractères indélébiles. Toute création *ex nihilo*, tout anéantissement de substances matérielles rentrent dans un ordre de spéculations que la science ne peut en rien confirmer ni infirmer. Si elles ressortissent d'une philosophie, cette philosophie n'est plus celle qui s'appuie sur l'observation scientifique et qui ne se risque à la dépasser qu'autant qu'il en est besoin pour la résumer et la mieux faire comprendre.

Il ne faut pas, avec la plupart des métaphysiciens, regarder la croyance à l'immutabilité des lois de la Nature comme un principe qui s'impose d'emblée à l'esprit humain, qui est le point de départ de toutes ses recherches ultérieures, et sans lequel il ne pourrait faire un pas dans les voies de la science. Une pierre tombe actuellement dès qu'on cesse de la soutenir, mais il pourrait par la suite en être autrement, si la vitesse de rotation de la terre allait en croissant, de manière que la force centrifuge balançât l'action de la gravité sur le parallèle où se font nos observations. A la vérité, la chute de la pierre ne peut point passer, dans l'état de nos connaissances, pour l'effet immédiat d'une loi primordiale de la Nature; la durée du jour sidéral ou de la rotation diurne de la terre, longtemps regardée par les astronomes comme un étalon rigoureusement fixe, comporte (nous le savons maintenant) des variations excessivement lentes, auxquelles correspondent autant de variations de la pesanteur terrestre : le tout en vertu des lois primordiales de la mécanique et de la gravitation universelle, immuables dans le temps. Bref, pour employer le langage précis des géomètres, les lois primordiales du monde physique, celles dont toutes les autres découlent, offrent ce caractère remarquable, de n'être point *fonctions du temps*. Mais la nécessité même où l'on se trouve d'expliquer à qui n'est point initié, ce langage technique, le seul exact, montre assez qu'il ne s'agit point là d'un principe évident de lui-même, antérieur et supérieur à toute observation. En cosmologie physique, le principe en question est le couronnement, non la base de l'édifice scientifique. Les lois fondamentales de la physique n'offriraient point ce caractère que l'on parviendrait encore, quoique péniblement, à les démêler, et que la physique serait encore une science possible, comme la botanique ne cesserait pas d'être une science possible, parce qu'il serait prouvé que les types botaniques sont « fonctions du temps », c'est-à-dire sont sujets à éprouver par le seul fait de leur durée, toutes les autres circonstances restant les mêmes, certaines variations séculaires.

Quoi qu'il en soit, plus les sciences qui ont pour objet le monde physique font de progrès, et mieux elles s'ordonnent conformément au principe ou à la maxime de l'immutabilité des lois physiques dans le temps. De toutes les sciences de cet ordre, la géologie est celle qui s'occupe le plus du passé, qui réunit le plus de monuments, qui y rattache le plus d'inductions; et il n'y a plus de fait géologique que dans l'état de la science on n'explique ou qu'on ne répute explicable par les causes physiques actuellement agissantes, sauf à tenir compte de la différence des circonstances dans lesquelles elles opéraient, à des époques si reculées. Les écoles les plus modernes, celles que l'on répute volontiers les plus avancées, vont plus loin dans cette voie. Elles affectent de ne pas croire à de si soudaines révolutions, à de si brusques ou à de si complets changements de circonstances et de régime; et pour se dispenser d'y avoir recours elles utilisent sans ménagement le postulat du temps indéfini; elles prodiguent le temps dans leurs explications, comme les astronomes avaient été conduits à prodiguer l'espace, parce qu'en effet le temps ne doit pas plus coûter à la Nature que l'espace. Dans l'état actuel de la cosmogonie purement physique, il y a encore et il y aura toujours une large part faite à l'inconnu: il n'y a plus de part faite au mystère, du moins de ce chef, et sous la réserve des remarques qui doivent bientôt suivre.

Si donc les lois fondamentales de la physique sont, au témoignage de la science, immuables dans le temps, il faut bien que la plus fondamentale de toutes, celle qui consacre la préexistence, la permanence, l'indestructibilité de l'étoffe ou de la substance matérielle, compte au nombre des décrets immuables dans le temps : ce qui revient à dire que la question de l'infinité du monde dans le temps comporte une solution scientifique qu'on ne peut rejeter ou dépasser qu'en se plaçant dans un ordre de spéculations transcendantes, religieuses ou mystiques, et en tout cas inaccessibles à la science.

Pour reconnaître que la prétendue antinomie de Kant n'est pas mieux fondée au sujet du temps qu'au sujet de l'espace, il convient de donner suite à la distinction déjà faite entre les phénomènes cosmiques dont la série ne s'ordonne pas régulièrement, systématiquement, et ceux qui manifestent au contraire la tendance à une coordination régulière, à un état final déterminé.

Supposons une comète qui décrive une suite d'arcs hyperboliques et qui poursuive sa marche à travers les espaces célestes en subissant l'attraction, tantôt d'un soleil, tantôt d'un autre, en passant (ainsi que nous pouvons le conjecturer) par des températures extrêmes dont la succession ne serait soumise à aucune loi régulière : ce serait l'image, affaiblie si l'on veut, du *tohu-bohu* ou du *chaos* des antiques cosmogonies. A cet exemple hypothétique on peut rattacher, sans d'ailleurs l'adopter, l'hypothèse proposée par M. Poisson pour rendre compte d'une variation séculaire des températures terrestres, ou plutôt pour montrer qu'il n'est pas indispensable d'admettre la théorie du feu central et du refroidissement progressif d'une masse en fusion : théorie, non renversée sans doute, mais désagréablement contrariée de nos jours par la découverte de ce que les géologues ont appelé « la période glaciaire ». Selon M. Poisson, la terre entraînée avec tout le système solaire dans les espaces célestes dont la température varie irrégulièrement d'une région à l'autre, à cause de la dissémination irrégulière des sources d'irradiation lumineuse et calorifique, passerait par des alternatives irrégulières de refroidissement et d'échauffement qui pourraient n'avoir ni point de départ, ni terme final. Même dans le monde qui nous est familier, et sans qu'il soit besoin de recourir à aucune hypothèse, on ne manque pas d'exemples de séries qui portent en effet tous les caractères de l'irrégularité. Des années chaudes ou sèches succèdent à des années froides ou humides; l'atmosphère est pendant longtemps calme ou agitée; tels vents sont successivement prédominants; les glaces polaires et celles de nos montagnes avancent et reculent; les courants magnétiques du globe se déplacent; les tremblements de terre, les éruptions volcaniques surviennent à des époques, tantôt rapprochées et tantôt éloignées. Dans les espaces célestes, les apparitions de bolides, de comètes, d'étoiles nouvelles, les averses d'étoiles filantes ont aussi plus ou moins de fréquence, sans que nous soyons jusqu'à présent parvenus à saisir aucune loi, à constater aucune marque certaine de régularité dans la succession de ces divers phénomènes. S'il n'y en avait que de pareils, il serait tout simple d'admettre que la série actuellement irrégulière ou chaotique a toujours offert et offrira toujours ce caractère d'irrégularité, cette apparence de chaos. Il y aurait une distribution chaotique des phénomènes dans le temps, en corrélation d'autant plus juste avec la distribution sporadique des corps dans l'espace, que l'une expliquerait l'autre, en partie du moins. La chaîne des temps aurait « son milieu partout et ses bouts nulle part » : à quelque anneau de la chaîne qu'on s'accrochât, on aurait l'infini derrière soi et devant soi. Cela ne peut pas s'imaginer, sans doute, mais cela est parfaitement intelligible. Il n'y a point là d'antinomie pour la raison, pas plus qu'il n'y en a à ne pouvoir dessiner sur une mappemonde plate une portion de la terre qui est sphérique, sans la déformer de quelque façon, sans en altérer l'aire ou les contours. Il est tout aussi aisé de concevoir que l'on ne puisse peindre une grandeur infinie sur une toile de dimensions finies.

Cependant l'on peut dire qu'en général, dans le Monde qui nous est donné en spectacle et sur lequel les philosophes raisonnent, la régularité domine : soit qu'elle se montre dans la marche constamment progressive des grands phénomènes cosmiques, ou dans la périodicité de leurs retours. De plus, la science constate que l'ordre actuellement établi n'a pas toujours subsisté, et que des phénomènes aujourd'hui réguliers ont dû être amenés graduellement à l'état présent de constante progression ou de périodicité. Pour interpréter théoriquement ces données de l'observation scientifique, il faut distinguer trois grandes phases ou périodes : 1° Une *phase chaotique*, d'une durée infinie *a parte ante*, pendant laquelle les phénomènes se seraient succédé irrégulièrement, jusqu'à l'apparition d'une combinaison *singulière* qui se prêtât à la naissance d'un ordre régulier, par le jeu des forces internes et par les réactions mutuelles entre les diverses parties du système. 2° Une *phase intermédiaire* ou *génétique*, pendant laquelle le système s'est graduellement rapproché des conditions de stabilité, de permanence ou de périodicité auxquelles il devait physiquement aboutir au bout d'un temps limité, ou dont, selon la rigueur de l'abstraction mathématique, il devait indéfiniment s'approcher, comme une courbe géométriquement définie s'approche de son asymptote, de manière qu'au bout d'un temps suffisant l'on ne puisse plus distinguer physiquement l'une de l'autre. 3° Et une *phase finale*, d'une durée infinie *a parte post*, à moins que des causes étrangères au système et dont rien ne nous signale l'existence, n'y viennent détruire l'ordre établi et ramener une nouvelle phase chaotique, ainsi que la sagesse indienne se le figurait, suivant en cela des idées qui n'ont jamais été du goût, ni des peuples sémitiques, ni des nations occidentales. L'époque de l'avénement de la phase finale n'est pas la même pour tout. La lune paraît être arrivée depuis longtemps à un état de refroidissement final dont le soleil et par suite la terre sont encore bien loin, heureusement pour nous et pour nos neveux. La surface du globe terrestre offrait encore l'image du chaos, que déjà, depuis des milliers de siècles, notre système planétaire était constitué dans les conditions de stabilité qui n'ont plus cessé de le régir ; et il y a apparence que dans l'immensité des espaces célestes se trouvent encore actuellement des masses chaotiques d'où sortiront un jour des soleils et des systèmes planétaires.

Remarquons bien cette condition d'une combinaison *singulière* pour sortir de l'état chaotique, pour *naître* à l'état de système ordonné. Elle doit même être si singulière qu'il faille, pour rendre raison de son apparition, l'infinité *a parte ante* du temps chaotique. Car autrement on ne s'expliquerait pas pourquoi l'état chaotique n'a pas cessé plus tôt, pourquoi nous n'observons pas actuellement l'état final, en tout et par tout. Il y aurait alors effectivement une antinomie au sens de Kant : la raison ne pouvant rendre compte de la tardive apparition de l'état final, qu'en admettant le commencement du Monde et la création *ex nihilo*, c'est-à-dire en sortant du cercle des opérations naturelles, assigné aussi comme limite à la compétence de la raison.

Nous avons tâché d'exposer le schème ou la règle formelle à laquelle doit ou devra nécessairement se conformer l'explication scientifique, au cas qu'elle soit possible ou qu'elle le devienne, par suite du progrès de nos connaissances.

Il a suffi, par exemple, que les valeurs assignées aux éléments des orbites des planètes se trouvassent, à une époque quelconque, comprises entre de certaines limites, pour que le jeu des réactions du système, en assurât dès lors la stabilité : mais il faudrait de plus établir que l'épuisement des combinaisons fortuites et instables, grâce à l'infinité du temps écoulé, a dû amener une des combinaisons que les réactions du système peuvent ensuite rendre stables, telle que celle que nous observons. Recourra-t-on avec Laplace à l'hypothèse d'une distribution primitive de la matière planétaire en anneaux dont les débris auraient formé les planètes actuelles? Il faudra alors prouver que le passage de la diffusion sporadique à la distribution annulaire est une conséquence nécessaire des réactions des particules matérielles, ou l'un des modes réguliers de distribution qui ont dû vraisemblablement se réaliser, par le passage continuel d'un mode de distribution à un autre, dans un temps dont rien ne limite la durée. Il ne suffira pas d'établir la possibilité du passage d'un état régulier à un autre : il faudra saisir la première trace du passage de l'état chaotique à l'état régulier, pour se permettre l'insolence de bannir Dieu de l'explication du monde physique, « comme une hypothèse inutile ». Jusques-là, et quoiqu'il ne s'agisse pas encore du monde où la vie circule, où l'organisation déploie ses merveilles, que peuplent des créatures intelligentes, jusques-là, à côté de la présomption d'une explication scientifique possible, se soutiendra la croyance à un principe supérieur d'ordre, d'harmonie, d'unité, dont les lois et les phénomènes que nous pouvons scientifiquement étudier, ne sont que des émanations ou des manifestations, et qui lui-même échappe à toute perception sensible, à toute investigation scientifique.

DEUXIÈME SECTION

VITALISME

§ 1er. — De la vie et de l'instinct.

Le monde physique, objet des études qui précèdent, est comme la charpente qui supporte le monde de l'organisation et de la vie. Entre ces deux mondes existent des relations d'engrenage et de contact intime plutôt que de greffe ou de soudure ; et plus les observations se précisent scientifiquement, plus on est porté à croire que ce sont bien deux mondes distincts, ayant leurs lois propres, sans que l'on puisse concevoir le passage de l'un à l'autre par voie de développement graduel et de progrès continu. Ce que l'on pouvait encore rêver au siècle dernier n'est plus de mise aujourd'hui. Il faut désespérer d'amener jamais les physiologistes, les médecins, les naturalistes à se soumettre aux chimistes, aux physiciens, aux géomètres. Nous avons eu déjà p. 29) l'occasion de parler de la chimie organique et de dire combien cette dénomination serait impropre si l'on en inférait que le chimiste empiète le moins du monde sur le domaine de la vie. En réalité la chimie organique relève exclusivement, aussi bien que la chimie minérale, des forces qui déterminent l'union, atome par atome, entre des corps où toute trace d'organisation a disparu. L'inverse a lieu à propos des phénomènes dits « de fermentation », où des réactions chimiques accompagnent la production d'êtres incontestablement organisés, quoiqu'au degré le plus infime, et dont la vie, si obscure qu'elle soit, relève des lois générales de la vie. Si les fonctions que remplissent ces êtres infimes ont la vertu singulière d'exciter, d'entretenir, de propager certaines réactions chimiques, on en peut dire autant des fonctions dévolues à des appareils organiques d'un ordre plus élevé; et l'on connaît d'autres ferments où l'on n'observe nulle trace d'organisation ni de vie, et qui ont aussi la vertu d'exciter, de propager des réactions chimiques analogues. Les globules de la levûre de bière constituent une espèce botanique qui a sa caractéristique tout comme une autre. Ils puisent dans le milieu ambiant les aliments dont ils se nourrissent, et rejetent ce qui ne peut plus servir en eux à l'entretien de la vie, ils croissent et se développent, ils engendrent des êtres qui leur ressemblent, puis dépérissent et meurent en traversant la série des âges, comme pourraient le faire la plante ou l'animal le plus compliqué. Rien de tout cela ne saurait trouver son explication dans un phénomène chimique, tel que la transformation du sucre en alcool, non plus que dans la saturation d'un acide par une base. Les deux ordres de phénomènes se touchent, s'influencent, sans cesser d'être distincts et même hétérogènes, autant que nous en pouvons scientifiquement juger.

Dans le monde inorganique, ce que l'on considère comme formant un corps, un système à part, n'est pas un *tout* à proprement parler, mais seulement un *bloc*, une collection de parties juxtaposées; et l'action du bloc sur le monde extérieur n'est que la résultante mathématique des actions partielles dont chacune est déterminée individuellement, pour chaque molécule ou atome, indépendamment des actions exercées par les molécules juxtaposées. Au contraire, l'essence de l'organisme consiste en ce que le bloc devient un tout où chaque partie, chaque pièce organique agit sur les autres pièces et sur le monde extérieur, en raison de la fonction dévolue à l'être complet, ou en raison de l'action qu'il doit exercer sur le monde extérieur. Dans la solidarité d'efforts, dans le concert de toutes les tendances de l'organisme vers un but commun, consiste cette faculté merveilleuse, incompréhensible pour nous, que nous nommons l'*instinct*.

Point d'exemple plus frappant et plus connu du pouvoir de l'instinct que la construction du nid de l'oiseau. Quand vient la saison des amours et de la ponte, l'oiseau, comme piqué intérieurement de quelque aiguillon (*in-stinctus*), se met en quête des matériaux qui lui conviennent, de ceux dont ses ancêtres se sont servis, dont ses descendants se serviront en pareil cas ; il choisit un emplacement où il les dispose et les tresse d'une certaine façon, d'après un type bien connu des observateurs, variable d'une espèce à l'autre, et qui fait partie de la caractéristique de l'espèce. Du premier coup le novice est passé maître, sans que l'âge et l'expérience mettent de différences bien notables entre l'œuvre des aînés et celle des cadets. L'exemple, la réflexion, l'habitude (du moins l'habitude contractée par l'individu et qui recommencerait à chaque individu) ne sont donc pour rien dans ce travail. Si l'ouvrier est dirigé, comme on n'en peut douter, il n'a nulle conscience des règles qui le dirigent, des influences qui le déterminent. Le rang élevé de l'oiseau dans l'échelle animale, sa prééminence à certains égards sur les animaux les plus voisins de l'homme, font encore mieux ressortir le contraste entre ce travail irréfléchi, inconscient, quoique excellemment approprié à une fin déterminée, et l'industrie de l'homme qui, même dans les travaux les plus simples, a besoin d'être guidée par le jugement, instruite par l'expérience, fortifiée par l'éducation et par l'habitude.

Ne manquons pas de noter sur ce premier exemple un des caractères les plus remarquables de l'instinct, celui de n'intervenir qu'en raison du besoin. Le reptile, le poisson pondent des œufs comme l'oiseau sans toutefois construire de nids : car la conservation de l'espèce n'exige pas qu'ils en construisent, soit parce qu'en leur qualité d'animaux à sang froid ils sont moins sensibles aux variations de température, soit parce que les œufs de la ponte se comptent par milliers, et qu'il suffit qu'il en échappe quelques-uns à la destruction. En conséquence la mère abandonne ses œufs au hasard ou se contente pour eux d'un mode de protection purement physique. La Nature n'a pas besoin pour cela d'une nouvelle dépense d'instinct, et elle s'en épargne la dépense : inversement elle laisse l'instinct s'émousser et disparaître chez l'homme à qui des facultés supérieures sont départies dans la mesure suffisante pour la conservation de l'individu et de l'espèce.

Pour avoir un second exemple, franchissons toute la série des phénomènes de la vie et transportons-nous d'un pôle au pôle opposé. Chaque cellule d'un organe glandulaire, tel que la mamelle d'une femelle de mammifère, imite à sa manière, dans le travail de sécrétion qui lui est dévolu, le travail de l'oiseau dans la construction de son nid. Elle trie les matériaux que le sang lui apporte, elle les modifie, elle les associe et les dose avec un art merveilleux, de manière à produire l'émulsion qui doit si bien répondre aux besoins pour lesquels est instituée la fonction de l'allaitement. Le plus habile chimiste, le plus prévoyant médecin ne ferait pas mieux, ni aussi bien ; et pourtant la cellule ne sait pas un mot de médecine ni de chimie, n'a pas même comme l'oiseau la conscience des actes accomplis, jointe peut-être à quelque notion obscure du but poursuivi. Elle agit en conformité d'un type variable pour chaque espèce, puisque le médecin ne prescrit pas indifféremment le lait de vache ou le lait de chèvre. Il en faudrait dire autant pour chacun des innombrables organes de sécrétion, d'une structure si analogue, quoique chargés d'élaborer des sucs si divers, toujours utiles et le plus souvent indispensables à l'économie générale de l'être vivant, aux fonctions qu'il remplit, à ses relations avec le monde au sein duquel il vit.

L'oiseau va chercher les matériaux de son nid, le torrent de la circulation apporte à l'organe sécréteur les matériaux de la sécrétion : voilà la différence capitale. Ici la montagne vient au prophète, là le prophète va à la montagne. L'oiseau met en jeu des forces et des engins mécaniques; l'organe sécréteur dispose de forces moléculaires, chimiques ou quasi chimiques, et ressemble plus ou moins à un appareil de laboratoire. D'ailleurs la faculté de triage ou de *sélection* se montre dans l'un et l'autre cas, aussi incompréhensible pour nous dans un cas que dans l'autre.

Sur le contraste de ces deux procédés de triage, l'un chimique, l'autre mécanique, la Nature fonde la grande antithèse de la vie végétative et de la vie animale, celle du type de la plante et du type de l'animal, types qui se rapprochent au point de se confondre dans leurs ébauches, pour se distinguer avec tant de netteté dans leurs exemplaires plus parfaits. Du reste, si les fonctions de la vie animale sont habituellement étrangères à la plante, la vie végétative, qualifiée aussi de vie organique, forme encore la trame de la vie de l'animal, même le plus perfectionné. On le voit par ce que nous venons de dire des sécrétions ; et tous les tissus de l'animal croissent, se développent, s'endurcissent par une production de cellules qui se multiplient de proche en proche, qui sont éliminées plus tard ou qui, après avoir perdu leur vie et leur plasticité, se fixent dans l'organisme où elles servent à relier les organes, les appareils dont la fonction est d'agir tantôt chimiquement et tantôt mécaniquement.

On peut dire aussi que, même dans la plante, les fonctions de la génération tiennent beaucoup de la vie animale. Les loges d'une anthère éclatent; les granules de pollen vont par un mouvement, non plus infinitésimal ou moléculaire, mais fini ou perceptible, féconder les ovules contenus dans l'ovaire; l'ovule fécondé devient une semence, une graine, un œuf végétal dont le transport, souvent à de grandes distances, donne lieu à un autre emploi de forces et d'engins mécaniques. A cet égard un palmier, un chêne ne diffèrent pas essentiellement d'un poisson. Dans cet ordre de fonctions les plus mystérieuses de toutes, auxquelles la Création organique doit son rajeunissement perpétuel et son inépuisable variété, plus de ces ambiguïtés inhérentes au mode de propagation, de reproduction par gemmes ou par boutures. La distinction des générations successives est nettement tranchée; on peut leur donner des noms, des numéros d'ordre. Voilà ce qui établit le plus nettement la notion de l'unité ou de l'individualité, appliquée aux êtres vivants, animaux et plantes. Voilà donc aussi ce qui doit établir le plus nettement la caractéristique; et dès lors, par une secrète mais incontestable liaison, il faut que l'acte de la génération sexuelle et ses suites deviennent le fondement des classifications du naturaliste, aussi bien pour les plantes que pour les animaux.

Par contre, chez l'animal comme chez la plante il y a une vie générale qui relie toutes les parties, qui fait concourir au même but tous les organes et toutes les fonctions, et aussi une vie locale et subordonnée, propre à chaque organe, à chaque bourgeon, à chaque bulbe, à chaque cellule. La fleur se flétrit et tombe, le rameau persiste, et l'arbre continue de vivre après le dessèchement du rameau. Le bulbe nourricier d'une plume cesse de la nourrir, l'oiseau mue pour se revêtir bientôt d'un nouveau plumage. Toutefois la vie générale est plus dominante, et par suite l'unité de l'être vivant est plus accusée dans l'animal que dans la plante. Une plus grande complication d'organes donne lieu aussi à plus de variété dans les formes caractéristiques, dans les mœurs et dans les instincts.

Le bourgeon est en un sens un végétal greffé sur un autre, et cette greffe naturelle ne lui ôte pas son individualité propre, quoiqu'elle le mette en communication sympathique avec les autres bourgeons, pareillement greffés sur le tronc commun. Inversement où dans un autre sens, les boutures ne cessent pas d'appartenir à l'individu d'où elles ont été détachées, et de le continuer dans son existence individuelle, avec les caractères individuels qui lui appartiennent. Les animalcules du polypier et de l'éponge ressemblent beaucoup à cet égard aux bourgeons du végétal; et le spermatozoaire vit aussi de sa vie propre, se meut de sa motilité propre, non à titre de parasite, mais comme partie intégrante d'un système organique incomparablement plus compliqué.

Cela nous conduit à attribuer une plus grande perfection organique aux êtres dont les fonctions sont plus étroitement liées, plus centralisées, plus spécialisées, par suite d'une plus rigoureuse subordination et d'une plus nette distinction des organes : la Nature, dans l'être vivant, tendant à la plus parfaite unité du tout par la plus grande diversité des parties. L'animal qu'on appelle *édenté* (non qu'il manque de dents, mais parce que toutes ses dents se ressemblent et que le nombre n'en est pas aussi rigoureusement fixé) sera donc réputé offrir, quant au système dentaire, une organisation inférieure à celle des mammifères qui ont des dents molaires, canines, incisives, appropriées à des usages spéciaux et en nombres fixes. Ainsi l'économie de la Nature vivante se gouverne comme celle de nos industries et de nos sociétés humaines, selon les principes de subordination, de centralisation, de division ou de spécialité du travail. Non que l'homme ait pris modèle sur la Nature qu'il ne connaissait point encore assez, et encore moins la Nature sur l'homme : mais parce que les conditions d'une logique supérieure s'imposaient à la création organique comme aux œuvres de l'homme.

La sensibilité que l'on regarde volontiers comme le caractère distinctif de l'animalité (quoique nous n'ayons aucune notion de ce que peut être la sensibilité chez les animaux inférieurs), n'a certainement été départie à l'animal que dans la mesure voulue pour qu'il fût sollicité à agir et dirigé en tant qu'agent moteur. La sensibilité chez les animaux n'est pas une faculté qui s'ajoute à la vie, comme semblerait l'indiquer le célèbre aphorisme linnéen,

>Mineralia crescunt,
>Vegetabilia crescunt et vivunt,
>Animalia crescunt, vivunt et sentiunt,

mais une des manifestations de la vie, de même que la *croissance* ou le développement (qu'il ne faut pas confondre avec *l'accroissement* minéral ou inorganique) en est un autre. La croissance appartient à ce premier période où la vie n'est pas seulement, comme on l'a dit, « une résistance à la mort » ou aux causes physico-chimiques de destruction, mais une puissance vraiment active qui les domine et les fait servir à ses fins : la sensibilité se montre à toutes les époques de la vie animale, quoique toujours avec intermittence. Les animaux ne vivent pas pour sentir, pas plus que les végétaux ne croissent pour vivre : ceux-ci croissent en vertu de la vie qu'ils possèdent, ceux-là sentent parce que, d'après le plan de leur organisme, la sensibilité leur est indispensable pour l'entretien de la vie. Il en faut dire autant de toutes les fonctions intellectuelles de l'animal, si élevées qu'elles soient, et même de celles de l'homme en tant qu'animal. Un jugement inverse, lorsqu'il y a lieu de le porter, indique déjà suffisamment que nous sortons du cercle où la Nature avait entendu renfermer les fonctions de l'animalité.

La vie se reflète dans tous ses produits, dans ceux mêmes d'où elle s'est retirée, ou qu'elle a à peine pénétrés, ou qu'elle n'a pas pénétrés du tout. La coquille du mollusque aux riches couleurs et aux formes élégantes, le cocon du bombyx, la toile de l'araignée, le nid même de l'oiseau sont déterminés dans leurs matériaux, leur structure, leur forme, et font partie de la caractéristique du type naturel, au même titre qu'une cellule, un globule, un os, une écaille, un poil ou une plume. On y reconnaît également (ou à divers degrés, car ceci importe peu) ce que nous nommons le cachet de la Nature vivante, c'est-à-dire la marque de cette action mystérieuse qui poursuit instinctivement la production d'une œuvre harmonique. On ne confondra pas de tels produits, sur lesquels la vie a agi ou qu'elle a pénétrés, avec les concrétions qui tapissent une grotte, ni avec la pelotte de fucus que la mer rejette sur le rivage. On ne les confondra pas davantage avec les produits de l'industrie humaine, avec nos ustensiles et nos étoffes. Sans avoir la prétention d'être poëte, on distinguera, par le sentiment de la vie qui y circule, la modulation de l'oiseau chanteur de celle d'un orgue mécanique, et du murmure du torrent ou du bruissement de la forêt.

Bref, l'on voit que tous les mystères de la vie sont précisément les mêmes pour la plante et pour l'animal : mystère de la génération, mystère de l'origine et de la constitution des espèces, mystère de la coordination harmonique des organes et des fonctions, principe interne de développement et de variété individuelle sous l'influence des excitations du dehors, lutte contre les causes externes de destruction, d'où la caractéristique des âges successifs, dans l'intervalle de la naissance à la mort. Tout cela a donc en soi, et dans le plan général, bien plus d'importance que ce qui caractérise exclusivement l'animal et ce qui offre le plus de disparité dans les diverses provinces du règne animal, comme la réunion ou la séparation des sexes, comme le genre de vie solitaire ou social, comme le degré de motilité et par suite de clarté ou de finesse dans la perception des objets du dehors, de netteté dans la conscience et dans la mémoire des affections intimes, de sagacité ou d'impétuosité dans les instincts. Combien les philosophes se seraient épargné de divagations si, choisissant mieux leur horizon pour une vue d'ensemble, ils avaient bien voulu considérer que le degré de centralisation des fonctions vitales ne saurait changer du tout au tout l'essence de la vie; et que, réciproquement, l'abaissement des fonctions vitales ne les rend pas plus aisément explicables par le mécanisme et l'atomisme, n'est pas plus favorable à ce qu'on appelle communément le matérialisme.

Si nous rangeons en série, selon l'ordre des phénomènes qu'elles engendrent,

> Les forces mécaniques,
> Les forces moléculaires et chimiques,
> La vie végétative ou organique,
> La vie animale,

nous remarquons une sorte de polarité ou de symétrie entre le premier et le quatrième terme de la série, entre le second et le troisième; puisque les manifestations de la vie organique consistent généralement en mouvements intestins, en groupements moléculaires ou atomiques, tandis qu'en général aussi la vie animale se manifeste par des mouvements perceptibles et par des effets mécaniques. Les progrès de la chimie depuis Lavoisier, ont successivement dépouillé l'oxygène de sa primauté ou, si l'on veut, de sa singularité dans l'ordre des phénomènes chimiques, telle que ce grand chimiste l'avait conçue, mais il est resté l'*air vital* par excellence, *pabulum vitæ*. Tout appareil vivant, toute cellule vivante ne vit qu'à la faveur d'une combustion lente, en laissant brûler au contact de l'oxygène, pur ou mélangé, quelques parcelles de sa propre substance, en dégageant de la chaleur par suite de cette combustion. Ainsi vivifié sous l'influence de l'acte chimique fondamental, l'organe, la cellule devient habile à remplir les autres fonctions que son rang dans l'organisme lui assigne, et pour lesquelles il est spécialement doué des aptitudes requises. Dès qu'il vit, il peut travailler et il travaille. Il fabrique et emmagasine certains produits, au nombre desquels les aliments de la combustion indispensable à la vie; il en trie, en décompose et en élimine d'autres, au nombre desquels peut figurer l'oxygène lui-même, comme lorsque les parties vertes des plantes, sous l'influence de la lumière solaire, décomposent le gaz acide carbonique mêlé à l'atmosphère qui les baigne, en fixent le carbone dans le tissu végétal, et reversent dans l'atmosphère l'oxygène que de précédentes combustions avaient absorbé. Enfin, après l'accomplissement des fonctions chimiques, l'appareil vivant pourvoit à des besoins d'un autre ordre qui exigent une dépense de force mécanique ; et comme cette dépense exige pour l'animal, comme pour la machine à vapeur ou pour la pile voltaïque, une consommation de produits, il arrive que, dans l'ensemble, les animaux décomposent et dépensent plus qu'ils ne produisent, tandis que le travail des plantes consiste de préférence à composer, à fabriquer et à emmagasiner des produits. De toutes les découvertes de la science moderne, aucune n'est plus propre que celle de cet admirable balancement à nous donner une idée grandiose des harmonies du Monde et du principe d'où elles découlent.

§ 2. — De l'idée de force, appliquée aux phénomènes de la vie.

Tous les progrès de l'observation scientifique confirment tellement l'idée d'une distinction radicale entre les lois du monde physique et celles des phénomènes de la vie ; et d'ailleurs, ainsi qu'on l'a vu plus haut, le principe, l'essence des forces physico-chimiques nous échappent tellement, qu'il ne faut pas s'étonner si les philosophes ont toujours échoué quand ils ont tâché d'expliquer « le supérieur par l'inférieur », en rattachant la notion de l'action vitale à celle des forces physico-chimiques. Pour exprimer, en style mathématique, le concert des efforts instinctifs de l'organisme (p. 89) il faudrait dire que l'action de chaque pièce organique, est *fonction* de la résultante générale, c'est-à-dire précisément de ce que les physiologistes appellent la *fonction* de l'organisme complet. Or il faut convenir que si la prémisse est exacte, malgré sa dureté technique, elle ne promet pas de jeter une grande lumière sur la suite des explications. On peut espérer de meilleurs résultats en suivant une marche inverse, en partant de la notion bien plus directe et bien plus claire que nous avons de notre manière d'agir sur le monde physique, pour jeter quelque lueur sur le mystère de l'action vitale, en rattachant ainsi « l'inférieur au supérieur ». Au fond, c'est ainsi que l'esprit humain a toujours procédé quand il a suivi ses penchants naturels : il ne s'agit que de substituer à des mythes ou à des comparaisons enfantines les comparaisons que suggèrent une science et une industrie perfectionnées.

Un sauvage navigue avec son canot et ses pagaies : toute sa force musculaire est roidie directement contre l'obstacle, et dépensée à vaincre la résistance de l'eau, à lutter contre le vent, les courants et la marée; il est seul en présence des forces de la Nature, obligé de tout tirer de son propre fonds; il ne sait pas encore diviser pour régner. Bientôt il inventera le gouvernail, le mât, l'antenne, la voile, les cordages; il tirera parti de la force du vent pour vaincre celle de la marée et des courants; il assistera à ce conflit dont il est l'instigateur, le modérateur; et désormais il interviendra bien moins par sa force musculaire que par son intelligence, biens moins comme agent mécanique que comme agent industrieux. Cependant il lui faudra encore dépenser de la force musculaire pour virer le gouvernail, pour relever ou abaisser le mât, pour orienter l'antenne, pour carguer ou déployer la voile : mais cette dépense n'est point comparable à l'effet mécanique produit; et, comme on l'a expliqué (p. 45) elle reste en dehors des calculs relatifs à l'effet utile des forces physiques et à la transformation des unes dans les autres. D'ailleurs, par d'autres engins, en recourant à d'autres forces physiques, l'homme parviendra à réduire de beaucoup cette dépense de force musculaire pour le grément et la manœuvre de l'esquif. Le steamer se contentera de huit hommes d'équipage là où il aurait fallu au voilier trente robustes matelots. Dans une grande manufacture où les facilités d'installation sont encore plus grandes, on parvient à réduire, sinon à rien, du moins à presque rien en comparaison des effets mécaniques produits, la dépense de force musculaire jadis imposée aux travailleurs de dernier ordre. La plupart sont remplacés par des tonnes de houille et par ces esclaves de bronze et d'acier que l'homme se vante d'avoir assujettis : ce dont il aurait encore plus de motifs d'être fier, si le perfectionnement du mécanisme n'allait jusqu'à réduire la dépense d'intelligence aussi bien que la dépense de force musculaire, sans cependant que l'on puisse absolument se passer ni de l'une, ni de l'autre. Par exemple, il faudra toujours camionner la houille du chantier à la machine, l'introduire par pelletées dans le foyer, régler et attiser le feu : de même qu'il a fallu antérieurement dépenser de la force vive pour construire et installer l'usine, pour extraire la houille du sein de la terre et pour la voiturer au chantier. Mais nous avons déjà vu que toutes ces dépenses accessoires de force mécanique, sur lesquelles on parvient fréquemment à réaliser des économies, n'entrent pas dans les calculs d'équivalence que poursuit le physicien : tandis que le financier, embrassant dans ses calculs tout ce qui se paye, négligeant tout ce qui ne se paye pas, au cas qu'il y ait des choses qui ne se payent pas, n'aura définitivement en vue que la comparaison du prix de revient au prix de vente.

Que l'on soit ou que l'on ne soit pas philosophe, chacun est disposé à croire que la Nature l'emporte encore, en fait d'invention, sur l'académicien le plus en renom, sur le mécanicien le plus ingénieux, sur le constructeur le plus habile. D'ailleurs il y a une sphère des infiniment petits où la Nature se joue et où nous n'avons guère accès. Donc la raison n'éprouve nulle répugnance, elle incline plutôt à admettre que la Nature a des moyens d'atteindre la limite dont nos savants ne font qu'approcher, de supprimer cette dépense auxiliaire ou accessoire de force mécanique que nous ne pouvons qu'atténuer, et qui n'entre pas dans la balance du physicien, bien qu'il faille en tenir compte dans le bilan du financier. Mais, grâce à cette supposition si naturelle et qui rappelle de loin « la chiquenaude de M. Descartes », physiciens et physiologistes, mécaniciens et vitalistes, l'École de Paris et celle de Montpellier vont se trouver d'accord. La Nature vivante sera bien obligée de disposer des forces physico-chimiques pour produire des effets physico-chimiques, et elle ne pourra les mettre en jeu qu'en se conformant aux lois de conversion et d'équivalence, reconnues par les physiciens : de sorte qu'en ce sens, la physiologie ne sera qu'un chapitre de la physique, qui ne demande d'être traité à part qu'en raison de son importance et des complications plus grandes qu'il offre habituellement. D'un autre côté, les biologistes auront parfaitement raison de soutenir que le tissu vivant ou le globule entraîné dans le torrent de la circulation ont des propriétés, une manière d'agir dont leur structure et leurs conditions physico-chimiques ne suffisent pas à rendre raison, et qui s'évanouissent lorsque disparaît un principe de vie et de coordination harmonique, *nisus formativus*, absolument insaisissable à l'observation physique. Ce principe est ce qu'Aristote appelle l'*entéléchie*, d'un mot qui implique à la fois l'idée d'une *fin* et celle d'une *énergie formatrice*.

Vus au miscroscope, peu après la fécondation de l'ovule, l'embryon de la liane et celui du baobab sont loin d'offrir les extrêmes contrastes de port, de structure, que ces végétaux présentent dans l'état adulte. Sur l'un et sur l'autre échantillon telles cellules seront inégalement douées de l'activité prolifique; les paquets de cellules se dilateront, se serreront, s'entasseront là où il faut qu'elles se dilatent, se resserrent, s'entassent pour que la structure définitive du végétal se conforme au type héréditaire; pour qu'il soit pourvu en toutes ses parties de tous les tissus, de tous les vaisseaux, de toutes les glandes, de tous les organes appropriés à son genre de vie et aux fonctions qu'il doit remplir. Il en faut dire autant du bourgeon naissant, du fragment de tissu employé dans l'opération de la greffe et qui va reproduire le végétal entier, dans les moindres détails de son organisme, non-seulement cette fois avec tous ses caractères spécifiques, mais avec toutes ses variétées individuelles et toutes ses habitudes acquises. Supposer qu'il suffirait, pour expliquer tout cela, d'une bonne et complète description anatomique, d'un excellent dessin, d'une rigoureuse épure de la cellule greffée, et d'un calcul exact de toutes les forces physico-chimiques qui vont la solliciter au sein du milieu où elle se propagera, où elle se développera, c'est demander à la raison plus qu'elle ne peut accorder, c'est abuser de l'hypothèse. Et si un tel abus n'est pas sans exemple chez les philosophes, trop habitués et autorisés, à ce qu'ils croient, à ne se rien refuser, on peut dire qu'il reste en dehors de toute tradition scientifique, depuis Hippocrate jusqu'à MM. Virchow et Claude Bernard.

Maintenant, l'énergie vitale, l'entéléchie d'Aristote sera-t-elle conçue comme une substance à l'instar de l'atome, ou comme une force qui a son siége dans l'atome, à l'instar de l'attraction du physicien et de l'affinité du chimiste? Au premier cas, que devient l'entéléchie, où se réfugie-t-elle quand l'être vivant a cessé de vivre? Dans l'animalcule microscopique soumis à la dessiccation la vie est éteinte, le mouvement vital est arrêté, et il suffit pour le faire reparaître d'humecter le cadavre ou la dépouille inerte. On a fait germer des grains de blé enfouis depuis le temps des Pharaons dans les hypogées de l'Egypte. Que devenaient, pendant ces siècles de torpeur, l'entéléchie du germe ou celle de la poussière cadavérique? Et s'il suffit de la présence d'une goutte d'eau, d'une bulle d'air pour ressusciter l'entéléchie, ne donnons-nous pas trop beau jeu au plus vulgaire matérialisme, pour conserver la goutte d'eau, la bulle d'air, et supprimer l'entéléchie?

Au lieu d'éclaircir tant soit peu la notion que nous avons des phénomènes de la vie, l'hypothèse de l'union passagère de deux substances radicalement hétérogènes et pareillement indestructibles, ne fait qu'ajouter le mystère au mystère. Évidemment l'homme ne l'a conçue que pour se rendre compte de sa propre nature, de ses facultés supérieures, de faits de conscience qui n'ont rien de commun avec ceux que le physiologiste étudie scientifiquement. Mais on a maintes fois prouvé par l'histoire que ni les doctrines morales, ni les croyances religieuses ne sont nécessairement liées à tel système de métaphysique, et qu'il n'y a que des inconvénients à faire dépendre d'un système de métaphysique ou de l'état changeant de la science la réponse aux questions qui concernent la nature de l'homme, ses devoirs et ses destinées. On est tombé dans le ridicule roman de la métempsychose quand on a voulu créer pour quelques animaux voisins de l'homme un psychisme animal à l'instar du psychisme humain ; et ce que nous savons des analogies fondamentales de la vie de l'animal et de la vie de la plante conduirait à un psychisme végétal bien plus extravagant encore. L'entéléchie du rosier greffé serait-elle celle du sauvageon ou celle de la greffe ? Y en aurait-il une pour chaque bourgeon, destinée presque toujours à rester inactive, ou s'en créerait-il une, chargée de présider au développement de chaque bourgeon greffé? Que d'entéléchies le métaphysicien mettrait ainsi à la disposition d'un jardinier ! Et quel compte la science pourra-t-elle tenir de ces puérilités d'école !

Si l'entéléchie est conçue comme une force, non comme une substance, il n'y a plus à se heurter contre des créations et des résurrections, contre des passages ou des retours du néant à l'être et de l'être au néant. Il paraît tout simple qu'une force se manifeste par son action ou cesse de se manifester, selon que les conditions physiques rendent la manifestation possible ou impossible. Si l'entéléchie n'est pas directement saisissable par l'observateur, si elle est du nombre des choses *invisibles*, comme s'exprime le symbole chrétien, elle partage ce caractère avec la gravitation du physicien, avec l'affinité du chimiste. Quant aux difficultés qui naîtraient à propos de l'attribution d'un siége à l'entéléchie, il ne faut pas perdre de vue que si les physiciens sont fondés à attribuer tel siége aux forces dont ils conçoivent l'existence, ce n'est que pour la commodité des explications ou des calculs (p. 11), et qu'il n'y aurait rien d'étonnant à ce que l'hypothèse qui réussit dans un cas ne réussit pas dans l'autre.

Ce qu'Aristote appelle *entéléchie*, Van-Helmont le désignait par le nom d'*archée*, si propre en effet à réveiller l'idée d'un principe recteur et organisateur des forces physico-chimiques. Par l'intuition d'un génie bien supérieur à la science de son temps, Van-Helmont instituait autant d'archées subordonnées les unes aux autres qu'il y a de vies locales et subordonnées dans les organes dont l'ensemble entretient la vie générale et constitue l'unité du système organique. Bien entendu que la communication des archées entre elles, leur action réciproque restent un mystère, aussi bien que leur action sur les atomes matériels et sur les forces physico-chimiques que l'on suppose adhérentes aux atomes.

A la vérité ceux des physiciens auxquels on donne le nom de *dynamistes* et qui pensent avec le grand Leibnitz qu'il faut être encore « petit garçon » pour conserver la foi aux atomes, sont moins embarrassés d'admettre le jeu des archées ou des monades. Avec une physique d'une exposition plus difficile, ils ont une biologie d'une conception plus facile : ce qui est tout simple, puisqu'ils ont pris leur point de départ, non dans la physique newtonienne, comme la plupart des physiologistes de nos Académies, mais dans la biologie même. Qu'est-ce en effet que la monadalogie leibnitzienne, sinon la généralisation savante et hardie, trop hardie peut-être, de la doctrine des archées de Van-Helmont ? Nous reproduirons ici la remarque que nous avons faite ailleurs et qui nous paraît digne de l'attention des philosophes : à savoir que dans ces questions destinées à faire l'éternel tourment de l'esprit humain, il y a un fond de lumière et d'ombre dans des proportions fixées par la nature des choses, et que l'esprit humain ne peut par ses combinaisons que répartir diversement, de manière à épaissir l'ombre ici ou là, et à racheter ainsi le surcroît de clarté en d'autres points du champ de la vision, qui sont l'objet de ses préférences.

Le mérite du leibnitzianisme est d'avoir relié autant que possible les phénomènes des deux mondes, organique et inorganique, en prenant pour idée maîtresse, non plus l'idée de substance, mais celle de force, dont l'introduction dans les sciences physiques est si bien justifiée par les progrès accomplis à la faveur de cette idée régulatrice. D'ailleurs, le leibnitzianisme n'a pu faire que la distinction des deux mondes, inorganique et organique, ne se prononçât d'autant plus qu'on les étudiait davantage et qu'on les connaissait mieux.

Au dix-septième siècle surtout il était perpétuellement question *d'esprits animaux* ou d'un fluide réputé alors l'agent vital par excellence, et trop subtil pour tomber sous les sens. Dès que, par suite des découvertes du siècle suivant, les termes de fluide électrique et de fluide magnétique se furent introduits dans la langue des physiciens, il était naturel d'y revenir pour déguiser notre ignorance des mystères de la vie. Tous les adeptes de doctrines occultes, tous les entrepreneurs de charlatanisme pouvaient se rencontrer sur ce terrain avec les disciples de la science orthodoxe. Le médecin tirait parti des secousses ou des courants électriques; on avait le spectacle horrible d'une sorte de résurrection des suppliciés; et, ce qui valait bien mieux, l'appareil nerveux devenait un réactif à l'usage des physiciens pour étudier les plus faibles développements d'électricité : de sorte que ce qui avait été primitivement pour Galvani un sujet de recherches physiologiques conduisait à la construction de la pile de Volta et à toutes les découvertes physico-chimiques qui en ont été la suite. Cependant qu'est-il arrivé en définitive? Que la distinction entre les phénomènes vitaux et ceux du monde inorganique ne s'est nullement effacée. Ni la batterie de Leyde, ni la pile de Volta, ni l'appareil de Rumkorf ne nous aident le moins du monde à expliquer, par le jeu seul des forces et des agents physiques, les premiers rudiments de l'organisme, les plus infimes productions de la vie. L'être vivant a en lui ce qu'il faut pour trier et s'approprier les matériaux que lui fournit le monde extérieur, pour diriger à son profit les forces physiques, l'électricité aussi bien que les autres : à condition, bien entendu, de se conformer aux lois de la mécanique, de la physique et de la chimie, selon qu'il s'agit d'opérations mécaniques, chimiques ou physiques. Mais, ce qui donne à l'être vivant sa faculté de triage, d'appropriation et de direction, ce qui produit le concert des fonctions et des organes, doit être cherché ailleurs que dans la composition des matériaux et dans la vertu des agents physiques. Ou plutôt il faut renoncer à chercher ce que nous ne pouvons trouver et nous contenter de savoir (ce qui déjà sauvegarde suffisamment la dignité de l'esprit humain) pourquoi nous ne pouvons le trouver. Toutes les fois qu'on a méconnu ce conseil de la raison, notamment à propos de l'électricité et du magnétisme, on est sorti des voies scientifiques, on est tombé dans les illusions du mysticisme ou dans les filets du charlatanisme.

Au fond, les atomes sont toujours des atomes et les mouvements toujours des mouvements, de quelque ténuité qu'on doue les atomes, de quelque agilité qu'on doue les mouvements ; et ce n'est pas en subtilisant ou en raffinant les conceptions d'atome ou de mouvement qu'on en tirera l'explication qu'elles ne peuvent donner sous une forme plus grossière. Cependant il faut avouer que l'imagination se complaît dans ce raffinement des essences, comme dans un moyen de reculer les difficultés que ne manque guère de susciter une démarcation de frontières. Elle se crée ainsi comme un terrain vague, sans bureaux de douane ni de police, où elle espère échapper aux étreintes de la raison. L'hypothèse des fluides impondérables, lorsqu'elle régnait chez les physiciens à peu près sans contestation, répondait bien à ce besoin de l'imagination. Il faut dire tout le contraire au sujet des théories qui tendent à prévaloir dans la physique moderne. Si la chaleur, si l'électricité sont pour les physiciens l'équivalent rigoureux de telle quantité de force mécanique, il y a moins de motifs que jamais de mettre sur le compte de l'électricité ou de la chaleur des phénomènes vitaux dont l'explication par une dépense de force mécanique serait rejetée d'emblée comme brutale. Il faut donc que tout ce qui tend à confirmer le grand principe de la convertibilité des forces physico-chimiques les unes dans les autres tende indirectement à creuser la distinction entre le monde organique et le monde inorganique, tout en maintenant la subordination de l'un à l'autre.

On peut aussi, tant qu'il ne s'agit que de forces mécaniques telles que la gravitation newtonienne, regarder avec quelques géomètres l'idée de force comme une entité métaphysique dont on se passerait à la rigueur, en ne considérant dans tous les phénomènes mécaniques que des *atomes* mis en mouvement d'après certaines lois, et dans tous les cas d'équilibre que la coexistence de mouvements contraires dont les effets se détruisent. La force serait le « coefficient différentiel » de la vitesse, et pas autre chose. Traduits de la sorte, les théorèmes de la mécanique auraient une expression plus compliquée, moins propre à saisir l'imagination, plus embarrassante pour le travail de la pensée, sans changer quant au fond. Mais il faut convenir que le fait de la conversion des forces physiques les unes dans les autres, nous porte à donner à l'idée de la force mécanique un tout autre degré de réalité, et qu'il semblerait étrange qu'une entité métaphysique, une abstraction purement logique et artificielle, *flatus vocis*, devînt, selon les cas, de la lumière ou de la chaleur. Tandis qu'en puisant l'idée de force à sa vraie source, à la conscience que nous avons de notre propre travail, dans les fonctions de tout ordre par lesquelles se manifeste le principe de vie qui est en nous, nous avons la juste prétention de saisir une réalité, ce qu'il y a de plus réel, sinon d'uniquement réel (p. 5) dans la notion de substance. Dès lors la raison admet sans peine, lors même qu'elle se sent incapable de les expliquer, les transformations incessantes que l'art divin fait subir à cette étoffe première de tous les phénomènes, aussi bien dans le monde inorganique que dans le monde organique, l'un et l'autre étant soumis d'ailleurs à des lois si différentes.

Là, il est vrai, se trouve pour l'esprit humain un péril contre lequel il doit se prémunir. Car, tandis que l'idée de *loi* évoque naturellement celle du *législateur*, ce qui fait que rien ne s'encadre mieux dans une doctrine théiste ou déiste que le newtonianisme pur, comme Clarke et Newton lui-même l'ont si bien établi, il faut convenir que ce Protée aux transformations surprenantes et continuelles, qu'on appelle la *force*, incline plutôt l'esprit vers le panthéisme, vers la divinisation de la Nature ou du Monde, conçu comme un tout dans l'unité duquel disparaît la distinction d'un étage et d'un autre, de ce qui vit et de ce qui ne vit pas. Cette tendance est l'effet du trouble que ne manque jamais d'apporter dans le système de nos idées cette idée de substance, si enracinée dans l'esprit humain, si chère aux métaphysiciens qu'elle a tant contribué à égarer, si chère aux théologiens quoiqu'elle ait suscité tant d'hérésies, on pourrait presque dire toutes les hérésies. Que la force se conserve en se transformant, voilà certes l'une des grandes lois, sinon la plus grande loi de la Nature, et qui, à titre de loi, rappellera tout comme une autre, mieux qu'une autre, le législateur :

mais, que la force soit elle-même une substance, ou que l'on sache ce que l'on dit quand on lui attribue la substantialité, c'est ce qui ne découle nécessairement, ni du principe de la conservation de la force, ni de la succession des beaux phénomènes que la force nous étale en se transformant. Or, dès que l'on renonce à voir dans l'idée de substance le soutien indispensable de l'idée de force, ni le panthéisme, ni le spinozisme, ni même ce qu'on appelle de nos jours le naturalisme n'ont à se prévaloir d'une doctrine des forces, d'une « dynamique supérieure », poussée scientifiquement jusqu'où elle peut aller. Si les systèmes métaphysiques et théologiques continuent de se heurter, ils se heurteront sur le terrain de la substance qui n'est à aucun point de vue le terrain de la science, et qui n'est pas davantage (si l'on veut bien nous permettre cette expression hasardée), le terrain de la conscience, le terrain social, c'est-à-dire le terrain où se retranchent les plus chers intérêts de l'homme individuel et des sociétés humaines.

Gardons-nous donc de confondre le réel et le substantiel, la force et la substance, ou si nous sommes obligés d'employer comme tout le monde les mots de *substance* et de *substantiel,* que ce soit avec l'élasticité d'expression qu'ils comportent dans la langue commune, non avec la roideur prétentieuse d'une langue technique ou scolastique.

§ 3. — **Des idées du déterminisme et du surnaturel, dans l'ordre des phénomènes de la vie.**

Nous avons dit (p. 65) pourquoi, malgré sa dureté, nous préférions au mot de *fatalisme,* empreint d'une sorte de mysticité orientale, le mot de *déterminisme*, mieux approprié au langage scientifique, et que de nos jours un savant célèbre a effectivement réintroduit dans la philosophie. Il sera à propos de rappeler d'abord ce que nous avons dit du déterminisme dans l'ordre des phénomènes physico-chimiques, pour suivre les modifications de la théorie dans son application aux phénomènes vitaux, et pour préparer le lecteur à ce qui sera dit plus tard à propos des actes où les facultés supérieures de l'homme, la raison et le sens moral sont en jeu. Le sujet, tout rebattu qu'il est, offre tant d'intérêt et aussi tant de difficultés, qu'on ne saurait le traiter avec trop de méthode, ni trop bien marquer toutes les étapes de la route. Le tort de la plupart des philosophes de profession est d'avoir « brûlé » l'étape intermédiaire, sans se soucier de savoir si ce ne serait pas celle d'où l'on pourrait le mieux juger des dissemblances que présentent les termes extrêmes.

L'idée du déterminisme, dans l'ordre des phénomènes physico-chimiques, implique que la parfaite connaissance de l'état actuel du Monde, de la situation de toutes les particules ou atomes qui en font partie, de leurs masses et de leurs vitesses acquises, de leurs températures, de leurs tensions électriques, de leurs affinités chimiques et des forces de tout genre qui les sollicitent, suffirait pour expliquer et pour prédire tous les phénomènes qui suivront, toutes les phases ultérieures par lesquelles le Monde passera, quelles que soient nos connaissances ou notre ignorance au sujet des phases antérieures par lesquelles il a passé. Ainsi nous pourrions suivre dans toute leur future histoire telles molécules d'eau ou d'acide carbonique, sans avoir besoin de savoir quand et comment elles se sont formées, l'une par une combinaison d'oxygène et d'hydrogène, l'autre par une combinaison d'oxygène et de charbon; et surtout sans avoir besoin de connaître dans le passé les innombrables combinaisons où elles se sont successivement engagées, d'où elles se sont successivement dégagées. La raison en est que leurs propriétés actuelles, que celles des éléments chimiques qui les composent ou des composés dont elles font partie n'en sont nullement affectées : toutes étant conçues comme les résultantes de forces qui ne se lassent ni ne s'épuisent jamais, et qui redeviennent exactement les mêmes, chaque fois que le système revient à des conditions identiques. A quelque travail que les molécules d'eau et d'acide carbonique aient été jadis appliquées, toujours la même quantité d'eau éteindra la même quantité de chaux vive, toujours le même poids de chaux saturera le même poids d'acide carbonique en devenant du carbonate de chaux. De plus, dans le système physico-chimique, si la force résultante diffère selon la configuration du système ou le mode de distribution des parties, la force élémentaire de chaque particule ne dépendra pas, comme dans une armée, de l'habileté ou de l'inhabileté tactique qui a présidé à leur groupement par escouades ou par bataillons, ni surtout du courage ou de la pusillanimité du chef, qui, en se communiquant à la troupe, font d'un mouton un lion ou d'un lion un mouton, selon l'expression de Machiavel.

De ces explications mêmes, si brèves qu'elles soient, ressort le contraste entre le déterminisme physico-chimique et le déterminisme physiologique ou biologique. Un botaniste exercé, un jardinier consommé pourront bien reconnaître, à l'œil nu ou à la loupe, les graines d'un assez grand nombre de plantes, de même (p. 50) qu'un chimiste reconnaît l'étain au cri de l'étain : mais, pour des plantes inconnues, ils sont incapables de lire, et de bien plus habiles qu'eux seraient tout aussi incapables de lire dans la graine tous les caractères spécifiques de la plante qui en sortira. Même lorsque le botaniste et le jardinier sont en état de se prononcer sur les caractères d'espèce ou de race, ils ne sauraient prévoir les caractères individuels de la future plante, ceux que la graine apporte avec elle et qu'on ne doit pas confondre avec ceux que la plante acquerra sous des influences étrangères, par l'action des milieux où elle se développera. Il n'y a à cet égard que l'expérience, le semis, la greffe qui puissent renseigner le jardinier et le botaniste. A la vérité, des esprits systématiques sont capables (p. 103) de soutenir que tout cela serait lisible d'avance dans la structure anatomique de la graine ou plutôt de la cellule embryonnaire, pour qui saurait y lire avec des verres suffisamment grossissants, à l'aide de scalpels suffisamment déliés. Mais c'est là une pure hypothèse que n'étaie en rien l'observation scientifique; et l'on est plus autorisé à croire que l'acte mystérieux de la fécondation a transmis à l'embryon, sans qu'on sache comment, quelques-uns des caractères des ancêtres (souvent destinés à rester latents durant de longs périodes de la vie de la plante, ou à ne reparaître que dans des générations subséquentes), parfois même le principe de la maladie qui la tuera. Ce qui nous manque pour prédire les destinées de la future plante, en tenant compte comme de raison des données actuelles du milieu ambiant et par suite des variations qu'il subira sous l'influence des forces physiques, c'est bien moins une anatomie descriptive du germe, poussée assez loin, qu'une généalogie, une histoire des ancêtres, suffisamment détaillée et remontant assez haut.

La même remarque trouve partout son application dans les phénomènes de la Nature vivante. Si la vie est une force qui se dépense, qui s'épuise avec l'âge, même en l'absence de tout changement appréciable dans la structure des organes, ou si (ce qui revient au même pour le raisonnement actuel) les modifications de structure sont la suite et non le principe de l'altération de la force, il faudra bien que le physiologiste, que le médecin tienne compte dans ses pronostics, dans sa manière d'appliquer l'idée du déterminisme, non-seulement de l'état actuel des organes, mais de l'énergie des forces qui président à l'entretien et à la réparation de l'organisme. Il faudra que le médecin s'éclaire par la biographie du malade, par sa généalogie et par la biographie des ancêtres, autant que par l'inspection et l'auscultation des organes. Que s'il s'agit, non plus du médecin, mais du naturaliste qui embrasse un horizon plus vaste et remonte à des origines bien plus anciennes, il devient encore plus évident que la connaissance de l'état actuel ne suffirait pas pour déterminer et assigner les phases postérieures si l'on n'y joignait la connaissance des phases antérieures, sauf à remonter plus ou moins haut selon les cas. Ce que nous avons dit du passé, en ce qui concerne la cosmologie inorganique, il faut aussi le dire du passé (cela va de soi) et de plus il faut aussi le dire de l'avenir, en ce qui concernce le monde organique. Pour l'avenir comme pour le passé, l'histoire du passé devient le complément indispensable de la connaissance de l'état actuel.

Mais là n'est pas la seule raison de disparité. Nous regardons comme un caractère essentiel de la Nature vivante, de poursuivre avec un art admirable, quoique avec l'inconscience de l'instinct, l'accomplissement d'une fin, la réalisation d'un type, l'exécution d'un plan, et de proportionner la dépense de force, d'instinct ou d'art inventif à l'importance, aux exigences du but à atteindre. De sorte que, pour toute intelligence qui n'est pas dans le plus intime secret des opérations de la Nature vivante, c'est-à-dire pour qui n'est pas l'Auteur même de la Nature, il y a impossibilité d'assigner ce qu'elle est capable ou incapable de faire dans un cas donné, de même qu'on assigne et qu'on mesure à l'avance avec la dernière précision, tous les effets d'un conflit entre des forces mécaniques ou physiques. Autre chose est de construire, par la règle du parallélogramme des forces, la résultante d'un système de forces mécaniques, autre chose de calculer la résultante quand l'énergie des forces composantes a en partie pour raison et pour mesure le résultat à obtenir (p. 90 et 99).

Reportons-nous par la pensée à un état du Monde terrestre, certainement antérieur à l'apparition de la vie puisqu'alors les fonctions de la vie n'étaient point possibles : est-ce qu'une intelligence si puissante qu'on la suppose, autre que celle qui gouverne le Monde, aurait pu prédire alors l'apparition de la vie ? Non, car l'affirmation irait contre notre hypothèse fondamentale, à savoir que les phénomènes de la vie sont inexplicables par le seul conflit des forces physico-chimiques. Remontons bien moins haut et plaçons-nous à l'époque où déjà la vie pullulait sous une multitude de formes à la surface du globe terrestre, où déjà existaient les vertébrés des classes inférieures, poissons, reptiles, oiseaux : est-ce que l'intelligence en question aurait pu prédire l'apparition des mammifères? Non, car l'affirmative impliquerait ce que selon nous on ne peut admettre, à savoir que la Nature, sans dépense nouvelle d'instinct où de génie inventif, en obéissant simplement à l'action physique des milieux ambiants, en opérant machinalement le triage des combinaisons fortuites, en procédant aveuglément à l'ampliation ou à l'atrophie d'organes déjà constitués, aurait réussi un beau jour à faire sortir le type du mammifère des types de vertébrés inférieurs, en attendant qu'elle pourvût d'un placenta la femelle du kanguroo, pour faire un lièvre, et qu'elle transformât le cétacé en pachyderme, le pachyderme en ruminant, le ruminant en carnassier, le carnassier en singe et le singe en homme.

Mais, pourra-t-on dire, la détermination n'est pas la prévision, et dès lors pourquoi tant insister sur les conditions de prévision ou de lecture de l'avenir, en ce qui concerne une intelligence hypothétique qui ne serait ni Dieu, ni l'homme, et qui n'aurait de place que dans le Monde théologique des bons et des mauvais anges? Est-ce que, dans le Monde physique, les perturbations de l'atmosphère et de l'océan ne sont pas des phénomènes aussi déterminés que les éclipses de soleil, quoique l'homme ne sache pas et ne doive savoir de longtemps les calculer et les prédire, comme il calcule et prédit les éclipses de soleil? Sans doute, mais aussi l'homme conçoit que la prédiction de tels phénomènes ne dépasse point la portée d'une intelligence qu'on pourrait qualifier d'*homogène* à l'intelligence humaine, en ce sens qu'elle serait pourvue des mêmes facultés, élevées seulement à un degré supérieur de puissance. Il n'en est plus de même quand les conditions essentielles de la prévision sont changées, toute abstraction faite du degré de perfection des facultés intellectuelles ; et voilà pourquoi nous sommes autorisés à conclure du changement des conditions de lecture ou de prévision, au changement du mode de détermination, à une autre manière de concevoir et d'appliquer l'idée du déterminisme.

A la vérité l'esprit de l'homme est fait de telle sorte qu'il lui convient de regarder tous les phénomènes naturels comme liés nécessairement les uns aux autres, et toutes les lois de la Nature, celles mêmes qui se référeraient au temps et à une fin variable avec les circonstances de temps et de lieu, comme découlant de décrets supérieurs, immuables dans le temps et valables en tout lieu : mais c'est là un postulat philosophique ou transcendantal, une maxime de la raison pure qui gouverne notre entendement, sans qu'on en puisse rien conclure quant au gouvernement du Monde. Il faudrait bien abandonner le postulat si l'expérience y répugnait : il devient au contraire, quand l'expérience le confirme, une maxime scientifique, une base, un sol où la science s'enracine et qu'elle consolide en s'y enracinant. Une telle consolidation n'est plus possible dès qu'on sort des limites imposées à l'expérience scientifique. Il faut entendre ainsi l'antithèse que nous établissons entre le déterminisme des chimistes ou des physiciens et celui des médecins ou des naturalistes.

Les mêmes remarques se produisent sous une autre forme, si nous considérons l'emploi que font les hommes de l'idée du *surnaturel*, laquelle peut passer pour la contre-partie de l'idée du *déterminisme*. Dans l'ordre des phénomènes physiques, scientifiquement si bien liés, soumis à des lois dont l'expérience constate la parfaite uniformité, l'idée du fait surnaturel se confond avec l'idée du *miracle*, et il n'appartient qu'aux théologiens de discuter les motifs de la croyance aux miracles : cette discussion reste étrangère à la science ou à une philosophie fondée sur la science. De même pour les faits qui s'accompliraient dans le monde des êtres vivants et qui impliqueraient la violation des lois physiques. Si, par exemple, on nous disait qu'un chêne de haute futaie est tout à coup sorti de terre à la parole d'un saint personnage, ce serait nous demander de croire à un miracle ; pourquoi ? Parce que l'arbre porte dans sa structure le témoignage certain d'un accroissement lent, par couches concentriques annuelles qu'il suffit de compter pour avoir l'âge de l'arbre; mais surtout parce qu'il est physiquement impossible de puiser en quelques instants dans l'air ambiant et de convertir en tissus solides, l'oxygène, l'hydrogène, le carbone qui entrent dans la composition des tissus. Autrement il serait extraordinaire, c'est-à-dire contraire à l'ordre actuel des choses, qu'un chêne crût, sinon en quelques instants, du moins en quelques semaines, comme la hampe de l'agave dont les dimensions surpassent énormément celle d'une humble graminée, et qui croît aussi vite. Mais on ne serait pas obligé d'y voir un miracle et plus qu'un miracle, puisque la formation soudaine d'une tige ligneuse dont la structure implique l'emboîtement de couches annuelles successives serait un démenti donné, non-seulement aux lois physiques, telles que l'expérience les constate, mais aux lois de la raison qui semblent devoir dominer celles de la physique et celles de toute opération naturelle.

On ne trouve pas chez les animaux quelque chose qui rappelle précisément le phénomène de l'emboîtement des couches ligneuses annuelles, mais on y trouve l'équivalent quant au point qui nous occupe. Effectivement, le jeune animal a besoin de puiser à la longue dans le monde ambiant, les matériaux spécialement appropriés à chaque partie de son organisme, et le plus souvent il ne les trouverait pas sur place en suffisante abondance : il faut qu'il aille les chercher au loin et que le triage s'en fasse dans l'acte de la nutrition ; il faut au moins, s'il reste en place, qu'un temps suffisant se soit écoulé pour que les milieux qui le baignent lui aient apporté ces matériaux en proportions suffisantes. Il a besoin de calcaire pour la construction d'une coquille, d'une carapace ou d'une charpente osseuse, de phosphore qui entre essentiellement dans le tissu des plus importants organes, de fer qui est indispensable à la constitution normale de certaines humeurs. Il est donc naturellement impossible qu'il apparaisse, il serait miraculeux qu'il apparût tout formé avec sa coquille, ses os, ses tissus, ses humeurs : le mystère de la génération ou de la formation de toutes pièces ne peut porter que sur la phase embryonnaire de l'organisme, sur l'organisme à l'état naissant, qui se contente de peu et trouve à peu près partout les matériaux nécessaires à son développement. La grandeur du vase ou du pétrin où la Nature opérerait, la masse de la pâte en fermentation ne changeraient rien aux conditions fondamentales de l'opération, de manière qu'il en pût sortir un éléphant tout formé, avec sa trompe et ses défenses ; et, suivant la remarque déjà faite ailleurs (p. 75), il n'y a rien à conclure ici du petit au grand.

L'exemple que nous avons choisi n'est point un exemple en l'air, puisque l'éminent naturaliste qui vient d'être récemment enlevé à la science, M. Agassiz, tout en déclarant nettement qu'il n'entend pas recourir pour l'explication scientifique ou philosophique des faits naturels, au surnaturel tel que les théologiens l'admettent, c'est-à-dire au miracle, n'hésite pas à admettre lui-même, sur l'échelle la plus colossale, ce que nous regardions tout à l'heure comme l'exemple le plus net de miracles ou de faits naturellement impossibles. « Il y a, dit M. Agassiz (1), entre les animaux et les plantes, que partout nous trouvons dans un certain état de mélange, des rapports innombrables qu'il est impossible de ne pas regarder comme primitifs, et qui ne peuvent pas être le résultat d'une adaptation successive. Or, s'il en est ainsi, il s'ensuit forcément que tous les animaux et les plantes ont occupé dès l'origine, ces circonscriptions naturelles dans lesquelles on les voit établis et entretenant les uns avec les autres des rapports si profondément harmoniques. Donc, du jour même de leur apparition, les pins ont été des forêts ; les bruyères, des landes ; les abeilles, des es-

---

(1) *De l'espèce et de la classification en zoologie*, trad. française, Paris, 1869, in-8°, p. 59.

saims; les bufles, des troupeaux; les hommes, des nations. » Mais, où ces forêts de pins auraient-elles puisé, dès la première heure de leur apparition, les matériaux chimiques de leur construction? Telle est la répugnance du savant auteur pour toute explication des phénomènes vitaux par les seules lois physico-chimiques, répugnance selon nous si bien fondée, qu'il pousse la réaction jusqu'à admettre implicitement que les forces de la Nature vivante font violence aux lois du monde physique, les suppriment, les annihilent, ce qui ne répugne pas moins à la raison. La physique ne contient pas le germe de la vie, mais ce germe ne se développe que sur le sol des lois physiques. Puisque, si l'on écarte provisoirement les êtres les plus infimes, il est contraire aux lois fondamentales du monde physique, que la plante, que l'animal adultes se forment de toutes pièces, il faut que leurs types dérivent de types antérieurs d'une complication moindre, et ceux-ci d'autres types plus abaissés encore, jusqu'à ce qu'on arrive à des types dont la première construction n'ait rien d'incompatible avec les conditions physiques de l'organisme. Il faut que la dérivation s'opère par voie de modifications lentes et séculaires, ou par une sorte de crise génétique dont les métamorphoses des batraciens et des insectes, dont le parthénisme, dont les générations alternantes sont propres à nous suggérer l'idée, et à laquelle la Nature aurait eu recours en temps opportun, pour l'accomplissement de la fin qu'elle poursuivait. C'est là un postulat de la raison, étranger à la science, nous l'accordons, et même si étranger qu'il est tout aussi valable pour le monde de Jupiter, sur lequel la science biologique n'a aucune prétention, que pour le nôtre. L'empirisme qui doit nous guider dans l'application du principe, n'est pas exigé pour la validité du principe. De même il faut bien que, de dérivation en dérivation, on remonte jusqu'à des organismes primordiaux qui ont dû nécessairement se former de toutes pièces ou, comme on dit, par voie de génération spontanée, due à des causes tout à fait distinctes de celles qui régissent le monde inorganique. Que les savants imaginent des expériences ou discutent les expériences des autres, à l'effet d'établir qu'il s'opère encore sous nos yeux ou qu'il ne s'opère plus de générations spontanées, même aux plus bas degrés de l'échelle organique, la conclusion scientifique à laquelle ils arriveront empiriquement, quelle qu'elle puisse être, n'empêche pas la raison d'affirmer qu'il y a eu des générations spontanées ou des organismes primordiaux formés de toutes pièces, quoique sur une bien moindre échelle qu'Agassiz ne le voudrait. La science qui ne se pique pas de remonter aux premières origines, qui de nos jours se pique plutôt de n'y pas remonter, peut bien se dispenser d'inscrire ce postulat de la raison : mais, au point de vue de la philosophie de la Nature, le même postulat précise et domine toutes les recherches de l'empirisme scientifique.

Après qu'on a écarté de la discussion le miracle proprement dit, c'est-à-dire une dérogation aux lois naturelles, due à l'intervention d'une volonté surnaturelle, ou à une sorte de « coup d'État, » dans le gouvernement du monde, y a-t-il encore une place, dans la science et dans la philosophie de la science, à l'idée du surnaturel, entendue convenablement? C'est à cette question subtile et scabreuse que nous allons tâcher de répondre.

Considérons ce qui se passe dans une crise naturelle, telle que le travail de l'accouchement. Aux approches de la crise, des tissus se gonflent, d'autres se relâchent; la Nature prend visiblement des dispositions extraordinaires; elle redouble d'efforts pour rendre possible ce qui tout à l'heure semblait impossible. Si une crise pareille n'arrivait que tous les cent mille ans, ceux qui vivraient à cinquante mille ans de distance de l'événement, et dont les registres d'observations ne remonteraient qu'à quelques cinq mille ans, croiraient volontiers qu'on ne peut accoucher que par miracle, tant cela leur paraîtrait contraire à la marche habituelle de la Nature. Il ne s'agirait pourtant que d'une exception faite aux règles ordinaires de la physiologie, non d'une violation directe des lois physiques ou des principes de la raison. Le phénomène en question est si fréquent dans l'ordre actuel des choses, qu'il a bien fallu que cette exception même eût des règles, empiriquement assignables. Mais, supposez un phénomène qui ne se répète qu'au bout d'un million de siècles, qui peut-être ne doit se produire qu'une fois dans le cours des siècles : nous comprenons bien encore et même l'analogie doit nous porter à admettre que, pour un cas si singulier, la Nature abandonnant sa marche habituelle, fera tout ce qu'il est nécessaire et possible de faire pour que le but de la création soit atteint. Seulement le phénomène singulier cessera d'être régi par une loi assignable, soit théoriquement, soit empiriquement : de même que l'on ne peut prévoir le résultat d'un procès là où le roi juge lui-même les procès, ni distinguer la loi du roi, là où règne la maxime « si veut le roi, si veut la loi ». Même dans notre politique moderne où une telle maxime n'a plus cours, et où il existe, au-dessous du pouvoir qui fait les lois, une administration et des tribunaux qui les appliquent dans chaque cas particulier, on reconnaît qu'il y a abus à qualifier de *lois* les décisions que le pouvoir souverain prend dans des cas singuliers, extraordinaires, pour lesquels les lois proprement dites sont réputées insuffisantes ou inapplicables.

Un phénomène pourrait donc être raisonnablement qualifié de *surnaturel*, en ce sens qu'il ne répondrait pas à la distinction que l'on fait communément, pour de bonnes raisons, entre la Nature et son Auteur; ou, ce qui revient au même, en ce sens qu'il n'arriverait pas en exécution de lois naturelles déterminées, susceptibles d'être assignées par l'homme ou par une intelligence supérieure à l'homme, mais qui ne serait pas dans la confidence du secret divin de la création. Voilà comment l'idée du surnaturel contraste avec celle du déterminisme, ou de la détermination des phénomènes conformément à des lois naturelles assignables. Le surnaturel ainsi entendu n'a certainement rien de contraire à la science; quoiqu'il soit anti-scientifique au premier chef de recourir au surnaturel (*Deus ex machina*), sinon à la dernière extrémité, dans des cas vraiment singuliers, et après avoir épuisé toutes les tentatives de réduction aux lois qui régissent effectivement les phénomènes dans le cours ordinaire des choses.

Laplace a dit sentencieusement : « La Nature obéit à *un petit nombre* de lois *immuables* »; et il faut reconnaître que la cosmologie physique, à laquelle devait surtout s'intéresser le grand géomètre, motive ce dogmatisme scientifique. Mais, si Laplace en avait cru son illustre confrère Georges Cuvier sur la fixité absolue, sur la complète indépendance, sur la rénovation soudaine des types de la Création organique, il aurait été forcé de reconnaître à chaque type tous les caractères d'une loi que le législateur abroge et remplace selon ses vues. A ce compte, pour les insectes seulement, il y aurait à inscrire dans le Code de la Nature plusieurs centaines de milliers de lois, et de lois qui ont plusieurs fois changé surnaturellement, c'est-à-dire extralégalement, par une sorte de mesure révolutionnaire ou de coup d'État. Nous reviendrons sur cette question capitale, à laquelle se rattachent tous les grands problèmes de notre époque, mais auparavant nous avons encore à présenter diverses considérations générales.

§ 4. — De la distinction entre la biologie et l'histoire naturelle proprement dite. — De l'idée de type organique.

Dans l'étude des êtres vivants, comme dans celle des phénomènes de l'ordre physique, se trouve la distinction capitale entre la Nature et le Monde, entre les lois et les faits, entre les choses qui ont une raison théorique et celles qui ne s'expliquent qu'historiquement. Si l'arrangement du Monde rend possible, à un instant et dans un lieu donné, tel phénomène qui n'était pas possible auparavant, c'est en elle-même que la Nature trouve la puissance d'agir, conformément à certaines lois générales, quand les circonstances s'y prêtent; et ce principe trouve son application en physiologie, en biologie comme en physique. Ce ne sont pas des influences extérieures, des accidents locaux, des singularités généalogiques qui ont déterminé ces grandes coupes du règne organique que l'on trouve représentées partout où la nature des milieux n'y répugne pas absolument. Il y a partout des animaux et des plantes; des articulés et des vertébrés; des poissons, des reptiles, des oiseaux et des mammifères; des ruminants, des rongeurs et des carnassiers : il faut donc que ces grandes coupes répondent à une donnée théorique, qu'elles tiennent à une loi, à un plan qui domine le fait de la distribution actuelle, et auquel les faits antérieurs étaient tenus de se prêter dans leur enchaînement historique.

Au contraire pourquoi les singes du Nouveau Continent ont-ils trente-six dents, tandis que ceux de l'Ancien Continent ont trente-deux dents comme l'homme? Pourquoi trouve-t-on des éléphants dans l'un et non dans l'autre? Pourquoi le type des marsupiaux prédomine-t-il parmi les mammifères de l'Australie et non ailleurs? Pourquoi tant d'espèces de bruyères accumulées à la pointe de l'Afrique australe, tandis qu'au nord de l'Europe ce sont les individus appartenant à un petit nombre d'espèces qui foisonnent? Pourquoi la tribu des pins appartient-elle à l'hémisphère boréal et se trouve-t-elle remplacée dans l'hémisphère austral par d'autres genres de conifères? Voilà des faits que les harmonies fonctionnelles n'expliquent pas (car trente-deux dents suffiraient bien au singe du Nouveau Continent et trente-six ne nuiraient pas au singe de l'Ancien Monde), et qui ne peuvent non plus avoir leur cause dans l'action prolongée des milieux et des climats, tendant à remplacer un système harmonique par un autre. Car l'éléphant dont les espèces congénères ont jadis vécu en Amérique, y vivrait encore aussi bien à des latitudes convenables, qu'en Asie ou en Afrique; et le bœuf, depuis qu'on l'a transporté en Amérique, y vit et s'y propage, à l'état sauvage comme à l'état domestique, non moins bien que dans l'Ancien Monde d'où sa race provient. La cause de tous ces faits est dans des faits antécédents, dans des données que nous nommons historiques, non que nous puissions les connaître historiquement, attendu que les monuments d'une telle histoire ont presque tous péri, mais parce que nous concevons une série de faits ou d'événements qu'un témoin intelligent aurait pu noter dans leur temps, et qui donneraient la clé des faits actuels, sans que rien puisse dédommager de la perte des documents historiques, quand elle est complète.

Supposons qu'après avoir observé la multitude des types organiques dans les conditions où le monde actuel nous les offre, à leur état de dispersion ou de cantonnement géographique (ce qui est l'objet de l'histoire naturelle proprement dite), on vienne à les confronter, à les rapprocher dans nos jardins, dans nos galeries ou dans nos livres, et que ce rapprochement offre les caractères d'un enchaînement systématique ou régulier, nous en conclurons qu'antérieurement aux événements historiques dont le cours a amené la dispersion ou le cantonnement des types, il y avait un plan ou un schème des organismes possibles, schème dont la restitution théorique est le plus digne objet de la science. Cependant nous ne sommes point autorisés à affirmer que la force des choses a dû amener la réalisation de toutes les combinaisons possibles et la manifestation de la formule générale des types organiques, de même qu'elle amène après quelques milliers ou, s'il le faut, après quelques millions d'épreuves, la manifestation d'une formule de statistique, par exemple la table de la mortalité humaine aux divers âges de la vie. Si variées qu'aient été les circonstances qui ont influé sur la fixation des types organiques, elles n'ont pas dû l'être assez pour que tout ce qui était réalisable se réalisât, et pour qu'on pût arriver à une formule théorique entièrement dégagée de l'influence des faits accidentels ou de la donnée cosmologique. D'un autre côté, autant les faits particuliers que la statistique enregistre sont passagers de leur nature et ont par eux-mêmes peu d'intérêt historique, autant l'intérêt s'attache à la recherche ou du moins, quand la recherche est impossible, à la divination des causes historiques qui ont pu déterminer, pour de si longs périodes de siècles, les diversités secondaires des types organiques et leur distribution sur le globe. Par là l'histoire naturelle ressemble à celle des sociétés humaines, où les détails se subordonnent à certaines lignes maîtresses qui s'embranchent et se ramifient. Pour ramener la prédominance de la donnée théorique, par un de ces retours sur lesquels nous avons déjà appelé l'attention du lecteur (p. 97), il faut, comme dans la statistique ordinaire, la grande multiplicité et, pour ainsi dire, l'émiettement des faits concomitants ou successifs, entre lesquels on peut être assuré qu'il n'existe aucun lien de solidarité.

Dans ce qui précède nous avons fait allusion à l'idée de type organique, sans considérer encore les moyens que la Nature emploie pour opérer la transmission héréditaire des types. Cette idée de type s'impose à l'esprit humain, même abstraction faite de l'idée que nous pouvons avoir de l'harmonie des fonctions et de la coordination de toutes les parties de l'organisme en vue des fonctions à remplir. A côté d'un organe dont l'utilité fonctionnelle est évidente, s'en trouvent d'autres qui semblent n'exister que pour maintenir la conformité de type entre un sexe et l'autre, entre les membres antérieurs et les membres postérieurs, entre les vertèbres et la boîte crânienne, ou même pour témoigner des analogies du type avec un type voisin, ou avec un prototype d'où l'un et l'autre dériveraient. La conformité ou l'analogie des fonctions amène entre les êtres organisés des ressemblances qui ne sont point du tout de même ordre que celles qui tiennent au mode tel quel de dérivation d'un même prototype. Quelques mammifères volent et quelques oiseaux ne volent pas : il n'y en a pas moins, entre tous les mammifères d'une part, entre tous les oiseaux de l'autre, des ressemblances typiques d'un ordre bien supérieur à celles que l'on observe entre les oiseaux qui volent et les mammifères qui volent aussi. Même remarque pour les poissons comparés aux mammifères aquatiques. Le mammifère qui ne vole pas et dont les fonctions comme le type diffèrent tant des fonctions et du type de l'oiseau, se rattache pourtant comme l'oiseau au prototype des vertébrés, et a par là avec l'oiseau des ressemblances bien plus intimes, bien plus fondamentales que celles qu'établissent l'identité de milieu et l'analogie des fonctions entre l'oiseau et les myriades d'insectes que la Nature a pareillement formés pour le vol. C'est ainsi que l'observation même des faits, en l'absence de toute spéculation sur les causes, suggère au naturaliste l'idée « de la valeur des caractères », qui est le fondement de toute « classification naturelle ». Une classification a d'autant plus de droits à être qualifiée de naturelle, qu'elle exprime plus fidèlement les ressemblances et les dissemblances typiques, et autant que possible « le plan général des organismes ». L'idée d'un tel plan ne doit pas être confondue avec celle « d'une chaîne des êtres », qu'avait suggérée la comparaison des fonctions plutôt que celle des types organiques. D'ailleurs, soit qu'on ait égard aux fonctions ou aux types, le perfectionnement, le développement peuvent avoir lieu et ont effectivement lieu en trop de sens divers, pour qu'on puisse exprimer les rapports des êtres organisés à l'aide d'une *chaîne* ou *série linéaire*, et même pour qu'on puisse en donner une représentation graphique quelconque. Mais, des fragments détachés de l'ensemble peuvent offrir des rapports que l'on exprime souvent, avec une approximation tolérable, au moyen de chaînons parallèles ou divergents. En tout cas, l'idée d'un plan de composition organique, d'un système des organismes, subsiste dans l'esprit, quelque difficulté que nous puissions trouver à exprimer par des signes sensibles tout ou partie du plan ou du système.

L'idée de type n'implique pas nécessairement celle de l'immutabilité du type. Une planche gravée s'use par le tirage; et les épreuves du dernier tirage, qui ne diffèrent pas sensiblement les unes des autres, ou qui ne diffèrent que par des irrégularités accidentelles et individuelles, telle que serait la macule d'une épreuve, diffèrent sensiblement dans leur ensemble des épreuves du premier tirage, au point d'accuser la variation du type et de faire reconnaître si la planche se prêtait plus ou moins à l'usure, si elle était de cuivre, d'acier ou de bois. De même encore que, parmi les causes extérieures et accidentelles, il y en a qui altèrent la planche et d'autres qui n'altèrent que l'épreuve, ainsi il peut arriver chez les êtres vivants que la variété individuelle devienne un caractère transmissible, et que ce qui était accidentel et adventice pour le premier individu soumis à l'influence extérieure, devienne typique ou inné pour sa descendance. Et à propos de transmission héréditaire, il faut regarder l'éducateur, le père nourricier, comme un ancêtre, en tout ce qui est du ressort de l'éducation.

Lorsque l'on compare les écritures alphabétiques usitées chez les différents peuples, on voit la même lettre subir les plus notables changements, aussi bien dans sa valeur phonétique que dans sa forme graphique, parfois même disparaître dans le passage d'un alphabet à l'autre; ce qui n'empêche pas de reconnaître la dérivation d'un même alphabet primitf : surtout lorsque, comme chez les Grecs et chez les peuples sémitiques, les lettres sont employés à titre de signes numériques, en rapport avec leur rang dans l'alphabet, et lorsque d'autres signes viennent remplacer les lettres qui manquent. On reconnaîtra de même en anatomie supérieure la persistance d'un même type primitif dont les pièces constituantes subissent, d'un soustype à l'autre, les modifications les plus prononcées, non-seulement quant aux fonctions, mais quant à la forme extérieure, quant à la structure intime, quant aux proportions; telle pièce se soudant à une autre, ou prenant un développement anomal, ou se réduisant par une sorte d'avortement, quelquefois même disparaissant tout à fait. C'est ainsi qu'après avoir réputé accidentels et éliminé à ce titre tous les caractères physiques et sensibles, notre raison saisit un schème, une forme purement intelligible qui ne se manifeste que par des rapports d'ordre et de nombre. Nous avons déjà vu (p. 31) que les chimistes contemporains en étaient arrivés là : mais les anatomistes ont dû les précéder dans cette voie, attendu que l'anatomie parle aux sens, surtout aux sens instructifs (p. 54), beaucoup plus que la chimie, quoique la vie ait ses mystères propres, sans préjudice de ceux qui lui sont communs avec la chimie.

Les idées dont il vient d'être question pourraient se fonder uniquement sur la confrontation des types organiques, arrivés à leur complet et régulier développement : mais elles prennent une tout autre portée, les inductions propres à établir l'identité des pièces organiques à travers leurs métamorphoses acquièrent une tout autre force, quand on peut suivre les transformations de l'organisme aux diverses phases de la vie embryonnaire, aux divers âges du fœtus, du jeune et de l'adulte ; lorsque l'on peut se rendre compte des cas de monstruosité par la persistance exceptionnelle de phases habituellement transitoires.

En résumé, la diversité des fonctions et des milieux ne suffit pas pour expliquer la diversité des organismes, et même ne l'explique nullement dans ce qu'elle a de plus caractéristique. D'où la nécessité de faire intervenir, dans le compte que nous nous rendons des œuvres de la Nature vivante, outre l'idée de finalité et d'harmonie entre les organes, les fonctions et les milieux, l'idée de type et de conditions typiques qui dominent même les conditions d'harmonie. Nous nous élevons ainsi jusqu'à la conception d'une anatomie, d'une morphologie supérieure qui suit les modifications du type dans leur appropriation aux milieux et aux aptitudes fonctionnelles; sans même avoir besoin de soulever la question éternellement pendante et qui doit probablement comporter, selon les cas, une solution différente : celle de savoir si les modifications fonctionnelles ont pour cause déterminante une modification dans le type, ou si au contraire le type se modifie par des causes internes, à cette fin de s'approprier à une modification fonctionnelle.

§ 5. — De la paléontologie.

La *paléontologie* dont le nom même n'existait pas, il y a un siècle, a pris sous nos yeux une importance qui ne peut dorénavant que s'accroître. En nous familiarisant avec l'idée d'une succession de mondes terrestres, si différents les uns des autres, elle supplée jusqu'à un certain point à l'ignorance où nous sommes et où nous serons toujours de ce qui se passe à la surface d'autres planètes que la nôtre. Elle contribue plus peut-être que ne le ferait la connaissance des mondes actuels de Jupiter et de Saturne, à former nos idées sur le rôle de l'homme dans la Création, sur son origine et sur ses destinées. Toutes les singularités que présente la distribution géographique des espèces vivantes, toutes les questions que leur origine soulève, ne peuvent être expliquées ou élucidées que par ce que nous savons de l'âge et de l'habitation des espèces éteintes, du gisement des dépouilles fossiles qu'elles nous ont laissées, c'est-à-dire par la paléontologie.

Vers le commencement du siècle actuel, lors des grands travaux de Cuvier, la paléontologie était encore à la géologie, selon la comparaison que Cuvier lui-même a mise en vogue, à peu près ce que la numismatique est à l'histoire, une sorte d'annexe ou d'illustration de la géologie, dont elle fournit de nos jours, sinon l'unique, du moins la principale et décisive caractéristique. Ceci est la conséquence naturelle de la constance et de l'uniformité des lois physiques, en contraste avec la complication et l'infinie variété des traits de l'organisation. A tous les étages géologiques on trouvera des dépôts arénacés, argileux, calcaires, siliceux, produits de cause physico-chimiques qui se ressemblaient beaucoup quant à la nature des agents et quant à leur mode d'action. Rien de plus facile à confondre que de tels dépôts, surtout lorsque le hasard qui nous en a conservé les lambeaux, a placé ces lambeaux dans le voisinage les uns des autres, si la caractéristique des fossiles qu'ils contiennent en grand nombre ne servait à les distinguer nettement, ou au contraire à les rapporter à la même époque, au même *terrain* géologique. De l'identité des fossiles on conclura à l'identité des formations ou des terrains, malgré de notables différences dans l'aspect physique ou même dans la composition chimique, et quoique les lambeaux du même terrain se trouvent éparpillés à d'énormes distances ; tantôt soulevés et redressés jusqu'aux cimes des plus hautes montagnes, tantôt submergés dans les profondeurs de l'Océan où la drague du marin va les chercher, ou enfouis dans les dépressions du sol actuel où la tarière seule du fontainier peut les atteindre. La caractéristique des fossiles est comme le scalpel idéal à l'aide duquel ont été détachés les uns des autres et numérotés un à un les feuillets de ces volumes empilés les uns sur les autres, et que la géologie, privée de ce secours, n'aurait pu qu'étiqueter volume par volume, en profitant de tous les hasards de gisement qui offrent ici une superposition et là un autre. Ainsi (chose très-importante à noter), bien loin que la paléontologie contraste par sa pauvreté avec les riches développements de la géologie, comme la défense de certaines thèses philosophico-scientifiques l'exigerait, c'est la paléontologie qui prête à la géologie ses richesses, qui tourne tous les feuillets du livre géologique. Ce qu'il importe également de noter *in limine*, c'est que le passage d'une caractéristique fossile à une autre, à mesure que l'on tourne les feuillets du livre, ne s'opère point par des modifications progressives et continues du même type fossile, mais par le mélange en proportions continuellement variables d'un type ancien et d'un type nouveau : la proportion de celui-ci dans le mélange allant en croissant d'un feuillet à l'autre depuis sa première apparition, tandis que la proportion de celui-là va en décroissant jusqu'à sa disparition finale.

La paléontologie fournit à la géologie sa caractéristique, aussi bien pour les traits les plus généraux que pour les plus menus détails. L'époque *quaternaire* des géologues, quelque durée qu'on lui assigne et à quelques révolutions physiques qu'elle ait été sujette, tant pour le relief du sol que pour les influences de climat, conserve son unité en tant qu'elle est caractérisée par une flore et une faune dont la flore et la faune actuelles ne diffèrent que par la disparition de quelques types, nullement par l'apparition de types foncièrement nouveaux, pas même en ce qui concerne l'homme. Dans l'époque *tertiaire* qui a précédé, les géologues aujourd'hui d'accord pour la nomenclature comme pour les idées, marquent trois coupes qu'ils appellent *éocène*, *miocène* et *pliocène*, en vue d'indiquer, d'abord la première apparition, puis la multiplication et finalement la prédominance numérique des types organiques communs à cette époque et à l'époque actuelle. L'époque *secondaire* (ou *mésozoïque*, comme on l'appelle aussi) est caractérisée par une faune complétement différente de la faune actuelle, où des animaux d'une organisation déjà très-compliquée, des mollusques gigantesques, des reptiles à formes étranges, tels qu'on pourrait en imaginer sur d'autres planètes, jouent le principal rôle ou du moins le rôle qui nous frappe le plus. Car alors comme aujourd'hui il appartenait à d'invisibles animalcules de construire à eux seuls, par l'accumulation de leurs dépouilles, des terrains entiers. Plus haut dans la série des temps se présentent les terrains qu'on a appelés *paléozoïques* et *azoïques*, pour indiquer l'extrême antiquité, l'infériorité d'organisation ou la complète absence de débris fossiles.

Quoiqu'il ne soit pas possible, ainsi qu'on l'a remarqué (p. 132), de ranger bout à bout les types organiques suivant leur degré de perfectionnement, de manière à offrir une série linéaire unique, où chaque terme surpasserait ceux qui le précèdent et serait surpassé par ceux qui le suivent, des régressions partielles ou locales n'empêchent pas les naturalistes de tomber d'accord d'un progrès dans l'ensemble. Ce qui tient à l'abaissement des fonctions et à l'influence des milieux ne doit pas être confondu avec l'abaissement du type d'organisation. L'appareil de la vision sera presque complétement atrophié chez la taupe et déjà très-perfectionné chez un céphalopode, ce qui n'empêchera pas de reconnaître la supériorité typique du mammifère, même dégradé, sur le mollusque même exceptionnellement développé dans l'un des plus importants organes. Par cela seul qu'un animal est aquatique, il sera placé pour la respiration, la locomotion, et pour tout ce qui en dépend, dans des conditions d'infériorité fonctionnelle vis-à-vis de l'animal terrestre ; ce qui ne fera pas méconnaître la supériorité typique du cétacé sur le mollusque terrestre, sur l'oiseau et sur le papillon au vol le plus léger et aux plus brillantes couleurs. Or, la paléontologie manifeste une corrélation frappante entre le rang des types dans une progression ascendante et l'ordre de leur apparition dans la Création terrestre, en cela d'accord avec l'embryogénie qui constate aussi une corrélation entre l'ordre de perfectionnement et la succession des phases de l'évolution embryonnaire. Les plantes cryptogames abondent avant les phanérogames, les plantes monocotylédonées avant les dicotylédonées dont la structure est moins simple, comme le montre l'aspect seul de leurs rameaux et de leurs feuilles, les cycadées et les conifères avant les types plus complexes qui composent les trois quarts de notre flore actuelle. Les mollusques ont paru avant les poissons, les reptiles avant les mammifères (qui n'ont, jusqu'à la période tertiaire, que des représentants insignifiants), les marsupiaux avant les placentaires, les herbivores avant les carnassiers; les quadrumanes sont, parmi les mammifères, les plus attardés; et l'homme lui-même, d'après la science, comme d'après les plus anciennes et les plus vénérables traditions, est venu le dernier.

Ainsi le monde organique nous offre, dans l'ordre des temps, beaucoup de conformités avec l'idée qu'on pourrait avoir (p. 76) de la constitution du monde physique dans l'espace, si le brillant chapitre de l'astronomie stellaire était à rayer de nos traités d'astronomie, si nous ne connaissions du monde physique que notre système planétaire. Cette idée, pour le monde organique connu de nous, serait celle d'une série close, limitée à un bout, avant les premières manifestations de la vie, par la solitude du vide, et à l'autre bout par la plénitude de la fin atteinte, maintenant que le plan des organismes a reçu à la surface de notre planète tout le développement, tout le perfectionnement compatible avec ses lois essentielles et avec l'action régulière ou accidentelle des milieux physiques au sein desquels il était appelé à se développer. Il n'y aurait lieu désormais qu'à des disparitions ou extinctions partielles, voire même à une extinction totale, si telle était l'exigence des lois de la vie (affaiblissement progressif de la vitalité des types), et des lois ou des faits majeurs sous l'influence desquels le monde physique s'est constitué (refroidissement final de la planète). Aucune observation scientifique ne donne la moindre vraisemblance à l'opinion que la série des évolutions organiques se prolongerait indéfiniment, en arrière et en avant, à la manière de ces séries régulières ou périodiques, dont la cosmologie physique offre le type si net et si frappant, encore moins à la manière de ces séries irrégulières ou chaotiques (p. 83), dont certains phénomènes de la cosmologie physique et surtout l'histoire des sociétés humaines sont propres à suggérer l'idée, et dont (par accident seulement) quelques fragments pourraient offrir pour un temps une apparence trompeuse de régularité et de stabilité.

Il est vrai que la raison est portée à juger de l'avenir par le passé, et qu'au premier coup d'œil on ne voit pas pourquoi, si les types organiques actuels ont eu dans le passé des ancêtres ou des prédécesseurs à un titre quelconque, ils n'auraient pas dans l'avenir des descendants ou des successeurs, au même titre ou à un autre. Pourtant le sens commun résiste à un argument si spécieux. On s'est moqué de quelques esprits baroques auxquels il plaisait d'annoncer, au nom de la loi du progrès, que l'homme serait un jour pourvu, sans qu'on sût comment, de certains appareils dont la Nature lui a refusé jusqu'ici la commodité ou l'agrément. On accorde plus de respect, mais au fond l'on oppose les mêmes motifs d'incrédulité à de graves philosophes lorsqu'ils émettent l'idée que peut-être, dans quelques millions de siècles, une future époque géologique sera caractérisée par une flore et une faune aussi différentes de la flore et de la faune actuelles qu'un éléphant diffère d'un megatherium et une baleine d'un plesiosaurus. La science et la critique s'accordent avec ces répugnances du sens commun.

Une première réflexion se présente. Sans doute Protagoras avait tort, comme le lui reprochait Socrate, de prendre l'homme « pour la mesure des choses », et l'homme n'est pas mieux fondé à suivre les conseils de sa vanité en se regardant comme « le centre des choses »; mais il est bien positivement « le bout d'une chose », laquelle chose n'est rien moins que le système de tous les êtres qui vivent ou qui ont vécu à la surface de la Terre. Car, abstraction faite de tout préjugé de naissance (*idola tribus*), on ne peut mettre en doute que la Création organique a un plan; qu'elle s'est successivement perfectionnée et enrichie; que l'homme est au sommet de la Création actuelle et que des transformations au sein des sociétés humaines, un nouvel aménagement des forces naturelles dû à l'action de l'homme sur la Nature, succèdent aux transformations organiques qu'on n'observe plus depuis que l'homme a paru sur la Terre. Tout cela s'accorde bien mieux avec l'idée d'une Création organique arrivée à sa phase finale et s'arrêtant pour faire place à un nouvel ordre de choses, qu'avec l'idée d'une succession indéfinie de métamorphoses organiques. Non qu'il soit permis de considérer comme établie ainsi, par preuve directe, l'impossibilité de phases futures : il s'agit uniquement d'annuler ou d'équilibrer l'induction qu'on voudrait tirer de l'existence de phases antérieures, attestée par la paléontologie.

Les rapports scientifiquement établis entre l'embryogénie et la paléontologie viennent singulièrement à l'appui de cette remarque, puisque nous savons que les phases embryonnaires ne se succèdent pas indéfiniment; qu'elles convergent au contraire vers un état final, d'un mouvement d'autant plus ralenti que l'on s'éloigne davantage du point initial. D'ailleurs nous savons que de très-bonne heure se montrent à l'état rudimentaire les organes destinés à ne se développer que plus tard, et pour ainsi dire les pierres d'attente des constructions ultérieures. Or, il répugnerait d'admettre que ces pierres d'attente existent actuellement en nombre infini, pour répondre aux besoins d'une infinité d'évolutions possibles, dans la suite infinie des temps. Il faut donc que la série des transformations s'arrête, et l'induction tirée des faits passés cesse de pouvoir balancer l'observation directe, quand celle-ci tend à établir que la série des transformations est effectivement close. Car il en est des inductions comme des témoignages : pour juger de leur poids, il ne suffit pas d'une critique de la valeur intrinsèque de l'induction ou du témoignage; il faut aussi avoir égard à la nature du fait induit ou témoigné et à ce qui le rend en lui-même probable ou improbable, indépendamment de l'induction ou du témoignage soumis à la critique.

L'argument tiré de la préexistence des pièces organiques à l'état de germe ou d'ébauche devient plus pressant si l'on tient compte de l'épuisement progressif des puissances de la vie. Chez le même individu elles diminuent trop manifestement avec l'âge, et d'un type à l'autre elles semblent décroître lorsqu'il s'agit de types plus élevés. Le moindre fragment d'une plante suffit pour régénérer la plante entière; il repoussera une tête au ver dont la tête est coupée; le membre amputé de l'écrevisse se régénérera, sinon avec ses dimensions, du moins avec sa forme primitive; tandis que chez le mammifère le bourgeonnement charnu qui suit l'amputation, non plus d'un membre, mais d'un doigt, donnera tout au plus naissance à un moignon informe. Cependant, même chez les animaux supérieurs, la portion amputée d'un nerf se régénérera et les deux bouts du nerf se rejoindront, pourvu que la portion retranchée ne soit pas trop considérable : mais en général la vertu plastique et réparatrice, en opérant sur des tissus, même secondaires, ira en s'affaiblissant, en s'altérant à chaque répétition de l'opération destructive, et finalement disparaîtra tout à fait. Si donc l'on considère la constitution des types organiques comme la plus haute manifestation des puissances de la vie, il est selon l'analogie d'admettre que ces puissances s'épuisent par leur exercice même, et d'autant plus complétement qu'elles se sont déjà dépensées dans la création de types plus élevés. Supposer que le retour des mêmes conditions physiques, ou de conditions physiques à peu près semblables, suffirait pour amener le retour des mêmes phases organiques, ce serait implicitement admettre une hypothèse que les progrès de la science ont rendu de moins en moins probable, à savoir que les données de la cosmologie physique suffisent pour déterminer et expliquer les phénomènes de la vie, dans toute la suite de leurs évolutions.

§ 6. — De l'espèce organique.

Le mot *espèce*, sur lequel tant de controverses roulent, est pour la science moderne un legs de la scolastique du moyen âge. Suivant la secte à laquelle les scolastiques appartenaient, le *genre* (*genus*, γένος) avait pour eux une existence réelle, intelligible ou purement nominale; mais l'individu seul, grâce à la forme qu'il revêt (*species*), était doué de l'existence sensible. Cette influence du jargon scolastique se fait encore sentir en théologie, où l'on donne le nom d'*espèces* aux apparences sensibles, au barreau où l'on entend par *espèce* le cas particulier qui fait l'objet du procès, dans les camps où l'on donne le nom de *général* à un chef militaire qui n'est pas toujours pour cela le père du soldat. Puisque la dénomination de genre avait été évidemment suggérée aux logiciens par le phénomène de la génération (bien qu'ils s'en servissent dans des cas où la génération n'entre pour rien), puisque les théologiens, les moralistes, les historiens disaient alors « le genre humain », comme on dit de nos jours « l'espèce humaine », il aurait été régulier que les naturalistes, entrant en scène à leur tour, adoptassent aussi pour les animaux et les plantes le mot de genre dans le sens où ils ont effectivement pris le mot d'espèce, par opposition à l'individu qui seul est doué de la forme ou de l'apparence sensible, dont la science (selon la philosophie alors régnante) n'a point à s'occuper, dont la Nature elle-même, à ce qu'on assure, ne se soucie guère; tandis qu'elle met ou qu'elle paraît mettre tous ses soins à sauvegarder le genre, la *race* qui est la souche commune des individus. Mais, justement parce que la science de l'époque ne regardait pas comme digne d'elle de s'occuper, ni des individus, ni même de la distinction des variétés héréditaires, de l'éducation des races, comme nous le faisons aujourd'hui, le terme auquel la science s'arrêtait fut réputé l'individu au sens scientifique et reçut le nom abstrait d'espèce; sauf à chercher plus tard dans les phénomènes de la génération une définition adéquate à l'idée mal débrouillée, définition que l'on cherche encore. On n'a pas assez remarqué combien cette première faute de nomenclature devait contribuer à gêner les progrès de la théorie.

Cependant, dès le seizième siècle, de vigoureux esprits, tout à la fois naturalistes et philosophes, avaient conçu l'idée de *genres naturels* ou de groupes d'espèces si naturellement associées qu'il y a lieu de considérer leur ressemblance, non comme accidentelle ou fortuite, mais comme le résultat de quelque opération secrète de la Nature (secrète parce que les phénomènes observables ne nous la font point connaître), au moyen de laquelle les types spécifiques auraient été dérivés les uns et les autres d'un type générique commun. Plus tard, la nomenclature linnéenne vint donner plus de consistance à cette idée, en employant pour désigner chaque espèce le nom du genre pris substantivement, et en y joignant comme épithète ou comme désignation accessoire la qualification propre à distinguer l'espèce de ses congénères. La nomenclature ainsi constituée offrait une double singularité : d'abord qu'elle avait été surtout constituée en vue des plantes dont le mode de génération sexuelle était encore si imparfaitement connu ; secondement que la science employait le mot de genre là où elle réputait la génération impossible, et qu'elle évitait de l'employer là où elle regardait la génération comme le fondement naturel de l'association des individus. Aujourd'hui enfin les progrès de la science obligent de changer de point de vue. On ne peut plus guère douter raisonnablement qu'une foule d'espèces congénères ne doivent leur ressemblance à ce qu'elles sont effectivement issues d'ancêtres communs, dont le type organique a été modifié par les accidents de la génération ou du développement embryonnaire, par le genre de vie, par l'influence du milieu, prolongée pour la même lignée durant une longue suite de siècles. On n'a plus qu'à se mettre en garde contre les excès d'une autre hypothèse qui tendrait à expliquer de même, par les procédés de la génération ordinaire, toutes les diversités que présente le système des types organiques, et la constitution de tous les groupes qui en expriment la classification ou l'ordonnance. Nous croyons que le meilleur moyen de sortir des difficultés actuelles serait de revenir sur la faute anciennement commise, de proscrire résolument la dénomination scolastique d'*espèce*; de ne plus admettre à la base de la hiérarchie des types, que des *races* et des *genres*, en comprenant dans le même genre tout ce que l'on est autorisé, dans l'état de la science, à regarder comme issu d'un même type primitif par voie de génération ancienne ou contemporaine; de conserver, si on le voulait, les noms de *tribu*, de *famille*, pour des associations plus difficilement explicables, mais pourtant à la rigueur encore explicables par une généalogie effective; et de réserver les appellations abstraites d'*ordre*, de *classe*, d'*embranchement*, pour désigner les ressemblances typiques que nulle hypothèse généalogique ne peut raisonnablement expliquer. Mais peut-être que le naturaliste le plus autorisé échouerait dans la tentative d'une pareille réforme, et celui qui oserait la proposer sans être naturaliste succomberait infailliblement sous le ridicule. S'il est trop tard pour approprier la nomenclature aux idées, on peut, dans l'expression des idées, se référer mentalement à un certain type de nomenclature qu'on garde pour soi.

A la vérité, rien ne serait plus facile que de distinguer la *race* de l'*espèce*, si nous ne connaissions en fait de races que celles dont la création et le maintien exigent absolument les soins de l'homme : de manière que le libre jeu des forces naturelles ramène toujours au type normal et moyen que nous nommons l'*espèce*, et qui ne comporte plus que des variétés individuelles, accidentelles, auxquelles on donne le nom de *monstruosités* lorsqu'elles outre-passent certaines limites et qu'elles vont jusqu'à rendre impossible la transmission héréditaire. Mais ce type normal et moyen auquel les races de création artificielle reviennent toujours quand on laisse la Nature agir, ne sera pas le même pour des milieux différents. Le bœuf et le cheval, redevenus sauvages en Amérique, ne sont plus précisément le bœuf et le cheval soumis primitivement à la domestication dans l'Ancien Continent. La Nature se charge donc à elle seule de créer des races et de les maintenir. D'ailleurs il est fort raisonnable d'admettre que les mêmes causes qui ont fait apparaître ici et là des espèces que nous réputons congénères ou alliées, tout en les distinguant scientifiquement, ont pu et même dû faire apparaître ici et là des individus-souches que nous rapporterions à la même espèce si nous les avions sous les yeux, et dont les descendants sont encore rapportés par nous au même type spécifique. Il faut donc chercher un critère scientifique pour distinguer l'espèce de la race, ou en d'autres termes, puisque la race porte sa définition avec elle, il faut chercher une définition scientifique de l'espèce. On en a proposé deux, ou plutôt on a donné à la même définition deux énoncés : l'un dont on ne peut méconnaître le caractère purement spéculatif ou théorique, l'autre qui a l'apparence, mais seulement l'apparence d'un empirisme pratique et, comme on dit, positif.

Selon le premier énoncé, « l'*espèce* est la collection, la suite des individus que l'on peut supposer descendre tous du même ancêtre ou du même couple primitif, en ce sens que les accidents de la génération, la transmission héréditaire, l'influence prolongée du milieu et du genre de vie suffisent pour expliquer toutes les variétés qu'on observe d'un individu à l'autre et d'une race à l'autre. » Qu'il soit impossible de prouver positivement la descendance d'un ancêtre commun ou d'un même couple primitif, on l'accordera sans nul doute. Tout se réduit donc à une appréciation de la valeur des différences que l'on observe entre des individus dont on connnaît la parenté ou entre des races dont on connaît l'alliance : appréciation que chaque naturaliste fait à sa manière, d'après des observations antérieures ou d'après certaines habitudes d'esprit dont il ne lui serait pas toujours facile de rendre compte. En tout cas, ce n'est point là le critère précis qui peut trancher toutes les questions controversées ; et même il implique une sorte de cercle vicieux si, comme on a des motifs de le conjecturer, la flexibilité du type comporte des variations d'un type à l'autre : de sorte que l'on ne puisse pas conclure valablement des faits directement observés aux faits qui échappent à l'observation directe.

Selon le second énoncé, « l'*espèce* est la collection des individus qui peuvent contracter entre eux des alliances fécondes, dont les produits conservent indéfiniment leur fécondité. » Les races capables de contracter entre elles de pareilles alliances feront partie de la même espèce, et au cas contraire on les regardera comme des espèces différentes. Voilà bien en effet un caractère qui nous frappe tout d'abord, chez les animaux et les plantes que nous connaissons le mieux, et qui peut, dans certains cas au moins, fournir un critère empirique; mais combien ces cas sont rares en comparaison de ceux où l'usage du critère est impossible, et où cependant la plupart des naturalistes sont d'accord pour instituer ou pour réformer des espèces? Est-ce que l'on n'établit pas des espèces pour les flores et les faunes fossiles de tous les âges aussi bien que dans la flore et la faune actuellement vivantes? Où en seraient les botanistes si, pour toutes les plantes qu'ils déterminent spécifiquement, et qu'ils ne connaissent souvent que par les herbiers, il fallait préalablement instituer des expériences de fécondation? Comment les zoologistes se tireraient-ils d'affaire avec tant d'espèces sauvages pour lesquelles il est si difficile d'observer l'acte de l'accouplement et ses suites? En réalité donc la notion de l'espèce est une donnée de l'empirisme vulgaire plutôt qu'une idée susceptible de précision scientifique; l'institution d'une nouvelle espèce est pour le naturaliste une affaire de tact, d'appréciation de la valeur des caractères typiques, appréciation sur laquelle tantôt l'on s'accorde et tantôt l'on ne s'accorde pas, sans que, à l'exception peut-être d'un cas sur mille, la définition puisse servir à trancher le différend. Comme la définition de l'espèce n'est suggérée que par l'observation superficielle et vulgaire de certains faits actuels, il n'est pas surprenant qu'elle nous fasse défaut pour l'intelligence des faits passés ou pour pénétrer dans la raison, tant des faits passés que des faits actuels.

La notion de l'espèce organique supporte, pour ainsi dire, tout le faix des sciences naturelles dans leur constitution actuelle, tandis que les expériences sur les fécondations artificielles et sur la fécondité des produits hybrides n'en forment qu'un chapitre, très-curieux sans doute, mais relativement très-court. Il y a donc disproportion entre la masse soutenue et la solidité des étais qui la supportent. Or, que nous apprennent les expériences en question ? D'abord, que les soins de l'homme peuvent souvent surmonter les répugnances naturelles, au point d'amener des unions entre des espèces qui naturellement ne s'uniraient pas : ce qui, pour le dire en passant, rend l'expérience suspecte en ce qui concerne l'explication des faits naturels. Secondement, qu'entre des individus d'espèces voisines, quoique distinctes selon la nomenclature actuelle, l'alliance féconde est tantôt possible, tantôt impossible ; de même que certains genres semblent se prêter mieux que d'autres à la ramification en espèces congénères, et certaines espèces mieux que d'autres à la ramification en races distinctes : d'où l'idée d'un nouvel attribut qu'il faut joindre à la caractéristique de l'espèce, et dont nous ignorons la connexion théorique avec d'autres caractères. Troisièmement, que la fécondité des hybrides à la première génération ou aux générations subséquentes, beaucoup plus rare encore que l'engendrement des hybrides, n'est pourtant pas absolument impossible, et devient à son tour un caractère typique, bon à joindre aux autres. En somme, la facilité et la fécondité des produits hybrides, variant sans précision comme tant d'autres faits physiologiques, ne peuvent fournir la définition précise que l'on cherche. En étudiant les faits de ce genre, on étudie quelques-uns des caractères du type, on n'atteint pas le fondement même de l'idée d'espèce. En d'autres termes, nous n'expliquons pas l'idée de type par l'idée vulgaire d'espèce, telle que la suggère l'observation des phénomènes actuels de la génération ordinaire : nous sommes plutôt conduits par l'observation scientifique à rattacher l'idée d'espèce à l'idée de type, comme à l'idée supérieure, propre à rendre raison des faits qui tombent sous l'observation vulgaire. Que si, par une autre évolution de la science, on tente de ramener l'idée de type organique à une idée de généalogie et de transmission héréditaire, il faut admettre un mode de génération autre que celui sur lequel portent nos observations actuelles. Voilà pourquoi, lorsqu'on aborde les questions relatives à l'origine des espèces, ou à la constitution des genres vraiment naturels, au sens que nous avons indiqué, il nous semble à propos de substituer le mot de *genèse* au mot de *génération*.

Déjà nous avons indirectement attaqué le problème de l'origine des espèces, lorsqu'il s'agissait d'établir d'une manière générale et de faire comprendre par des exemples particuliers la distinction entre le *miracle* qui implique la violation passagère des lois connues de la Nature, et le *mystère* qui tient à l'ignorance où les faits actuels nous laissent, de toute l'étendue des ressources et de l'art de la Nature. Ajoutons ici que ce serait méconnaître l'essence même du principe des manifestations vitales que d'attribuer à des excitations physiques et extérieures le rôle principal dans le phénomène où l'énergie propre du principe vital se montre à son plus haut degré, à savoir dans l'enfantement d'un type nouveau. Autant l'énergie vitale déployée dans l'acte de la génération ordinaire surpasse celle qui est requise pour les fonctions habituelles dont l'objet est la nutrition et l'entretien de l'individu, autant elle doit être surpassée par celle que la Nature déploie lorsqu'elle veut arriver au neuf en fait de type, sans cesser, bien entendu, d'utiliser pour cette fin les ressources qu'elle s'est antérieurement ménagées avec un art infini. Cependant nous ne nous avisons pas d'attribuer aux stimulants extérieurs, aux retours d'une température plus tiède, d'une alimentation plus abondante, la part principale dans le phénomène de la génération ordinaire. Les différences que nous observons à cet égard d'un type à l'autre nous dénotent bien que la part principale revient au contraire à la constitution du type, aux habitudes transmises héréditairement, et à des instincts innés qui tendent à une fin déterminée. Donc il est conforme à toutes les analogies de croire qu'on chercherait vainement dans des causes physiques extérieures, ou dans des actions physiologiques de l'ordre de celles qui entretiennent la vie de l'individu, l'explication suffisante du grand phénomène de la constitution des espèces actuelles et de celles qui les ont précédées.

Les individualités anomales ou, comme nous disons, monstrueuses, qui se forment de nos jours, ne deviennent point souches de races, parce que la Nature ne dispose rien, ne coordonne rien pour atteindre ce but. Cela ne fait peut-être plus partie de sa puissance : en tout cas cela ne fait plus partie de ses plans, de son économie, de la finalité qu'elle poursuit et dont nous avons ailleurs tant de marques étonnantes. Mais nous restons encore dans la voie de toutes les analogies, nous ne dotons arbitrairement la Nature d'aucun attribut nouveau quand nous admettons, pour satisfaire aux données de l'observation, qu'à l'origine ou aux époques de refonte des types organiques, la Nature a montré autant de sollicitude, déployé autant d'art pour favoriser l'apparition ou la rénovation des types organiques, alors que le besoin s'en faisait sentir, qu'elle met aujourd'hui de sollicitude et d'art à munir l'individu de tout ce qui est essentiel à son entretien et à la conservation de l'espèce (p. 90).

Déjà quelques naturalistes distingués ont rapporté les différences de flexibilité que l'on observe encore actuellement, d'un type spécifique à l'autre, à une différence d'âge entre ces mêmes types. « Les premières générations d'une race cultivée, dit M. Alph. de Candolle (1), ont effectivement une grande disposition à varier. Si les espèces actuelles sont des races, elles ont dû avoir plus de variabilité à l'origine qu'elles n'en ont à présent. Si elles ont été formées d'une autre manière, c'est-à-dire par une création spéciale, l'analogie permet encore de considérer comme probable une variation plus grande de l'espèce à son origine, puisque cette variété plus grande s'observe entre les races. »

Si l'organisation des animaux comporte plus de complications que celle des plantes, elle nous offre aussi des phénomènes bien plus singuliers et très-propres à

---

(1) *Géographie botanique*, t. II, p. 1100 et suiv.

étendre l'idée que nous devons nous faire des ressources de la Nature. Les métamorphoses si connues des batraciens et des insectes nous montrent des animaux qui, non plus seulement dans la suite des évolutions de la vie fœtale, mais dans le cours d'une vie indépendante, appartiennent à des classes diverses, tantôt poissons, tantôt reptiles, tantôt respirant par des branchies, tantôt par des poumons, tantôt se traînant sur le sol ou se filant un linceul, tantôt épanouissant dans les airs leurs ailes brillantes. Si nous ne connaissions que les espèces plus rapprochées de nous, nous regarderions comme un rêve le postulat qui impliquerait la possibilité de si étranges métamorphoses. D'autres métamorphoses plus singulières encore (celles des méduses, des lernées, des balanes, etc.) doivent nous rendre encore plus réservés sur le chapitre de l'impossible quand il s'agit des opérations naturelles.

Une foule de considérations nous obligent d'admettre l'intervention spéciale d'un principe de finalité ou de coordination pour la constitution ou la refonte du système des types organiques; et il faut que ces considérations soient bien puissantes pour avoir conduit un naturaliste tel que M. Agassiz à l'exorbitante hypothèse que nous nous sommes permis (p. 122) de repousser si péremptoirement. On ne concevrait pas l'apparition des espèces dites *sociales*, ni même celle des espèces à sexes séparés, si la Nature s'en était rapportée au jeu des combinaisons fortuites, au caprice des influences extérieures, pour former, ici et à une telle date un individu, ailleurs et à telle autre date un autre individu; ici la femelle, là le mâle. D'ailleurs les diverses espèces végétales et animales, sociales ou non, ont besoin les unes des autres; et vainement attendrait-on du hasard l'évolution d'un type, si des évolutions antérieures n'avaient amené en temps opportun l'apparition des autres types, à défaut desquels le maintien du type nouveau serait impossible. Il a fallu qu'un agencement merveilleux rendît possible la propagation immédiate de l'espèce, sauf à abandonner la propagation ultérieure, sur de plus grands espaces et dans des temps très-éloignés, au jeu des combinaisons fortuites, aux accidents de la génération et au caprice des causes extérieures, ainsi que cela s'observe actuellement. C'est par suite du sentiment, distinct ou confus, du besoin d'une telle direction, d'un tel accord initial, que l'on voit, même de nos jours, les savants les moins enclins à recourir aux explications surnaturelles, et qui ne s'aviseraient pas d'employer le mot de *création* pour désigner la formation des minéraux et des roches, des strates et des filons, des dépôts de houille et des colonnes de basalte, parce que dans la production de tous ces objets (lors même qu'ils ne pourraient plus se produire dans les circonstances actuelles) nous n'hésitons pas à reconnaître l'action des forces physiques toujours inhérentes à la matière (p. 80); c'est pour cela, disons-nous, que tous s'accordent à employer les mots de *création organique*, pour désigner la faune et la flore qui caractérisent une région de la terre ou une époque géologique. Ce langage pour eux n'implique autre chose qu'un mode d'opérations naturelles devenu étranger à l'ordre actuel, ou dont les manifestations douteuses ne porteraient plus que sur quelques infimes et insignifiants détails.

§ 7. — Du principe de la concurrence vitale et de la sélection naturelle.

De quelque genre que soient les causes qui ont déterminé à l'heure voulue l'apparition des types organiques, par cela seul qu'on les répute naturelles, elles ont dû agir à peu près de même en plus d'un lieu, de manière à rendre probable l'apparition de plusieurs exemplaires, assez semblables entre eux pour pouvoir être rapportés au même type, et plus probable encore l'apparition d'intermédiaires nombreux entre un type et un autre. Or, c'est ici qu'il faut tenir grand compte du principe qui depuis quelque temps fait tant de bruit sous le nom de « principe de la concurrence vitale ». La Nature a doué la plupart des espèces végétales et animales d'une telle puissance prolifique, que chaque espèce se multiplierait avec une rapidité prodigieuse et finirait par tout envahir, si elle n'était arrêtée dans son expansion par le manque de subsistances et par la guerre directe ou indirecte que lui font d'autres espèces auxquelles elle sert d'aliment, ou qui lui font concurrence en fait d'aliments. Pour peu qu'une espèce soit plus favorisée que d'autres qui lui font concurrence, elle se multipliera à leur préjudice et pourra même à la longue les supplanter tout à fait. Le temps opérera donc un triage entre les types originairement produits ; et cette conclusion, certainement conforme à ce que l'observation nous apprend sur le résultat du conflit des races humaines, s'appliquera de préférence aux espèces les plus élevées dans l'échelle de l'organisation ; surtout parce que de faibles nuances acquièrent dans les types supérieurs de l'animalité une grande importance quant à la vie de relation, et suffisent pour donner aux variétés qu'elles favorisent un avantage décisif. En tout cas, les descendants de souches diverses, qui se maintiendront à côté les uns des autres, et entre lesquels la conformité d'organisation donnera lieu à des unions fécondes, pourront aussi bien être réputés descendre d'un ancêtre unique ou d'un couple unique. Le propre du triage résultant de la concurrence vitale aura été de supprimer des nuances ou des intermédiaires, de mieux isoler des types voisins les uns des autres, absolument comme si les exemplaires conservés descendaient tous d'un ancêtre unique ou d'un couple unique qui auraient été l'objet d'une création miraculeuse en quelque lieu privilégié.

Il faut maintenant parler de l'emploi qu'on a fait du principe de la concurrence vitale pour rendre raison, non plus de la réduction du nombre des types primitifs, mais de la constitution même des types spécifiques : thèse ingénieuse, consciencieusement soutenue, et qui a des parties assez spécieuses ou même assez vraies pour qu'on ne puisse plus se dispenser d'y avoir égard. Comment l'homme crée-t-il des races ou des variétés héréditaires parmi les espèces domestiques ou cultivées? Par voie de triage ou de *sélection*, comme le dit dans son anglais M. Darwin. Quand l'espèce est soumise à la domestication ou à la culture, le jeu des circonstances fortuites produit en tous sens des variétés individuelles parmi lesquelles l'homme trie celles qui conviennent à son but, et qu'il réserve à la reproduction, en sacrifiant ou en consommant toutes les autres. En vertu de la disposition de tous les traits de l'organisme à se transmettre héréditairement, le caractère que l'on recherche aura plus de tendance à reparaître dans les produits d'une seconde génération ; et pour quelques-uns de ces produits le caractère sera plus prononcé et aussi plus affermi, c'est-à dire doué de plus d'aptitude à se montrer dans les générations subséquentes. Ce sont ces exemplaires de choix que l'homme réserve pour être les producteurs d'une troisième génération, et ainsi de suite, jusqu'à ce que la race, définitivement constituée et consolidée, ne réclame plus que des soins d'entretien pour durer, sinon indéfiniment, du moins pendant un temps bien plus long que celui qu'il a fallu pour la créer. Or, le triage prolongé que l'homme opère avec préméditation, la Nature l'opère, nous ne dirons plus *instinctivement*, mais *machinalement*, par le seul effet de la concurrence vitale, d'où les termes de *sélection naturelle*, employés par Darwin pour désigner le fait auquel il attache une importance capitale. Si une variété accidentelle donne à l'individu qu'elle affecte plus de facilités pour vivre, pour se fortifier et se reproduire, elle devra, en vertu de la tendance héréditaire, se montrer à la seconde génération chez un plus grand nombre de sujets, aux dépens des variétés moins favorisées ; et chez quelques sujets elle se trouvera renforcée avec un surcroît de tendance à reparaître et à prévaloir dans une troisième génération ; et ainsi de suite. A la longue quelques variétés tranchées, adaptées à tel genre de vie, de nourriture et d'habitat, auront étouffé toutes les variétés intermédiaires, indécises, sauf à se ramifier par le même procédé, si les circonstances s'y prêtent. Darwin n'admet point de bornes à cette capacité de ramification dans les types : un arbre généalogique, au propre sens de l'épithète, est pour lui la raison de toutes les ressemblances, de toutes les affinités que peut offrir le système des types organiques. Les distinctions de classes, d'ordres, de familles, de genres, n'accusent que des séparations plus anciennes les unes que les autres, au sein d'une famille unique. Pour peu que l'esprit cède au besoin d'unité qui le sollicite, les distinctions mêmes d'embranchements et de règnes s'effaceront : à la faveur du temps indéfini dont la pensée dispose, il n'y aura plus rien d'étrange à soutenir que tous les êtres qui vivent ou qui ont vécu sur notre planète, végétaux et animaux, sont issus de la même cellule primordiale ou de cellules identiques, placées à diverses époques et en divers lieux dans des milieux différents.

Contre ce mode d'explication, aussi bien que contre tout autre qui impliquerait la variation du type par degrés insensibles d'une génération à l'autre, nous admettons volontiers qu'on ne puisse désormais rien induire, rien conclure d'une prétendue invariabilité des types naturels dans le cours des temps historiques, ni même depuis l'époque à laquelle l'homme a paru sur la terre. L'objection ne vaudrait pas plus contre l'hypothèse d'une lente transformation que ne valait contre Copernic l'objection tirée de ce que la parallaxe des fixes est insensible. Chaque progrès de la géologie nous force d'agrandir au delà de toute limite l'échelle des temps géologiques ; et quand on voit compter par milliers de siècles les temps qu'il a fallu pour construire des bancs de coraux ; pour relever, déprimer, rehausser encore, fouiller, dénuder, labourer en tous sens, dans le cours de ce que l'on nomme la période actuelle, des terrains d'origine relativement toute récente, la chronologie de Buffon et des autres géologues du siècle dernier, même en y comprenant Cuvier, nous rappelle ces temps de l'astronomie grecque où l'on se croyait bien osé d'avancer que le soleil est gros au moins comme le Péloponèse. D'ailleurs les types pourraient n'avoir subi pendant ce temps, si grand qu'il fût, aucune modification appréciable, parce que les influences extérieures et les autres conditions de la concurrence vitale n'auraient elles-mêmes subi pendant ce laps de temps aucune modification suffisante : ce qui n'empêcherait pas qu'à des époques antérieures, moins stables relativement, la lente transformation des types eût pu s'accomplir.

Voici une objection plus fondée. Que deviennent les beautés de la Création organique dans un système qui ne tient compte que de l'utilité fonctionnelle des organes? N'est-ce pas juger des perfectionnements de la Création comme on reproche à certains économistes de juger du progrès des sociétés humaines, uniquement d'après l'inventaire des produits et des consommations? Que d'embarras s'il fallait prouver que tant de richesse et de variété dans les flores et dans les faunes, tant de parures délicieuses, tant d'harmonies qui nous enchantent, tant d'instincts qui nous charment, n'ont d'autre principe que la concurrence vitale, agissant pendant des milliers ou, si l'on veut, pendant des millions de siècles! Une création bien autrement rude et terne ne donnerait-elle pas à ce principe, lui-même si terne et si rude, une satisfaction suffisante? On dit d'un être raisonnable qu'il doit manger pour vivre et non pas vivre pour manger ou pour contenter des appétits du même ordre ; pourquoi appliquer à la Nature vivante une autre mesure et supposer qu'elle n'a point eu de fin en créant, ou que sa fin unique est de donner à ses créatures tout juste ce qu'il faut pour se nourrir et pour engendrer? La science, dira-t-on, n'a rien à faire avec la poésie : aussi ne s'agit-il pas précisément de la science, impuissante à nous donner tout ce que nous voudrions obtenir d'elle, mais de la philosophie qui fait état de la poésie comme de la science, et du sentiment de la beauté comme de l'argument de l'utilité.

Mettons de côté la poésie : toujours sera-t-il qu'aux yeux des naturalistes les plus éminents, qui ont le plus approfondi l'étude des organes et des fonctions, comparé sous le plus grand nombre d'aspects les types organiques, leurs rapports et leur succession, un triage machinal ne suffit pas pour expliquer la merveille des adaptations organiques : on a vu dans quels termes s'exprime à ce sujet M. Agassiz. Sans entrer dans des détails techniques qui sont innombrables et pour lesquels d'ailleurs l'autorité nous manquerait, bornons-nous à montrer sur l'exemple le plus simple le vice essentiel du système. M. Darwin ne croit pas, comme quelques-uns de ses devanciers, que le nez de l'éléphant se soit allongé en trompe par suite des efforts soutenus de plusieurs générations d'éléphants pour atteindre avec le nez les aliments que leur lourde charpente ne leur permettait pas d'atteindre avec la bouche : explication qui, dans le cas particulier, n'est pourtant pas si ridicule, pourvu qu'on admette qu'il a suffi d'un petit nombre de générations, grâce à la plasticité plus grande d'un type à l'état naissant et à l'énergie de l'instinct mis en jeu pour la satisfaction d'un besoin si pressant. Mais, dans le triage machinal de M. Darwin, il faudrait peut-être un millier de générations pour atteindre le but ; et dans l'intervalle à quoi servirait à l'éléphant, pour « le combat de la vie », pour la concurrence vitale, un nez plus long que celui de ses camarades, quoique bien moins long qu'il ne le faudrait pour atteindre à ses aliments ? M. Darwin a raison de croire, contre ses devanciers, qu'un effort pour mieux voir n'explique pas suffisamment la perfection de la structure de l'œil; il ne s'aperçoit pas que tout acheminement vers cette perfection, qui laisserait encore la vision confuse, ne donnerait aucun avantage pour la concurrence vitale. En un mot il y a une sorte de contradiction, au moins dans une foule de cas, entre le postulat des transformations lentes et le principe de la sélection naturelle.

Mais l'objection décisive et vraiment scientifique ressort de toutes les pages de la paléontologie qui, loin d'offrir aucune trace des intermédiaires sans nombre dont la théorie de Darwin implique l'apparition successive, dans des périodes de temps immenses, accusent dans les flores et dans les faunes anciennes, si haut qu'on remonte, autant d'ordre et d'adaptation harmonique que dans les flores et dans les faunes actuelles, avec des compartiments aussi nettement arrêtés. Vainement essaie-t-on d'éluder cette terrible objection. Nos observations n'embrassent encore qu'une très-petite partie de l'écorce du globe. Les conditions à la faveur desquelles les débris d'organisme détruits nous sont parvenus, ont pu et dû faire défaut pendant de longs intervalles de temps, incomparablement plus longs que ceux durant lesquels s'accumulaient les débris conservés. Tout cela est vrai ; et néanmoins il reste hors de vraisemblance qu'on n'observe rien, absolument rien des jalons intermédiaires qu'il faudrait concevoir distribués en tous sens, dans les interstices des flores et des faunes de tous les âges, pour y rétablir la continuité idéale et les transitions que réclame la théorie de Darwin. Malgré l'écoulement de siècles sans nombre, quelques témoins irrécusables du fait de la continuité auraient dû échapper au naufrage général si le hasard seul s'en était mêlé, s'il n'y avait eu intention malicieuse de dérober à la connaissance de l'homme justement ce qui pique le plus sa légitime curiosité. De deux choses l'une : ou l'insuffisance prétendue de l'observation paléontologique serait radicale, au point de ne nous permettre d'apercevoir dans la paléontologie aucun fil conducteur, aucune loi, aucun plan suivant lesquels se seraient ordonnées les phases successives de la création organique ; ou bien la paléontologie nous montrerait les flores et les faunes anciennes avec des compartiments d'autant moins tranchés, avec des transitions d'autant plus nombreuses et significatives, que l'on remonterait plus haut dans la série des âges. Mais l'état de la science ne cadre ni avec l'une de ces suppositions, ni avec l'autre.

« Le mouvement du monde inorganique, dit sir Ch. Lyell (1), est évident et sensible ; il est comparable à l'aiguille des minutes d'une horloge dont la marche est

---

(1) *Principes de géologie*, livre 1, chap. 7, t. 1er, p. 178 de la trad. française de 1873,

appréciable à la vue et à l'ouïe, tandis que les fluctuations de la création vivante sont presque invisibles et ressemblent au mouvement de l'aiguille des heures. » En effet, selon la théorie de Darwin, la comparaison serait assez juste, pourvu qu'on admit que le rapport des vitesses, au lieu d'être de un à douze, fût plutôt de un à mille, à un million, à un milliard, en un mot ce que le grain de sable est à la montagne, ce que la goutte d'eau est à la mer, ce que le rayon de la terre est à la distance des fixes. En d'autres termes, et pour parler le langage des géomètres, chaque période affectée à la lente transformation de la création organique par voie de triage machinal exigerait un temps infini; et si de telles périodes se succédaient en nombre infini, cet infini, le seul qui ait laissé des traces en géologie, serait d'un ordre supérieur aux infinis paléontologiques dont il n'y a plus de traces. Au contraire, dans leur état actuel, la géologie physique et la paléontologie portent tous les caractères de sciences étroitement unies, qui se correspondent aussi exactement que l'on peut raisonnablement s'y attendre, qui embrassent l'une et l'autre des périodes de temps immenses, indéfinies ou, si l'on veut, infinies; mais sans que l'on soit autorisé à dire qu'il s'agit d'infinis d'ordres différents, l'infini paléontologique s'effaçant ou s'évanouissant devant l'infini géologique, à peu près comme l'épaisseur de chaque feuillet imprimé disparaît devant l'épaisseur de l'in-folio qui les relie, ainsi qu'il faudrait le soutenir pour infirmer l'objection contre la théorie de Darwin, tirée des données de la paléontologie.

C'est ici le lieu de distinguer entre les perfectionnements et les abaissements d'organismes, entre l'ampliation ou la réduction des pièces d'un type déjà constitué, et le surcroît de composition organique, aboutissant à la constitution d'un type nouveau. Que la métamorphose du poisson en reptile ou du reptile en oiseau s'opère par une suite d'actions lentes, douées chacune d'une faible intensité, ou dans un moment de crise et sous l'empire de causes intenses, le besoin d'un principe interne de coordination pour expliquer l'harmonie finale reste le même. Les germes auxquels les circonstances extérieures ne permettront pas de se développer, périront ; les perfectionnements typiques incompatibles avec les conditions de la concurrence vitale n'aboutiront pas ; cela va de soi ; et ainsi s'explique par le seul laps de temps l'établissement d'un ordre durable où se trouve émondé le luxe surperflu des premières formations : opération relativement prompte, incapable dès lors de laisser des traces. Mais la préparation des germes et l'artifice de leur évolution surpassent la puissance des causes extérieures et la vertu d'un triage purement machinal. En remplaçant une transformation soudaine par une gradation lente, on rend l'explication mécanique moins choquante, on en dissimule en quelque sorte la grossièreté, quoiqu'au fond l'on demande toujours à une cause mécanique ce qu'elle est incapable de donner.

Que si l'on trouve en effet que c'est trop demander à un triage machinal que d'opérer le passage d'une classe zoologique à une autre, du poisson au reptile, du reptile à l'oiseau, du mammifère didelphe au mammifère placentaire, on sera bien près d'y renoncer pour ce qui concerne le passage du pachyderme au ruminant, du rongeur au carnassier. De proche en proche on en viendra à n'appliquer le principe de la sélection naturelle que là où il est effectivement applicable, c'est-à-dire aux cas où le passage d'un type à l'autre peut se concevoir par simple ampliation ou réduction des pièces organiques, sans que la puissance créatrice ait eu à faire de nouveaux frais de création, d'invention, d'industrie et pour ainsi dire de génie. La critique sait bien faire cette distinction dans les œuvres de l'homme; elle sait reconnaître l'invention, l'originalité là où elles se trouvent, sans confondre le mérite de l'invention avec celui qui consiste à arranger, à généraliser, à développer. Pourquoi ne parviendrait-on pas, à propos des œuvres de la Nature, à saisir ou du moins à entrevoir une distinction du même genre? Si le tact du naturaliste lui suffit pour instituer ou pour rayer des espèces dans une foule de cas où il ne peut faire aucun usage de la définition ordinaire de l'espèce, fondée comme on l'a vu (p. 146) sur des caractères empiriques et douteux, pourquoi, les progrès de la géologie aidant, le naturaliste n'arriverait-il pas à une appréciation suffisamment exacte des caractères « du genre naturel », selon le sens que l'étymologie suggère et auquel une science plus avancée nous ramène (p. 146) ?

Mais, cette concession faite, nous n'en sommes pas moins ramenés, par une discussion impartiale des données de la science, à l'idée d'une refonte des types organiques par des forces instinctives et non machinales, procédant d'un principe de vie que l'on ne peut localiser ni figurer ; habile à gouverner et à coordonner les efforts partiels vers un but final; n'agissant que lorsqu'il faut agir, à certaines époques critiques et dans un temps relativement assez court pour ne pas transmettre à des âges éloignés des traces de son travail (comme si la Nature avait aussi sa pudeur et qu'en certaines choses elle répugnât à livrer son secret); cessant d'agir ou même ayant totalement épuisé l'action dont il est capable de ce chef, lorsqu'un prolongement d'intervention ne serait propre qu'à contrarier le plan général. Comprise ainsi, la genèse ou l'évolution progressive des types organiques dans l'immense série des âges, se concilie aussi bien qu'une création soudaine ou miraculeuse, avec l'idée métaphysique d'une cause suprême en qui réside la plénitude de l'intelligence, avec l'idée religieuse d'une Providence, source de toute bonté morale. Quel plus sublime commentaire de termes qui n'ont pu être prononcés dans une langue humaine, que sous la condition que le sens en serait graduellement approfondi, à mesure que l'intelligence de l'homme se fortifierait et qu'il avancerait dans la connaissance des œuvres de Dieu! Si une théorie philosophique, uniquement fondée sur les inductions que fournissent les faits acquis à la science, réserve cette question suprême et si elle se prête en ce sens, sinon au *matérialisme* comme on le dit fort mal à propos, du moins au *naturalisme*, c'est sans cacher ce que le naturalisme a d'exorbitant pour la raison de l'homme, en tant qu'il attribue à des forces naturelles des opérations instinctives qui surpassent infiniment notre intelligence, tout en hésitant à y reconnaître la manifestation d'une cause en qui résiderait la plénitude de l'intelligence. L'esprit humain trouve ce cercle tracé autour de lui, et ce n'est point d'après les seules données de la science, ni par des arguments d'école qu'il en peut sortir. Le tort des explications où tout se tire de l'épuisement machinal des combinaisons fortuites est au contraire de paraître résoudre la question insoluble, en reléguant parmi les rêves de l'imagination tout ce qui tient au sentiment religieux et même au sentiment poétique de la Nature. Or, il n'est rien moins qu'indifférent de savoir si les progrès de la science et ceux de la philosophie naturelle qui en sont la suite, tendent ou ne tendent pas à mettre dans les âges futurs au ban de la raison humaine, toute émotion religieuse, toute inspiration poétique, en face du spectacle de la Nature ou à la suite du déchiffrement de ses archives. Voilà comment on peut dire que la question de la genèse des types organiques est celle à quoi tout se rattache, dans la science et hors de la science, et autour de laquelle se grouperont les idées destinées à avoir dans l'avenir le plus d'influence (p. 127). Sur cette question nodale, profonde et obscure, l'esprit humain, si avancé qu'il fût d'ailleurs, en était resté jusqu'à l'époque actuelle aux premiers bégaiements. Un des principaux titres du dix-neuvième siècle sera d'avoir réuni les conditions diverses qui permettent, sinon de la résoudre scientifiquement et de s'en rendre maître, du moins de l'attaquer méthodiquement par des travaux d'investissement et d'approche, de manière que les positions gagnées ne puissent plus se perdre et servent de base d'opérations pour en gagner d'autres.

§ 8. — De la psychologie animale et du passage de la zoologie à l'anthropologie.

Les naturalistes ne se contentent pas de décrire les formes extérieures des animaux et la structure de leurs organes intimes, de les soumettre à des expériences, trop souvent cruelles, pour surprendre le secret de leurs fonctions physiologiques mieux qu'on n'oserait le faire dans des expériences instituées sur l'homme lui-même : ils s'attachent aussi parfois avec un intérêt encore plus vif, à étudier leurs mœurs, leurs habitudes, les pièges qu'ils tendent, les ruses qu'ils emploient pour échapper à leurs ennemis ou pour les surprendre. Il ne faut pas se livrer longtemps à une telle étude pour se persuader que les animaux n'ont pas seulement des sensations, mais une mémoire, des perceptions et des connaissances; que leurs veilles ne sont point des rêves ainsi que quelques philosophes l'ont pensé, mais qu'ils ont comme nous des rêves et des veilles ; bref, qu'à prendre les mots dans le sens que l'usage leur donne, sans en scruter trop méticuleusement l'étymologie, les animaux ont des fonctions *psychiques* ou *psychologiques*, et qu'il y a lieu d'admettre une psychologie animale à aussi bon droit qu'une anatomie ou une physiologie animales. Bien plus, les naturalistes ont remarqué que les caractères tirés des mœurs et des habitudes, et qu'à ce titre on peut appeler psychiques, ne sont pas ceux qui offrent le moins de fixité pour chaque espèce, ni les moins propres à établir la distinction des espèces et des races ; qu'ainsi des espèces d'araignées très-voisines par les traits de l'organisation offrent des différences très-marquées dans le dessin de leur toile et dans leur manière de l'ourdir; quoiqu'on ne conçoive guère que des différences à peine sensibles d'organisation aient pour effet des différences très-sensibles dans la manière d'ourdir une toile, ni que la concurrence vitale amène de telles différences entre des espèces organisées à peu près de même et qui vivent à côté les unes des autres, mais bien plutôt que la transmission héréditaire a également consolidé les différences très-sensibles de leur nature et celles qui l'étaient très-peu.

A quelque espèce qu'elle appartienne, de quelque manière qu'elle s'y prenne pour ourdir sa toile, on ne peut raisonnablement contester que l'araignée *perçoit* la mouche, qu'elle en a connaissance comme d'une proie bonne à sucer, quoiqu'elle soit certainement hors d'état de tirer cette connaissance d'une discussion raisonnée sur son *moi* et son *non-moi*, sur la valeur *subjective* ou *objective* de ses sensations. L'enfant qui de son côté a connaissance de la mouche comme d'un objet importun qu'il faut chasser, est aussi incapable que l'araignée de se livrer à une pareille discussion, et la plupart des hommes ressemblent en cela à l'araignée et à l'enfant. Il ne faudra donc jamais perdre de vue en faisant de la psychologie humaine (que ce soit à la manière de Condillac ou de Maine de Biran, de Jouffroy ou de M. Taine) que cette psychologie en implique une autre qui s'impose à l'homme en tant qu'animal. C'est peut-être pour cela qu'on arrive à peu près, en psychologie descriptive, aux mêmes résultats, de quelque manière que l'on s'y prenne pour ourdir la toile psychologique, déjà ourdie sur tant de dessins différents. Mais il n'en est plus de même quand on a la prétention de remonter aux causes ; et par exemple il est très-clair que la table rase de Locke ne serait pas plus propre que la mécanique de Descartes à rendre compte des fonctions psychologiques de l'animal.

D'ailleurs il faut reconnaître que l'étude comparative des animaux et de l'homme, au point de vue des fonctions psychiques, offre de grandes difficultés. D'une part les espèces inférieures, dont les mœurs et les instincts piquent le plus notre curiosité, parce qu'on y retrouve ces habitudes sociales d'où dépend principalement, en ce qui concerne l'homme, la culture de la société et celle de l'individu, sont placées à une énorme distance de l'homme dans le système des types organiques, de sorte qu'elles offrent des sujets d'apologues plutôt que de comparaisons théoriquement profitables. D'autre part les animaux les plus rapprochés de l'homme, quand ils ne vivent pas tout à fait de la vie solitaire, ou quand ils ne sont pas assez complétement soumis à l'homme pour tenir de lui leur culture et leurs instincts factices, vivent en troupes plutôt qu'en sociétés. Il en résulte que l'homme est effectivement un être à part et pour trancher le mot une singularité, une anomalie dans la Création organique ou dans ce que nous connaissons de cette Création.

Cependant l'anomalie même rentre par certains côtés dans le plan organique du règne animal. Qu'est-ce qui caractérise dans le grand embranchement des « vertébrés » la classe des « mammifères », placée sans contestation possible à la tête de l'embranchement, comme l'embranchement se place à la tête du règne animal ? Les conditions de la vie fœtale et de la première enfance. D'où vient la grande distinction des mammifères en « didelphes » et en « placentaires »? De ce que les uns sont sujets à une sorte d'avortement constant, tandis que chez les autres la vie utérine conduit le nouveau-né à une perfection relative. Mais, quand des mammifères placentaires les plus voisins de l'homme on passe à l'homme, tandis que le système nerveux, le cerveau et le sens fondamental du toucher acquièrent des perfectionnements évidents, d'une grande importance fonctionnelle, sinon typique, une sorte de régression s'opère dans un ordre de fonctions auxquelles nous venons de voir que les grandes coupes zoologiques forcent d'attacher une valeur typique beaucoup plus grande ; et cette régression est rendue inévitable par la configuration même du squelette humain, par le mode de station dont l'homme est fier à bon droit. *Os homini sublime dedit…!* Pour que la parturition soit possible dans de pareilles conditions, il faut que l'enfant vienne au monde trop tôt ; il faut qu'il y vienne dans un état d'imperfection relative, d'impotence, de souffrance, de misère qui fait l'éternelle lamentation du genre humain, et qui pourtant deviendra, en ce qui le concerne, la cause déterminante des habitudes vraiment sociales et de l'éducation, puis du perfectionnement mutuel et progressif, des individus par la société, de la société par les individus. Nous ne nous occupons ici que de la première éducation commune à l'homme et aux animaux voisins de l'homme : plus loin nous parlerons du perfectionnement qui n'appartient qu'à l'homme dans certaines conditions privilégiées. Donc, ce qui dans l'enfant n'avait pu recevoir son achèvement sous l'empire exclusif des forces instinctives et purement animales, se façonne, se complète, s'achève par l'éducation sous l'influence d'actes qu'éclairent déjà les premières lueurs de la conscience et de la raison (1). L'homme, tout en restant soumis aux conditions générales de la vie, échappe ainsi de plus en plus aux conditions de l'animalité dans ce qui doit devenir, grâce à des circonstances propices, la plus noble partie de son être. Ces facultés supérieures resteraient sans doute encore dans un état bien rudimentaire, même en supposant les circonstances les plus favorables, si l'homme n'avait la parole à sa disposition, s'il n'était pourvu d'un organe assez souple pour se prêter à tout ce que réclament les besoins de l'enfant et la sollicitude des parents, et surtout à ce qu'exige l'éducation psychique du jeune sujet. En ce cas comme en tant d'autres, il faut admirer l'art avec lequel l'organe s'adapte à la fonction ou la fonction à l'organe, sans prétendre toujours décider, ni surtout décider toujours dans le même sens laquelle de ces deux manières de concevoir l'adaptation harmonique satisfait le mieux la raison. Ici nous avons de bons motifs de

---

(1) « Les lobes cérébraux qui sont le siége de la connaissance, ne terminent leur développement et ne commencent à manifester leurs fonctions qu'après la naissance. Il en devait être ainsi ; car, si l'organisation cérébrale eût été achevée chez le nouveau-né, l'intelligence supérieure eût été close comme les instincts, tandis qu'elle reste ouverte, au contraire, à tous les perfectionnements et à toutes les notions nouvelles qui s'acquièrent par l'expérience de la vie. Aussi voit-on, à mesure que les fonctions des sens et du cerveau s'établissent, apparaître dans ce dernier des centres nerveux, fonctionnels et intellectuels, de nouvelle formation, réellement acquis par le fait de l'éducation. »

Cl. Bernard, *Discours de réception à l'Académie française.*

faire un choix. Car, d'une part les conditions naturelles qui font à l'homme une nécessité de la vie sociale dominent de beaucoup celles qui ont doué l'organe de la parole, de la souplesse requise pour les besoins de la vie sociale. D'autre part, les facultés intellectuelles et morales à la possession desquelles l'homme devait être conduit par le langage, sortent tout à fait du cadre des adaptations, des harmonies dont la zoologie s'occupe et sur lesquelles le jugement de la raison peut rester en suspens. C'est manifestement parce que l'homme ne pouvait se passer du langage pour la fin qui lui était destinée, qu'il a reçu l'instrument du langage avec l'instinct d'en faire usage.

La plupart des naturalistes et les plus autorisés d'entre eux s'accordent aujourd'hui (qui peut répondre du lendemain?) à faire de l'homme une espèce unique, au sens zoologique du mot *espèce*, sauf à reconnaître dans l'unité de l'espèce des variétés ou des races distinctes, dues aux accidents de la génération ou créées par l'influence du milieu et du genre de vie, puis consolidées par l'hérédité et de plus en plus séparées conformément au principe de la sélection naturelle, que doit singulièrement fortifier, en ce qui concerne l'espèce humaine ou le genre humain, la faculté du langage, si propre à rapprocher ou à désunir les hommes, selon qu'il y a entre eux communauté ou diversité d'idiome.

En ce qui concerne les caractères anatomiques des races humaines, les *monogénistes* (comme ils s'appellent) se fondent sur une discussion où nous ne pourrions les suivre sans sortir de notre sujet et de notre compétence, tandis que nous ne pouvons guère nous dispenser de parler de l'argument qu'ils tirent de la distinction très-nette des caractères psychiques pour des espèces animales très-voisines, et de l'identité de certains caractères psychiques d'une grande importance, qui se retrouvent dans toutes les branches de la famille humaine. Effectivement le fond des pratiques superstitieuses et religieuses, le culte des morts, celui des bons et des mauvais esprits, la croyance à une autre vie, à la vertu des sacrifices et des talismans, à la magie et aux sortiléges, se ressemblent d'une manière frappante chez toutes les peuplades que nous appelons « sauvages », parce qu'elles sont demeurées étrangères à toute civilisation progressive. Ce fond primitif et commun de pratiques, de superstitions et de croyances se laisse encore apercevoir chez les peuples, tant anciens que modernes, qui ont vécu ou qui vivent de la vie historique, et où il se mêle, comme élément populaire plus persistant et plus vivace que les autres, à des rites, à des institutions, à des dogmes qui témoignent de facultés bien plus hautes et d'une culture bien autrement avancée. Les ressemblances sont de nature à ne pouvoir guère s'expliquer, ni par le hasard, ni par une nécessité logique : il faut plutôt admettre qu'elles accusent une communauté d'instincts natifs, une identité dans la caractéristique psychique ou intellectuelle de toutes les variétés de l'espèce, de toutes les races comprises dans le même genre naturel (p. 147).

On ne détruirait pas l'argument lors même que l'on réussirait à prouver que certaines races humaines sont incapables de s'élever, soit d'elles-mêmes, soit par des secours étrangers, au niveau intellectuel où d'autres races sont parvenues. Car il ne s'agit ici que de conclusions zoologiquement valables ; et le naturaliste cède à d'autres le soin de s'occuper des races humaines, dès qu'elles entrent décidément dans cette voie de culture et de perfectionnement progressif que nous nommons civilisation, et qui n'est point celle de la Nature pour l'ensemble de la création organique.

Outre le fond de caractères psychiques commun à toute l'espèce, il y a certainement des caractères de même ordre, propres à différencier des races dont la séparation, quoique très-ancienne, ne se perd pas absolument dans la nuit des temps. Qui de nous n'a présent à l'esprit, le portrait que les historiens de la Grèce et de Rome ont fait des Gaulois nos ancêtres, à leur première apparition sur la scène de l'histoire ; et qui n'y reconnaît les traits de leurs descendants après deux mille ans, après le changement complet de langue, de religion, de mœurs, de genre de vie, d'institutions politiques et civiles, de tout ce que nous entendons par civilisation ? Il en est donc de certains caractères ethniques comme de cette empreinte individuelle qui porte par excellence le nom de *caractère*, dont les éléments nous échappent, que chacun de nous porte du berceau à la tombe, à travers tous les changements de fortune, d'état e de rôle dans le monde, avant que les passions ne fermentent comme après que les passions sont éteintes, qui n'est pas notre *moi* (la conscience nous le dit), mais qui paraît être ce qu'il y a de plus indestructible dans le moi.

Il va sans dire que tel caractère psychique d'une race peut n'être pas celui de tous les individus, ni même du plus grand nombre des individus de la race. Une race ne se compose pas de saints ou de poètes, mais il tient à la race de se laisser facilement émouvoir par les objurgations du saint ou les chants du poëte. En tout pays peu de gens se mêlent de faire une épopée; et cependant il n'y a guère de fait ethnique plus curieux que la coïncidence de l'aurore de la civilisation avec l'apparition des grandes épopées, des cycles poëtiques, chez les diverses branches de la famille aryenne, des bords du Gange aux côtes de la mer d'Ionie et jusques dans les glaces de l'Islande. Ni l'Égypte, ni la Babylonie, ni la Chine, dont l'antique civilisation nous offre tant de choses, n'offrent rien de semblable. Mais de là à conclure que l'Égyptien, le Chinois sont d'une autre espèce que l'Hindou, l'Hellène et le Scandinave, il y a un abîme.

Au reste, de quelque argument scientifique qu'on appuie la doctrine de l'unité de l'espèce humaine, la philosophie s'en accommode trop bien, à tous les points de vue, pour ne pas prendre acte avec empressement de cette concession ou de cette confession de la science. Elle s'accommoderait encore mieux de la doctrine que nous avons tâché d'exposer plus haut (avec une autorité malheureusement trop insuffisante), et qui consisterait à retirer la consécration scientifique au terme scolastique d'*espèce*, si difficile à définir scientifiquement, pour ne retenir que l'idée du *genre naturel*, d'où toutes les races peuvent à la rigueur être réputées issues par les voies de la génération ordinaire, grâce à la longueur du temps, à l'épuisement des combinaisons fortuites, et au triage machinalement opéré sous l'influence de la concurrence vitale; à proclamer en conséquence, non plus « l'unité de l'espèce humaine », mais, ce qui vaut bien mieux (parce que c'est parler le langage de la grave antiquité et respecter toutes les traditions respectables), « l'unité du genre humain. »

Il faut remarquer que la doctrine de M. Darwin, ainsi tempérée et circonscrite, met fin à tous débats entre *monogénistes* et *polygénistes*, et en ce sens est tout ce qu'il y a de plus orthodoxe ou de plus conforme à la tradition. Car, si cette doctrine est propre à amener la réunion de types que les classificateurs, croyant faire de la science, auraient mal à propos démembrés en espèces distinctes, ce serait certainement à l'homme qu'il en faudrait faire la première application, tant les caractères distinctifs des races humaines sont zoologiquement peu de chose en comparaison des lignes de démarcation que, dans d'autres parties du système des types organiques, la théorie de Darwin est destinée à effacer, à moins qu'on ne lui refuse absolument toute valeur, ce qui serait tomber dans un excès de partialité.

Nous nous sommes d'ailleurs assez nettement prononcé contre les excès de cette théorie en reconnaissant des harmonies typiques dont il n'est pas possible de rendre raison par l'épuisement des combinaisons fortuites, ni par un triage automatique (si lent et si prolongé qu'on le suppose), et qui exigent absolument une nouvelle dépense d'instinct, de génie, dans l'invention du type et dans la coordination des moyens ou des forces, tant physiques que vitales, qui doivent constituer le type avec la promptitude requise, en déterminer l'apparition, la vitalité et la durée, en un mot créer le type, selon le sens que la science et la philosophie attachent au mot de création. Nous avons remarqué que cette manière de concevoir l'apparition d'un nouveau type organique, par genèse extraordinaire et non par génération ordinaire, implique la dérivation des types les uns des autres, sous l'action constante des lois du monde inorganique, auxquelles les lois de l'économie vivante s'ajoutent et s'ajustent sans les contrarier. Nous avons tâché de montrer en quoi cette idée diffère de celle d'une création miraculeuse qui suppose la suspension passagère des lois physiques et qui n'est point du ressort de la science, ni même de la philosophie, malgré l'habitude que le savant et le philosophe doivent avoir prise de s'incliner devant des mystères qu'il ne faut point confondre avec des miracles.

Tout en réservant pour la fin du présent essai quelques observations au sujet des conflits inévitables, dans ces matières délicates, entre l'autorité dogmatique et l'autorité scientifique, nous nous contenterons de répéter ici que l'hypothèse scientifique d'une genèse de l'homme, réputée naturelle en ce qu'elle serait conforme au plan général de l'évolution organique, n'aurait point pour conséquence, ainsi que trop d'esprits prévenus semblent le croire, d'affaiblir l'idée qu'on doit se faire de la puissance, de l'intelligence et de la bonté du grand Ouvrier, de la dignité intellectuelle et morale de la nature humaine et du rang de l'homme dans la Création. Il serait, on doit en convenir, peu flatteur pour l'homme d'avoir un singe pour ancêtre ou pour arrière-cousin selon la théorie de Darwin, ou si l'on veut (afin de mettre hors de cause ce singe dont on a trop parlé) d'être plus ou moins apparenté avec chacune des innombrables tribus du règne animal; de ne devoir qu'à des circonstances fortuites, à un triage machinal, à un brutal combat pour la nourriture, l'avantage d'une meilleure part dans l'héritage commun, avantage que des censeurs moroses viendraient encore contester. Mais une genèse n'est pas une généalogie, le lien de parenté est rompu là où une refonte extraordinaire du type est nécessaire. Pourquoi d'ailleurs tenir tant à être pétri du limon de la terre, *omisso medio*, quoique ce limon entre effectivement pour si peu dans la composition du corps humain? Et en quoi notre dignité souffrira-t-elle, si l'on reconnaît que le souffle divin n'a pas été moins nécessaire pour tirer l'homme d'une étoffe ancienne et déjà vivante, déjà bien des fois remaniée dans le long cours des âges, que pour le faire apparaître miraculeusement, contrairement aux lois qui gouvernent le monde physique et l'ensemble de la Création organique?

Il va sans dire que la théorie de la lente transmutation des types, due à l'action des milieux, à l'épuisement des combinaisons fortuites et au triage machinal de ces combinaisons, ne reçoit aucune confirmation de l'observation scientifique, pas plus pour ce qui regarde l'origine de l'homme que pour ce qui concerne l'origine des autres types organiques. Seulement la preuve négative a plus de force en ce qui concerne l'homme, justement parce qu'il s'agit de faits relativement modernes, et qui auraient eu pour théâtre une mappemonde moins différente de la mappemonde actuelle, des terres pour la plupart émergées alors comme aujourd'hui, et qui ne se dérobent pas à nos fouilles. Or, non-seulement on ne trouve aucun vestige constant du passage continu de quelque singe anthropomorphe à l'homme, mais rien ne prouve suffisamment l'état d'infériorité psychique des races préhistoriques, comparées aux races sauvages encore subsistantes, quoiqu'on ait des preuves certaines du progrès de l'industrie de l'homme dans les temps préhistoriques aussi bien que dans les temps historiques.

Chose étrange! L'homme, dès son apparition sur le théâtre de la civilisation actuelle, avait à lutter contre les rigueurs d'un climat qui amenait sous nos latitudes les animaux aujourd'hui relégués aux contrées polaires, et qui causait la destruction d'espèces en apparence plus robustes, mais destinées à succomber là où l'homme pouvait déjà résister par son industrie, si grossière qu'elle fût. Dès ces temps reculés, l'homme était en possession du feu, il avait trouvé les moyens de se transporter dans des lieux certainement très-distants de sa première origine; et les causes qui circonscrivaient l'habitat des autres espèces, qui donnaient à des faunes locales ou régionales leurs caractères propres, n'assignaient pas à la propagation des races humaines des barrières infranchissables.

TROISIÈME SECTION

TRANSITION

DU VITALISME AU RATIONALISME

§ 1ᵉʳ. — **Du règne de l'homme opposé au règne de la Nature, et du mélange de vitalisme et de rationalisme dans les faits humains.**

Il vient d'être question d'une psychologie commune aux animaux et à l'homme, d'une anthropologie qui n'est qu'un chapitre ou un appendice de la zoologie, et de races humaines dont on peut dire sans impropriété qu'elles sont encore « dans l'état de nature », ne subissant ou ne paraissant subir aucune modification bien notable, dans la suite des générations (200 au plus) et pour le court laps de temps sur lequel nos observations peuvent porter. Tout autre est le spectacle que nous offrent certaines branches privilégiées de la famille humaine, celles que des qualités natives, secondées de circonstances exceptionnelles, ont jetées décidément dans les voies de ce que nous nommons une « civilisation progressive ».

Voyez nos digues, nos canaux, nos ports, nos tunnels, et comparez-les aux assises rocheuses, aux anses du rivage, aux grottes, aux cataractes, aux méandres des cours d'eau naturels. Là on reconnaîtra la main ou plutôt la marque du génie de l'homme qui procède sur épure à l'aide de la règle et du compas, qui dresse des devis et des calculs, qui est tenu d'opérer avec méthode, nombre et mesure : ici la marque du divin Ouvrier à qui le temps, l'espace, la force ne manquent jamais, qui se joue des complications, qui va à son but lentement et sûrement dans chaque cas particulier. Ces lignes droites, ces cercles, ces angles, ces plans que l'homme met partout dans ses édifices, dans ses meubles, dans ses engins, et dont au besoin les grands traits de l'architecture du monde, les grandes lois de la physique lui suggèreraient l'idée, la Nature vivante (car c'est d'elle surtout qu'il s'agit ici) les évite, du moins chez les espèces supérieures, non qu'elle ait horreur de la régularité géométrique, car les types inférieurs témoigneraient du contraire, mais parce qu'elle a un art préférable pour atteindre son but et pour perfectionner l'organisme en le compliquant.

Le contraste n'est pas moins frappant si l'on considère l'action de l'homme sur la Nature vivante, alors qu'il parvient à l'asservir à son profit, à en changer les allures libres ou sauvages, comme nous les appelons, à transformer la forêt vierge en guérets et en pâturages, à la grande satisfaction de l'économiste et au grand regret de l'artiste et du poëte. En face de telles antithèses, il ne s'agit plus d'instituer, comme quelques naturalistes l'ont proposé, un « quatrième règne de la Nature », mais bien plutôt d'opposer au règne de la Nature le règne de l'homme : et c'est à quoi, depuis bien longtemps déjà, l'homme dans son orgueil n'a pas manqué, tout en gémissant sur sa propre misère depuis qu'il se connaît lui-même. D'ailleurs le règne de l'homme, si règne il y a, ne se maintient qu'au prix d'une lutte incessante. Que l'homme se relâche un instant et l'on voit aussitôt la Nature reprendre ses droits. La mer emportera les digues, ensablera les ports; les constructions tomberont en ruine; les broussailles envahiront le champ et le pré. A vrai dire, l'homme détrôné n'aura laissé que par des destructions quelques marques de son règne éphémère. Il aura dénudé les montagnes, épuisé les gîtes des combustibles fossiles et des minéraux les plus rares, anéanti quelques-unes des plus grandes et des plus nobles races d'animaux et de plantes. Car, pour les espèces inférieures qui peuvent par leur fécondité lutter sans désavantage contre les forces du monde inorganique (p. 138), à plus forte raison défieront-elles la puissance de l'homme et ses engins de destruction.

Même en pleine civilisation, l'on distingue fort bien ce qui se fait selon l'impulsion de la Nature, ce qu'elle peut revendiquer comme venant d'elle, et ce qui a le caractère des œuvres de l'homme, ce qui se fait méthodiquement, logiquement, rationnellement, quoique pas toujours raisonnablement. Ainsi nous apprenons d'instinct notre langue maternelle comme nous apprenons à marcher, quoique, pour les causes indiquées (p. 174), cet instinct soit déjà moins sûr que celui de l'animal. Dans un âge plus avancé, nous sommes encore capables d'apprendre de la même manière, bien qu'avec beaucoup plus de difficultés, la langue des étrangers chez lesquels le sort nous a jetés. Tout autre est notre manière d'apprendre les langues scolastiquement, méthodiquement, ou comme on dit par principes, à coups de grammaires et de dictionnaires. L'un des procédés vaut infiniment mieux pour la pratique : l'autre, au jugement des connaisseurs, a des avantages très-réels pour la culture méthodique de l'esprit ou pour ce qu'on appelle la gymnastique intellectuelle. A certains égards, l'humaniste ainsi formé dans quelque Université, qui s'aiderait de toutes les ressources de la philologie moderne, pourrait en remontrer sur le latin au fils de Cicéron, peut-être à Cicéron lui-même ; tandis que son latin serait la risée des servantes de Terentia et de Tullia.

En débutant dans la civilisation, un peuple se montre à nous avec ses coutumes, son droit indigène, expression rude et franche de ses mœurs, produit quasi spontané des instincts qu'il tient de la Nature et de la première éducation qu'il a reçue. Puis le droit se subtilise, se rationalise en passant par les mains des jurisconsultes, des docteurs, des compilateurs, des réformateurs, à peu près comme la religion et la morale en passant par les mains des théologiens et des casuistes. Au lieu de quelques lignes gravées sur la pierre ou le bronze, les nations ont des codes volumineux que l'on retouche souvent et qui font naître des commentaires sans fin. En politique elles ont, au lieu de quelques traditions vénérées, des constitutions écrites dont elles changent bien plus souvent que de codes, de sorte que les commentaires n'ont pas même le temps d'arriver. Elles ne sont pas toujours pour cela plus raisonnablement gouvernées, mais elles sont gouvernées ou elles se gouvernent plus logiquement, plus rationnellement, en tenant moins de compte des faits naturels qu'il coûte à la raison d'admettre sans les expliquer, et plus de compte des principes abstraits qui s'imposent à l'esprit humain comme les conditions de la méthode et du progrès indéfini en quelque genre que ce soit. Il est vrai qu'ils ne sont plus de mise dans les choses où la Nature ne consent pas à abdiquer ses droits en faveur du progrès indéfini, peut-être parce qu'elle ne se soucie pas autant du progrès indéfini que quelques gens voudraient nous le faire croire.

En effet, ces théories et ces méthodes, ces sciences et cette industrie perfectionnée dont le contraste avec les procédés et les œuvres de la Nature vivante frappe tout d'abord, sont du domaine de la RAISON, de cette faculté supérieure par laquelle l'homme, aidé de toutes les ressources du langage, parvient à dégager l'idée pure de son enveloppe sensible, à saisir un ordre intelligible, suivant lequel les faits, tant sensibles qu'intelligibles, *rendent raison* les uns des autres. C'est ainsi que l'homme s'affranchit de plus en plus des conditions de l'animalité pour devenir, à quelques heures du moins, « une intelligence ou une raison servie par des organes », suivant une définition restée célèbre et que ses tendances trop ambitieuses ne doivent pas nous faire rejeter absolument. Or l'idée, la raison pure n'est pas plus que la lumière à laquelle on l'a si souvent comparée, quelque chose qui vive et qui meure comme les sens et l'imagination, bien qu'elle puisse illuminer au passage un être qui vit et que la mort attend. Tandis que les choses soumises au régime de la vie ont pour caractère essentiel de passer par des périodes d'accroissement et de déclin, tout ce qui se trouve en dehors de ce régime, au dessus et au dessous, comporte la durée indéfinie et dans certains cas le progrès indéfini.

D'un autre côté, si la Nature a mis, comme nous avons tant de motifs de le croire, une ligne de démarcation tranchée entre les lois du monde physique et celles qui gouvernent les phénomènes de la vie, il est de toute évidence que, ni l'homme individuel, ni les sociétés humaines ne sortent brusquement des conditions de la vie organique ou animale pour se placer aussitôt sur le terrain du rationalisme, pour entrer de plein saut dans ce monde idéal que la pure raison gouverne. De là un mélange de faits très-différents de nature et d'origine, dont la trame offre des tissus distincts, quoique connexes et sujets à s'enchevêtrer ou à se pénétrer mutuellement, selon l'image que l'anatomie nous fournit. De là, pour nous aider d'une autre image, quelque chose d'analogue à ce qu'on a longtemps connu en géologie sous le nom de *terrain de transition*. Voilà pourquoi, au lieu de la division tripartite que le titre seul du présent Essai semblait nous imposer, nous adoptons une division en *quatre* sections, en affectant cette *troisième section* à l'étude des conditions et des formes sous lesquelles s'opère le passage du pur vitalisme au rationalisme pur.

§ 2. — Des raisons de faire passer l'étude psychologique des sociétés humaines avant celle de l'homme individuel.

On ne peut se rendre compte du développement de l'homme individuel, si l'on n'a continuellement égard à l'influence du milieu social au sein duquel il se développe, de même qu'à la transmission héréditaire des qualités développées antérieurement sous une pareille influence. La langue est l'instrument de la pensée, le vêtement ou le moule des idées, et les langues sont le produit de la vie sociale, non de la vie individuelle. Car les sociétés humaines, dès qu'elles ont pris un commencement d'organisation, deviennent aussi des êtres qui vivent à leur manière, sous l'empire de lois communes à tous les organismes vivants, en s'agrégeant et en abandonnant continuellement des molécules intégrantes, des monades vivantes, qui viennent à tour de rôle concourir aux fonctions du tout organisé et s'imprégner de la vie commune.

Que l'homme ne cesse pas d'être animal en devenant homme, pas plus que l'on ne cesse d'être homme en devenant roi, c'est une remarque si facile à faire qu'on a dû la faire de tout temps, malgré le penchant que nous avons tous à passer volontiers sous silence ce qui nous flatte peu; mais, ce que l'on commence seulement à comprendre (1), c'est qu'il y ait une sorte de vie pour ces êtres collectifs qu'on appelle des races, des peuples, des nations : vie qui a ses fonctions, ses organes, et qui tend inconsciemment ou avec une conscience très-obscure à des fins qui lui sont propres; quoiqu'elle se rabaisse à certains égards, comme la suite le montrera, jusqu'à ressembler moins à la vie de la personne humaine qu'à celle de l'animal ou

---

(1) Bien entendu que cette importante idée ne laisse pas que d'apparaître comme par éclairs, à des époques déjà lointaines. Ainsi, dès le temps de la *Ligue*, les auteurs de la *Satyre Ménippée* en faisaient, dans l'intérêt de leur parti, de fort judicieuses applications à la politique. « On peut faire des sceptres et des couronnes, mais non pas des rois pour les porter ; on peut faire une maison, mais non pas un arbre ou un rameau vert ; il faut que la Nature le produise par espace de temps, du suc et de la moelle de la terre, qui entretient la tige en sa séve et vigueur. »

même de la plante. Et pourtant il arrive que la vie supérieure de l'homme individuel, de la personne humaine, doit son développement bien plus aux conditions de la vie sociale qu'aux conditions organiques de la vie inférieure et animale de l'homme individuel. Homère (s'il y a eu une personne du nom d'Homère) était le reflet de la vie sociale des Hellènes de son temps, plutôt que le produit de la combinaison de quelques éléments anatomiques. Newton a dû d'être Newton, bien moins à quelques détails de la structure de son cerveau, qu'à la vie qui animait l'Angleterre du dix-septième siècle, whig, protestante, savante, à la vie dont on vivait au sein de l'Université de Cambridge, de la Société royale de Londres et de la Chambre des Communes. On a appelé Bossuet un Père de l'Église; il serait encore plus juste de l'appeler un fils de l'Église, car le génie du fils reproduit en les embellissant tous les traits du génie de la mère. Si par fois les facultés supérieures de l'individu agissent puissamment sur la société, il arrive plus souvent que la société réagisse sur l'individu en tirant de ses facultés tout ce qu'elles peuvent donner.

Cependant M. Stuart Mill veut que l'on range parmi les fausses analogies (1) « le *dictum* commun que les corps politiques ont, comme les corps naturels, une jeunesse, une maturité, une vieillesse et une mort. » Il admet « que les corps politiques meurent, mais que c'est de maladie ou de mort violente. » A notre tour nous pourrions demander à l'éminent logicien comment il

---

(1) *Système de logique*, liv. V, ch. 5, t. II, p. 370 de la traduction française.

distingue les symptômes d'une maladie lente de ceux de la vieillesse, et s'il faut s'étonner qu'on ne cite guère de corps politique mort précisément de vieillesse, quand ce genre de mort est si rare, même chez les hommes que la mort fauche par millions. Au reste M. Stuart Mill se réfute lui-même lorsqu'il dit un peu plus loin (p. 510) : « Les états de société sont comme les différentes constitutions ou *les différents âges* du corps; ce sont des conditions, non d'un ou de plusieurs organes ou fonctions, mais de l'organisme tout entier. » Et plus loin encore (p. 524) : « La troisième condition essentielle de stabilité dans une société politique est l'existence d'un *principe vivant et actif* de cohésion entre ses membres. » On le voit, il est impossible de se soustraire à la force de cette analogie dont l'auteur a médit. Au reste, dans le corps politique comme dans les autres corps vivants (p. 92), tout ne vit pas au même degré; et pour ce qui ne vit pas, les lois de l'ordre physique s'appliquent, non celles de la vie. L'histoire d'une ville, en tant que ville, diffère de celle de la cité, et leurs époques de splendeur ou de grandeur ne sont pas les mêmes : Rome, Venise, ne vivent plus comme cités et subsistent comme villes. On ne peut pas dire d'une nation, d'un État, tout ce que l'on dirait d'une ville; et pourtant la destruction de l'État ne fait pas disparaître les populations que l'esprit national animait, que la force de l'État rassemblait en un même organisme politique, et qui peuvent avoir d'autres liens encore subsistants, tels que ceux de la langue, de la religion et des mœurs.

On connaît la théorie d'Aug. Comte et de son école au sujet de la superposition des sciences : la science supérieure ne pouvant prendre un commencement de constitution qu'après que la science inférieure, d'une nature moins compliquée, est déjà constituée suffisamment ; et la distinction des deux assises ne s'imposant à l'esprit humain que parce que la constitution de la science supérieure implique l'admission de forces ou de lois spéciales dont la science inférieure ne donne pas la raison ou l'explication. Comte donne pour exemple le passage des sciences physico-chimiques à la biologie, en quoi il est pleinement dans le vrai. Il arguë encore du passage de la biologie à ce qu'il baptise du nom barbare de *sociologie,* et selon nous ce second exemple porte à faux. La psychologie supérieure de l'homme, comprise par Comte dans l'assise biologique, suppose la sociologie, autant au moins que la sociologie suppose la donnée biologique des besoins et des facultés de l'homme individuel. Il y a là enchevêtrement plutôt que superposition ; et de fait Aristote, Machiavel, Vico, Montesquieu ont fait preuve d'une certaine force en sociologie, bien avant que les sciences biologiques, et même bien avant que les sciences physico-chimiques eussent pris un commencement de constitution. La raison en est qu'il n'y a rien de plus clair pour l'esprit humain, rien qui impose moins la surcharge d'un nouveau mystère, d'une nouvelle donnée irréductible, que l'explication du *mécanisme social.* Qui ne sent au contraire qu'en passant des phénomènes de la vie aux faits sociaux, on est en train de passer d'une région relativement obscure à une région relativement éclairée ? On reste encore dans la pénombre pour tout ce qui relève du principe de vie, pour tout ce qui compose au vrai sens du mot l'*orga-*

nisme social : mais bientôt on en sort pour arriver à ce qu'on a successivement appelé la statistique, l'arithmétique sociale, la physique sociale, et même à des théories économiques qui ont un air de parenté avec les mathématiques pures, en ce qu'elles peuvent être poussées assez loin par les seules forces du raisonnement et du calcul. Nous avons déjà parlé (p. 97) de cette remarquable récurrence que l'école de Comte ne paraît pas avoir soupçonnée. Qu'est-ce que le progrès indéfini que comportent les sciences, l'industrie, en un mot les choses qui s'accroissent par juxta-position plutôt qu'elles ne croissent ou ne se développent au vrai sens du mot, sinon (p. 95) le retour à l'ancien aphorisme linnéen *mineralia crescunt*? Et si les choses qui s'accroissent ainsi, à la manière des corps inorganiques, finissent par prévaloir sur celles qui vivent et ne se développent organiquement que sous la condition de s'user et de dépérir, n'est-ce point là un fait dont la cause est évidente, plutôt qu'une loi spéciale qui imposerait à l'esprit la surcharge d'un postulat nouveau?

Quand on cherche à se rendre compte de l'éducation des facultés supérieures de l'homme et de l'humanité, convient-il de passer de l'étude de l'homme individuel à celle des sociétés humaines, ou inversement d'étudier le développement des instincts supérieurs, des facultés supérieures, d'abord dans la société, puis dans l'individu? Il semble que nous ayons déjà répondu à la question en soutenant que l'homme individuel reçoit encore plus de la société que la société ne reçoit de l'individu : ce qui revient assez à ce *dictum* aujourd'hui vulgaire, « que quelqu'un a plus d'esprit que Voltaire, et que ce quelqu'un, c'est tout le monde. » Mais nous avons de meilleures raisons à alléguer que ces raisons de plus et de moins. Sans doute l'homme physique a un mode d'existence qui tombe plus immédiatement sous les sens que le mode d'existence et de vie des sociétés humaines : tandis qu'au rebours nous connaissons l'animal et la plante, (aujourd'hui réputés scientifiquement des agrégats des cellules, bien avant que de connaître la cellule. Mais, lors même que la cellule élémentaire aurait attiré l'attention de l'homme avant l'animal ou la plante, il y aurait une raison de faire passer l'anatomie, la physiologie de l'animal ou de la plante avant l'anatomie et la physiologie de la cellule; et cette raison consiste en ce que la spécialité des fonctions et des organes, l'attribution de fonctions déterminées à des organes déterminés, sont bien plus manifestes dans le végétal ou l'animal complet que dans la cellule élémentaire. Or, il se trouve aussi que l'attribution de fonctions déterminées à des organes déterminés apparaît bien plus nettement dans l'organisme social que dans l'organisme individuel. Nous voyons dans les sociétés humaines des Conseils de gouvernement, des agents d'exécution, des juges, une force publique : cela n'est-il pas plus distinct, plus net que les analyses de nos psychologues à propos de facultés correspondantes chez l'homme individuel, facultés que l'on ne sait pas rapporter à des organes spéciaux, et que l'on n'isole tant bien que mal qu'avec le scalpel du langage, instrument dont les indications sont si sujettes à l'ambiguïté et à l'erreur?

Platon et Aristote distinguaient déjà subtilement la science (ἐπιστήμη) et l'opinion (δόξα) qui n'étaient pourtant, ni la *science* dans le sens moderne du mot, ni l'*opinion* dans un sens plus moderne encore. Pour eux il n'était pas question de la *foi* qui plus tard a tant occupé les théologiens et les philosophes, à l'effet de bien déterminer, chez la personne humaine, le domaine, les limites et les attributions respectives, tant de la foi que de l'opinion et de la science. Mais, contemplez l'histoire des sociétés humaines : alors il ne s'agira plus d'entités métaphysiques, distinguées à la faveur d'analyses plus ou moins subtiles, plus ou moins contestables. Vous aurez en face de vous des puissances très-nettement reconnaissables, qui se disputent effectivement le gouvernement de la société, qui ont leurs champions et leurs martyrs, qui luttent avec des forces inégales selon les temps et les lieux, qui gagnent et perdent visiblement du terrain, contre lesquelles on se révolte ou dont on subit le joug.

Ce qui continue effectivement, dans l'ordre des faits humains, la trame scientifique sur laquelle nous avons constamment les yeux fixés dans la présente esquisse, c'est donc l'étude de la vie sociale et de ses organes, plutôt que l'étude des facultés de l'homme individuel, dès qu'on cesse de pouvoir les rapporter à des organes déterminés. Car telle est la raison pour laquelle la psychologie des psychologues reste dans un état d'enfance dont il faudra bien nous rendre compte plus loin, au risque d'irriter les préjugés d'école, qui ne sont pas les moins irritables de tous.

§ 3. — Des langues.

Si l'homme individuel a pour l'un de ses principaux caractères la *parole* ou la faculté d'apprendre à exprimer par des sons articulés ses idées, ses affections, il faut remarquer que la *langue*, qui n'est pas un caractère de l'individu, entre pour la part la plus considérable ou la plus fixe dans la caractéristique des races ou des autres groupes ethniques, au point qu'il n'y a pas d'*ethnographie* sans *linguistique*, et qu'après tant de brassements des populations l'idiome contribue, bien plus qu'une généalogie incertaine, à établir des rapprochements ou des séparations dans la grande famille humaine. C'est une cause de triage machinal ou de sélection naturelle au sens de Darwin, à la faveur de laquelle les caractères différentiels du groupe ethnique vont en se consolidant et en s'accusant davantage. De plus il doit arriver que les caractères de la langue, en imprimant au travail de l'esprit une direction particulière, fortifient en lui certaines aptitudes ou en paralysent d'autres : le tout durant une assez longue suite de générations pour créer un caractère ethnique aussi persistant et reconnaissable que ceux qui tiendraient à l'infusion d'un même sang.

Recueillez des enfants au berceau et transportez-les au sein d'une population étrangère : ils en apprendront la langue et la parleront comme ceux dont elle est, au sens propre du mot, la langue maternelle. Il faudrait qu'ils appartinssent par le sang à une race bien anciennement, bien profondément séparée de celle qui les adopte, pour qu'on eût des signes certains de conformations organiques qui les empêchent de reproduire exactement, comme les naturels pourraient le faire, tels sons, telles articulations; et en tout cas il suffirait d'un petit nombre de générations pour effacer tout vestige des aptitudes organiques, des répugnances héréditaires. Mais, comme la langue est surtout un organe intellectuel, on s'apercevrait bien plus aisément de l'inaptitude des intrus à entrer en pleine possession d'une langue dont les délicatesses, les subtilités, les richesses ne sont point en rapport avec les conditions organiques de leur développement intellectuel, telles qu'ils les tiennent de leurs ancêtres. Ils ne prendraient de la pâture intellectuelle mise à leur disposition que ce que leurs estomacs en peuvent porter ; et s'ils formaient un groupe reconnaissable, on s'apercevrait que la langue introduite y a dégénéré. C'est le cas du patois de l'esclave nègre, voulant parler la langue de ses maîtres.

Il a fallu que l'instinct populaire eût déjà conduit les langues à un assez haut degré de perfection organique, pour qu'elles se prêtassent à la culture réfléchie de toutes les facultés supérieures de l'homme, et en particulier du langage. Il en est résulté, sitôt après l'invention de l'écriture, la *grammaire* et la littérature proprement dite, que tous les peuples policés ont connues bien avant que de songer à l'histoire naturelle des langues, ou à la *linguistique* dont le nom même ne date que de ces derniers temps. Dans l'élaboration instinctive ou populaire des langues, dans celle qui en a dessiné les traits primitifs et essentiels, chaque génération apporte son tribut, chaque individu son concours, sous le voile de l'anonyme et selon la portée de son influence. La langue devient une sorte de tissu vivant, ourdi par des molécules ou des monades vivantes. Il ne faut donc point s'étonner si les langues, avant que de devenir l'objet d'une culture réfléchie, offrent un genre de beauté qui contraste avec la parure littéraire, de même que les beautés de la Nature contrastent avec celles de l'art, supérieures à certains égards, inférieures à d'autres : les unes et les autres ne comportant pas de mesure, chacune dans son genre, ni à plus forte raison de commune mesure.

On a objecté que la vie ne peut être attribuée aux langues que dans un sens métaphorique et qu'on ne doit pas abuser de la métaphore. Mais d'abord il faut distinguer entre ce qui vit et ce qui est le produit de la vie. L'œuf non fécondé, la coquille du mollusque ne vivent pas, à proprement parler, mais ce sont des produits de la vie qui en gardent le cachet et qui appartiennent à la caractéristique de l'espèce, aussi bien que le plumage de l'oiseau et la robe du mammifère, aussi bien que les organes le plus franchement doués de vie et de sensibilité (p. 96). Et puis la langue n'est pas un de ces produits que la vie abandonne après les avoir formés : la vie préside au travail incessant de développement et d'entretien dont la langue est l'objet, jusqu'à l'heure du dépérissement, ou jusqu'à ce que, perdant toute plasticité, elle ait cessé d'être un organe pour devenir un engin, un outil, ainsi qu'il arrive à d'autres organes vivants, par exemple à la dent de l'éléphant qui devient une arme ou au bourgeon qui devient une épine. Enfin, si la manière de vivre de la langue ne ressemble guère à celle de l'animal des classes supérieures, elle ne s'éloigne déjà pas tant de la manière de vivre du polypier, du lichen, de la plante, de l'arbre. On pourrait dire aussi que c'est par métaphore qu'il est question en physique de *forces*, d'*attractions*, d'*affinités* (p. 107, 110), ce qui n'empêche pas les physiciens, les chimistes d'employer ces termes à bon escient et à bon droit, par abstraction plutôt que par métaphore ; c'est-à-dire en abandonnant ce qui parle à l'imagination pour ne retenir et n'employer dans la construction scientifique que la pure idée. Or, l'idée pure qui s'attache au mot *vie* est l'idée d'un principe d'organisation instinctive; et le fait incontestable, c'est que l'instinct préside à la formation des langues, et que les langues offrent partout la marque d'une origine et d'une structure organiques. Quant à demander où gît la monade, l'entéléchie qui préside à l'organisation de la langue et en suscite les évolutions, autant vaudrait, ce nous semble, demander où gît la monade dominante ou l'entéléchie du rosier (p. 105).

On voit que lorsque les philosophes et les théologiens discutaient sérieusement la question de savoir si les hommes ont pu inventer les langues ou si Dieu, en créant l'homme habile à parler, lui a donné du même coup la langue toute faite, au fond il s'agissait de savoir si la langue est le produit d'un travail instinctif, d'une énergie vitale, ou si l'homme, supposé capable de mettre en œuvre ses facultés supérieures avant d'être en possession du langage, a pu s'en servir pour se fabriquer de toutes pièces une langue, à peu près comme il se fabrique des armes, des outils, une maison. Or, la découverte de la linguistique a positivement tranché la question, et de plus elle nous a fait pénétrer assez avant dans les origines des langues pour jeter quelque jour sur le mystère d'origines même plus reculées.

Quand de nombreuses réunions d'hommes, des corps d'armées, des rassemblements d'émigrants, de condamnés sont transportés dans des lieux jusque-là déserts ou peu fréquentés, tous éprouvent à la fois le besoin de donner des noms à une foule d'objets qui n'en avaient pas. Bientôt, sans que d'ordinaire on sache à qui l'initiative revient, sans qu'on ait rien mis aux voix, tous les objets portent des noms acceptés et qui, sauf des changements de prononciation, pourront passer à la postérité la plus reculée, vu qu'il n'y aura plus de raison suffisante pour se mettre en frais d'invention et pour rompre des habitudes acquises. L'invention ou la création cessera dès qu'elle ne sera plus nécessaire : de même qu'on voit, dit-on, dans les contrées intertropicales où l'espèce peut se perpétuer à l'état d'herbe vivace, le blé cesser de se mettre en frais de fructification comme dans nos climats où la fructification exige le sacrifice de l'individu, en concentrant dans la graine les matières azotées et phosphorées, disséminées dans toutes les parties de la plante.

Ainsi nous voyons des fleuves, des rivières et jusqu'à de chétifs ruisseaux conserver après trois mille ans des noms empruntés aux langues que parlaient alors les populations riveraines, et que d'autres langues ont remplacées. Par suite de quelque ressemblance physique le même nom d'*Isar* ou d'*Isère*, donné par des Celtes, sera encore aujourd'hui le nom de deux rivières dont l'une coule en terre allemande et l'autre en pays roman. Si par exception le même objet a reçu deux noms, l'un des deux noms disparaîtra, à moins qu'on ne trouve le moyen de les appliquer au même objet envisagé sous deux aspects différents. Ainsi pour les mots de *Garonne* et de *Gironde* qui ne diffèrent que par des variantes de prononciation, et dont l'un a fini par s'appliquer au fleuve même, l'autre à l'estuaire qui en est le prolongement. A défaut d'une distinction de ce genre, l'instinct n'a pu tolérer la concurrence des deux mots celtiques *Arar, Sacauna*, usités aux temps gallo-romains, pour désigner le même objet, la *Saône*, et le premier a totalement disparu.

Qu'il y ait des circonstances moins propices que d'autres à l'invention ou à la conservation en fait de mots, on n'en saurait douter quand on voit nos bons aïeux, après avoir laissé perdre les mots latins, si utiles pour les relations domestiques, de *socer, socrus, vitricus, noverca, privignus, privigna*, ne rien trouver de mieux pour les remplacer que les sots euphémismes de *beau-père, belle-mère, beau-fils, belle-fille*, sans distinguer entre des modes d'alliance que le latin distingue avec raison, car on ne peut aller bien loin en commençant si mal. Voilà pourtant une défectuosité de naissance ou de bas âge, destinée à durer autant que la langue.

De même que nos sensations s'émoussent par l'habitude, ainsi les mots perdent de leur valeur ou de leur force expressive, comme des pièces de monnaie s'usent par l'usage même que l'on en fait. Et pendant que tels mots s'usent, d'autres contractent des souillures qui les font pareillement rejeter. Notre mot *garçon* a eu un féminin dont on n'ose plus se servir : il a fallu le remplacer par le mot *fille*, détourné de son acception primitive, sauf à exposer celui-ci au même déshonneur. C'est ainsi que le vocabulaire, tantôt s'enrichit et se précise, tantôt s'appauvrit et se corrompt.

Une création qui ne porte que sur le vocabulaire est d'ailleurs bien mesquine, comparée à celle qui a pour objet les formes grammaticales, ou ce qui constitue vraiment la trame organique dont les mots remplissent les mailles. Celle-là qui se continue encore sous nos yeux, ressemble davantage au mode de croissance de l'individu dont le type est déjà arrêté : celle-ci est bien plus ancienne, bien plus secrète, et nous rappelle plutôt la genèse des espèces ou des types organiques. Plus les origines sont reculées, plus le type nous semble pur, harmonique dans ses diverses parties, impossible à reproduire dans les conditions actuelles de l'humanité. Quelques patois pourront encore se cultiver et se polir, d'autres se corrompre ou s'abâtardir davantage, mais on ne conçoit pas la possibilité de refaire l'hébreu biblique, le sanscrit des Brames, le grec d'Homère, ni quelque chose qui y ressemble. L'âge de pareilles formations est passé comme celui des ammonites et des ichthyosaures. En général les langues en vieillissant et en continuant de s'accroître syncrétiquement, par juxtaposition, vu que le progrès de la civilisation l'exige, s'appauvrissent organiquement, de sorte que ce mode d'appauvrissement est sensible, même avant l'apparition de la culture littéraire. Et il est heureux qu'il en soit ainsi pour que la langue, moins prompte à se dégrader dans la bouche du peuple, conserve plus longtemps le genre de perfection que lui a donné la culture. Car, à cet égard, les langues ressemblent aux autres types organiques : ce qui ne serait pour l'être organiquement inférieur qu'une cause de mutilation ou d'abaissement, devient une cause de mort pour l'être plus haut placé dans l'échelle organique. Ainsi ont péri sans retour la plupart des langues dites « à flexions », les plus nobles de toutes.

Même au sein d'une civilisation très-avancée, la langue populaire, la langue de l'instinct, celle qu'on peut regarder comme franchement vivante, ne se confond pas absolument avec la langue littéraire ou cultivée. Nous avons en français, outre des formes grammaticales que l'oreille du peuple rejette et qui ne se maintiennent que grâce à la férule du grammairien, quantité de mots que le peuple entend tant bien que mal, mais qu'il n'emploie jamais. La plupart ont été repris au latin par nos lettrés vers les temps de la Renaissance, quand le travail organique de la langue était achevé ; et, (chose singulière) cette partie de la langue, uniquement due à la culture, n'est pas moins sujette que la langue populaire à pécher contre l'analogie. Ainsi l'on dira *adhérence* au sens physique et *adhésion* au sens moral ou figuré ; tandis qu'il faut dire *cohérence* ou *incohérence* au sens figuré et *cohésion* au sens physique.

Quoique l'on n'observe nulle part et que l'on ne conçoive guère de civilisation sans culture littéraire, l'une et l'autre ne sont point assujetties à marcher du même pas, ce qui oblige de distinguer entre l'influence qu'exerce sur la langue le mouvement général de la civilisation, et celle qui tient directement à la culture littéraire. Même en l'absence de modèles littéraires, le progrès de la civilisation tendrait à fixer la langue, pour l'accommoder aux conditions du progrès indéfini. A mesure que les langues se fixent elles perdent de leur vie propre, l'organe devient un instrument, un outil ; et c'est par là qu'elles échappent à la loi fatale des organismes vivants, en devenant capables de durer, tant que des causes externes n'en carient pas la charpente et n'en disloquent pas les maîtresses pièces. Or, l'état de civilisation avancée rend cette dislocation impossible, justement parce que les langues sont des instruments dont on ne peut se passer, qui fonctionnent sans interruption et qu'il faut bien entretenir avec soin puisqu'on ne peut les fabriquer de toutes pièces.

Quant à la langue littéraire, elle se développe et se fixe (autant qu'elle peut se fixer) d'après des conditions organiques propres à chaque idiome, et surtout à la faveur de certaines circonstances historiques où le hasard a grande part. Le propre des langues littéraires est d'avoir un âge d'or, un âge classique qui cadre nécessairement avec l'âge d'or de la littérature, puisque c'est celui où les grands écrivains expriment avec le sentiment le plus vif du génie et des ressources de leur idiome, des idées, des sentiments communs à tous les hommes. Le déclin doit venir ensuite par une double raison : l'une qui tient à ce que la langue s'altère en perdant de son originalité; l'autre qui agit sur les artistes en littérature comme sur les artistes en tout genre, et qui tient au besoin de faire autrement, sauf à faire moins bien.

§ 4. — Des religions.

Les instincts religieux sont presque aussi naturels à l'homme que la parole, à ce point qu'on en retrouve des traces chez les peuplades les plus sauvages (p. 176), et qu'après avoir fourni le fond même de la civilisation des nations plus avancées, les institutions religieuses sont encore ce qui se soutient le mieux ou le moins mal, dans l'état de caducité ou de décadence des autres institutions. A cet égard la Chine bouddhiste, l'Asie musulmane comme l'Europe chrétienne peuvent servir d'exemples. La longévité des religions est ce qui approche le plus de la longévité des langues, si même elle ne la surpasse. Puisque la même longévité ou des longévités de même ordre semblent appartenir à des religions si visiblement inégales quant à la valeur de leurs principes, de leurs dogmes, de leurs rites, de leurs préceptes, il faut bien chercher la raison de cette longévité dans un ordre de faits naturels ou purement humains, dans un besoin permanent de croyances religieuses qui succède à la crise d'où les religions sont sorties, et dans l'autorité de la tradition nationale ou domestique (*mos majorum*), d'autant plus décisive que l'homme pris individuellement se sent plus incapable de choisir entre les religions établies, ou de munir de l'autorité suffisante celle qu'il serait tenté d'inventer pour son propre usage.

De même que la critique distingue la langue populaire, la seule vraiment vivante, d'avec la langue littéraire, grammaticale ou cultivée, ainsi il importe de distinguer la religion populaire (à laquelle les masses s'attachent tout en la modifiant à la longue, ou sur laquelle, comme sur un vieux tronc, viennent successivement se greffer des dévotions moins durables) d'avec celle des théologiens et des docteurs où le dogme se définit, se précise et par cela même se conserve mieux, mais pour l'enseignement de l'école plutôt que pour le régime de la vie pratique. Car chacun sent la nécessité d'insister moins sur ce qui paraîtrait trop dur, de tolérer certains adoucissements, de faire à la dévotion populaire de nombreuses concessions, et parfois même de l'encourager afin d'y puiser la force qui ne saurait venir que du peuple. C'est faute de distinguer entre l'enseignement dogmatique des religions et les croyances populaires, que les philosophes ont eu si souvent la mortification de voir survivre à leurs systèmes des religions qu'ils auraient voulu faire passer pour mortes, et qui en réalité conservaient une vitalité bien étrangère à leurs systèmes. C'est par suite de la même confusion que des hommes pieux, éloquents, ont méconnu l'affaiblissement graduel de croyances qui leur étaient chères, en prenant pour une rénovation ou une restauration religieuse des mouvements d'idées, des vogues littéraires, des succès oratoires auxquels le peuple reste étranger, et qui n'ont pas la vertu de le tirer de cette tiédeur à laquelle le froid de la mort menace de succéder tôt ou tard.

L'état religieux des populations dépend tout à la fois de l'action des croyances populaires sur le petit nombre de ceux que leur nature dispose à en ressentir plus vivement l'impression, et de l'action que ces personnes d'élite exercent à leur tour sur les masses populaires (p. 193). De là, quand après le temps de première ferveur les institutions religieuses s'organisent, l'établissement d'un sacerdoce professionnel et d'une hiérarchie ecclésiastique, la séparation du troupeau et des pasteurs, des laïques et des clercs, de la vie du siècle et de la vie claustrale ou ascétique. Par suite de fortes convictions, par zèle ou par esprit de corps, quelques personnes en viennent à tout subordonner à leur foi religieuse, soit dans les institutions sociales, soit dans la vie individuelle : tandis que le sens commun, l'instinct des masses s'obstinent au contraire à subordonner la religion aux besoins de la société, à ne voir dans les croyances et les institutions religieuses que leur action sur les mœurs publiques et privées, leur but social, leur vertu politique. Quelques esprits sceptiques s'abusent même au point d'en conclure que la religion n'est qu'une invention de la politique, en quoi ils méconnaissent gravement les enseignements de l'histoire, les besoins de la nature humaine et l'*innéité* des instincts religieux. Mais l'excès contraire n'est pas moins funeste et n'a que trop contribué à tourmenter les hommes par l'aliment qu'il donne au fanatisme. Au fond c'est ici le cas d'appliquer le principe que les sociétés humaines vivent d'une vie inférieure à la vie de l'individu (p. 189), d'une vie bornée dans le temps, confinée dans le monde terrestre et sensible, qui n'emprunte et ne doit effectivement emprunter aux choses d'en haut que ce qui est utile et bon pour la fin qui lui est propre. Voilà en définitive tout ce que l'autorité sociale protége et tout ce qu'elle est tenue de protéger dans les croyances et les institutions religieuses, sans que pour cela il faille la taxer d'irréligion ou d'indifférence, et sans qu'elle soit non plus religieuse au sens élevé du mot, au sens qu'y attachent ceux pour qui la religion est le but suprême ou, selon la formule technique, « la fin de l'homme ». Telle est la règle qu'ont toujours suivie d'instinct les vrais politiques dans leurs tolérances comme dans leurs intolérances. Et si l'autorité religieuse suit plus ou moins les mêmes règles, avec les ménagements que sa situation lui commande, on aurait tort de taxer « d'accommodements » ce qui n'est qu'un « tempérament » bien justifié par la double participation des institutions religieuses à la vie de la société et à la vie de la personne humaine, prise dans son individualité.

On peut conclure de là que, si le pouvoir civil a bien raison de rester neutre dans les débats théologiques ou dogmatiques qui n'intéressent en rien la société civile, il manquerait à ses devoirs en refusant toute protection, tout soutien à l'institution religieuse, sous prétexte de lui rendre toute son indépendance, ou pour conserver avec moins de peine sa propre indépendance. Car il proclamerait par là que la religion est absolument étrangère aux fonctions de la vie sociale; qu'elle n'existe que pour l'individu ; et même que le pauvre qui, selon les modernes docteurs, a tant de créances sur la société, n'en a aucune en ce qui concerne les secours religieux, pour le perfectionnement de sa nature ou le soulagement de ses misères.

Les réformateurs et les novateurs ont voulu souvent, mais à tort, tirer parti contre une religion des contradictions supposées entre l'enseignement primitif de cette religion, lorsqu'elle n'était encore qu'une secte ou une communauté d'enthousiastes, et les doctrines ou les pratiques de cette même religion devenue une « religion établie », une institution sociale. En bonne règle, tout le période primitif d'incubation ou de fermentation religieuse, relève de la psychologie individuelle ou de la philosophie de l'esprit humain, nullement de la philosophie de l'histoire au sens propre du mot, de celle qui retrace les destinées des peuples et la marche de leurs institutions. Il est permis de regarder les hallucinations de Luther, ses luttes avec le diable, ses emportements de controversiste, comme quelque chose d'étranger à l'histoire du protestantisme « établi », tel qu'il a pris plus tard à Augsbourg, à Genève, en Hollande, en Angleterre, en Amérique, les caractères d'un grand phénomène historique, tout à fait sorti des langes de la psychologie individuelle.

La même remarque trouverait au besoin son application en sens inverse au déclin des religions. Une religion pourrait avoir perdu toute part au gouvernement de la société, et en ce sens avoir cessé de vivre historiquement, quoiqu'elle eût encore ses croyants, ses dévots, ses enthousiastes dont le nombre, si réduit qu'il fût relativement, suffirait (au sens dogmatique) pour motiver la croyance à l'indestructibilité d'une religion. C'est peut-être ainsi que l'entend un janséniste d'Utrecht.

Au début, la religion est un culte domestique qui bientôt se subordonne au culte de la tribu, de la cité, et qui finalement, par le progrès des institutions civiles, par la contagion de l'exemple, prend les caractères d'une institution nationale. En cela les religions conservent de l'analogie avec les langues, et aussi en ce que les unes et les autres proviennent du développement de germes préexistants, grâce à des circonstances propices, presque toujours remarquables par leur singularité. Mais les religions diffèrent des langues en ce qu'elles offrent des caractères de supériorité ou d'infériorité bien plus marqués : ce qui fait qu'elles sont susceptibles de s'étendre par prosélytisme aux dépens les unes des autres, sauf à se ramifier en sectes; quoique toujours de manière à réduire le nombre des religions essentiellement distinctes, bien plus que ne pourra jamais être réduit le nombre des langues, même abstraction faite des variétés de patois ou de dialectes. Il faut bien sans doute que toutes les religions populaires s'accommodent plus ou moins à tous les instincts de la nature humaine, aux plus délicats comme aux plus grossiers : toutefois elles sont loin de s'y accommoder aussi bien les unes que les autres ; et il vient des moments critiques où une inégalité trop marquée est une cause de révolution religieuse ou de conversion en masse et d'absorption du faible par le fort; après quoi l'on ne connaît plus que des conversions sporadiques. Plaute parle dans le prologue du *Rudens*, presque sur le ton d'un prophète hébreu, du Dieu qui juge les justices, qui tient registre des actions des hommes, et que l'on ne trompe ni ne gagne par des offrandes et des sacrifices. Or, chacun sait comment il traite ailleurs le grand Jupiter, et il fallait bien dès lors qu'il vînt un temps où le vieux levain d'Israël rendrait insupportables, même au vulgaire, les fables licencieuses du polythéisme gréco-romain.

De là l'évènement le plus considérable dans l'histoire de l'humanité : la chute des religions nationales et l'établissement des grandes religions prosélytiques qui appellent à elles tous les hommes sans distinction de castes, de races ou de nationalités, sans égard à tout ce qui dans l'homme est réputé charnel ou périssable. De là aussi l'idée de deux pouvoirs, l'un qui règle la société civile conformément aux mœurs et aux traditions nationales, l'autre qui règle la communion ou la société religieuse, et qui ne peut manquer de réclamer la prééminence qui paraît due à l'esprit sur la chair, aux institutions et aux intérêts d'en haut sur les institutions et sur les intérêts terrestres. On comprend que, plus le pouvoir religieux perd de sa force propre, plus la religion du pays a de tendance à perdre de son œcuménicité pour reprendre, avec leurs avantages et leurs inconvénients, les caractères d'une religion nationale. D'autres fois, et c'est ce qui arrive de nos jours aux chrétientés d'Orient, aux Guèbres de l'Inde, aux Juifs de tous pays, la dispersion, l'exil ont tellement affaibli le principe de la vie nationale, que l'affiliation à la même communion religieuse remplace la nationalité.

Non-seulement des religions prosélytiques en très-petit nombre ont fait prévaloir leur domination sur l'immense majorité de la famille humaine, mais l'une d'entre elles a si exceptionnellement présidé à l'enfantement du monde moderne et à l'avénement d'une civilisation supérieure, élaborée au sein des nations européennes, que l'on ne sait s'il convient mieux, eu égard aux origines, de donner à cette civilisation supérieure le nom de civilisation européenne ou celui de civilisation chrétienne. Quoi qu'il en soit, et de quelque manière qu'ait été façonné le monde moderne, on peut être assuré qu'il ne quittera pas le christianisme pour telle autre des religions actuellement établies. Il n'est pas non plus permis de croire que l'on pourra, en pleine civilisation moderne, fabriquer de toutes pièces une religion nouvelle, pas plus qu'une langue nouvelle (p. 202). Le saint-simonisme n'a été qu'un proverbe de salon joué par des gens d'esprit; et par une raison contraire, c'est-à-dire par excès de grossièreté ou de sauvagerie, la religion du Lac Salé, celle des *Tac-Ping*, ne peuvent pas convenir à nos sociétés polies. Il n'y a donc plus lieu de distinguer, au point où en sont les choses, entre la cause de la Religion et la cause du Christianisme : il faut se soumettre à l'un ou se passer de l'autre. Or, nous n'avons entendu parler dans ce paragraphe que *des religions* et non *de la religion*. Changer de point de vue, ce serait se placer en dehors de toute expérience historique, de toute investigation scientifique des faits naturels; ce serait outrepasser ce que nous appelons le terrain du rationalisme, terrain dont nous n'étudions encore que les approches. Quelques réflexions à ce sujet, si nous nous en permettons, trouveront donc mieux leur place à la fin de ce Précis.

§ 5. — Du droit et des institutions juridiques.

Les idées de *droit* et de *devoir* ne se correspondent pas aussi exactement que bien des gens l'ont dit. On parle du droit du vainqueur et non du devoir du vaincu, mais plutôt de son droit à prendre sa revanche. Entretenir l'homme de ses devoirs est la tâche du moraliste et du prédicateur : lui faire connaître ses droits est celle du jurisconsulte et du publiciste. Ici nous nous occupons du droit et non du devoir.

Le droit n'est pas non plus fondé sur la loi : c'est plutôt la loi dont l'autorité se fonde sur le droit reconnu du législateur. De même que la langue est antérieure à l'écriture et à la grammaire, ainsi le droit coutumier a précédé les lois écrites, les codes et les commentaires des légistes. On peut même dire que la multitude des lois écrites et leur changement fréquent sont l'indice le plus sûr que l'on n'a plus affaire à un droit populaire ou vivant de la vie du peuple; mais à un droit mort ou d'où la vie est sur le point de se retirer. A défaut de l'amour du droit indigène, le respect de la loi opère encore des effets salutaires : néanmoins la légalité perd beaucoup de son action bienfaisante là où ne subsiste plus qu'une foi tiède dans le droit du législateur.

Tous les peuples n'ont pas au même degré l'amour

ou le sentiment du droit, et des exemples célèbres, empruntés aux temps modernes comme à l'antiquité, montrent assez combien la vivacité du sentiment du droit, combien l'attachement au droit national donnent de vigueur à tous les organes de la vie sociale, contribuent à accuser les caractères historiques de la race et à assurer la prééminence d'un peuple sur ses rivaux. D'ailleurs il a été remarqué avec raison que, plus un droit a de singularité, plus on s'y attache. Le point d'honneur d'un sexe, d'une caste, d'une profession, les règles d'une corporation, d'un ordre, d'une société secrète, ont bien plus de pouvoir sur la plupart des esprits que le droit commun à tous les membres de la grande société. L'homme est plus jaloux des droits que lui confèrent les qualités de citoyen de telle république, de sujet de telle couronne, que de ceux qu'il partage avec le métèque, le forain, l'étranger de toute condition. Voilà pourquoi, malgré la prétention des écoles qui se disent philosophiques, il ne faut pas attendre grands effets d'une déclaration « des droits de l'homme », ni de l'appât d'une « égalité devant la loi » ou devant le droit. Aussi les habiles emploient-ils maintenant d'autres formules dont le sens est plus clair et qui touchent plus au vif ceux à qui elles s'adressent.

Dans les conditions de la vie sauvage où rien ne progresse, l'idée du droit est comme le reste à l'état stationnaire. Les choses se passent autrement chez les peuples barbares, qui, sitôt qu'ils apparaissent sur la scène de l'histoire, se montrent empressés d'écrire ou de faire écrire leurs coutumes, souvent dans la langue même des vaincus. C'est alors qu'en dépit de toutes les violences, et par une sorte de réaction contre ces violences mêmes, la qualité de grand justicier est célébrée presque à l'égal de celle de grand guerrier. Alors commence pour le droit l'ère d'évolution et de progrès, d'abord parce que l'état social subit des changements et que ce qui convenait ne convient plus; ensuite parce qu'il est de la nature des symboles, des formules ou des formes juridiques, de perdre de leur vertu expressive, comme les mots et les figures de la langue (p. 204), par l'usage même que l'on en fait. Quand le sens primitif du symbole est perdu de vue, il tombe en désuétude ou dégénère en une vaine cérémonie; et l'on peut craindre qu'il n'en arrive ainsi un jour au seul symbole juridique qui nous soit resté, je veux dire au serment. La formule ou la procédure qui n'atteint plus le but, qui n'est plus qu'une formalité gênante ou coûteuse, finit par être supprimée; la clause de style est omise comme une superfluité; et il faut inventer d'autres symboles, d'autres clauses destinées à s'user et à disparaître à leur tour. Quelquefois les changements, soit dans le fond du droit, soit dans les formes juridiques, s'opèrent lentement, par l'autorité des jurisconsultes et des tribunaux qui se font un mérite de respecter la vieille coutume ou la loi antique, tout en cherchant par des fictions juridiques à en éluder les applications lorsqu'elles paraissent choquer l'équité naturelle, ou n'être plus d'accord avec les besoins nouveaux de la société, avec les opinions en faveur. D'autres fois des réformes ou des innovations radicales s'opèrent brusquement, par l'autorité du législateur que les circonstances ont investi d'un pouvoir sans limites. D'une ou d'autre manière le droit tend à se rationaliser, à s'universaliser à titre de raison écrite, en se dépouillant de ce qui était le produit des instincts natifs ou de l'éducation de la race, pour s'approprier aux conditions générales de la nature humaine (*jus gentium*). Mais la raison, comme nous l'avons déjà insinué et comme la suite le fera mieux voir, n'est pas précisément la même chose que la logique; et au point de vue de la logique pure il y a de notables différences entre l'œuvre progressive du jurisconsulte et l'œuvre du législateur, progressive aussi, quoique d'une autre manière. Les règles ou les maximes du vieux droit sont en petit nombre, ordinairement exprimées en un style archaïque et concis, confiées à la mémoire ou gravées sur la pierre et le bronze : la jurisprudence s'en empare, d'abord pour les épurer et n'en retenir que ce qu'elles ont d'essentiel, ce qui s'appelle dégager l'esprit de la lettre, puis pour les combiner méthodiquement, pour en déduire toutes les conséquences, pour en étendre les applications à la faveur de l'analogie. Elle en compose finalement ce corps de doctrine que Leibnitz plaçait presque au niveau de la géométrie, quoique celle-ci ait le grand mérite de contenir la raison des phénomènes naturels, tandis que le mérite pratique de l'autre se borne à imposer aux tribunaux, par l'autorité de la raison, une règle qui, il est vrai, choquera quelquefois l'équité naturelle, le bon sens vulgaire, mais qui aura l'avantage de préserver les justiciables des inconvénients attachés au pouvoir arbitraire du juge. Plus tard viennent les lois soigneusement détaillées, les compilations officielles, les codes dont la rédaction, avec ses lacunes et ses incohérences inévitables, suscite de nouvelles controverses : car, plus les textes législatifs sont nombreux ou prolixes, plus il devient difficile de les coordonner en un système logique, simple et régulier. On peut encore réparer des oublis ou corriger des fautes, pour un code comme pour un dictionnaire; le fond même de la législation peut aller en s'améliorant si l'état de la société s'améliore. En un mot le bâtiment peut être rendu d'un usage plus commode, mais l'architecture de l'édifice est moins simple et moins noble. Le bel âge de la jurisprudence est passé, comme à d'autres époques a passé le bel âge de la langue, de la littérature, de l'architecture et des arts plastiques.

Quel que soit d'ailleurs le degré de perfection logique de la jurisprudence, il doit toujours rester une place à ces jugements que Leibnitz appelle *inexplicables*, à ces appréciations consciencieuses, à ces *estimes* qui rappellent, dans l'ordre moral, celles du physicien pour les fractions que ne peut saisir l'instrument de mesure le plus finement gradué. Ainsi reparaît l'arbitraire du juge, que la construction scientifique du droit avait pour but de supprimer. Tel est (nous croyons l'avoir suffisamment établi ailleurs) le vrai fondement de la distinction si fameuse du *fait* et du *droit*, du jugement en fait, qui ne vaut que pour le cas du procès, qui ne fait point, comme on dit, jurisprudence, et qui pour ce motif reste inattaquable, alors que le jugement en droit peut encore être déféré au pouvoir régulateur de la jurisprudence. C'est aussi le principal fondement de la distinction du *fond* et de la *forme*, attendu que la forme, création artificielle du législateur, peut d'ordinaire être soumise à des règles fixes de temps, d'âge, etc. : règles à la fixité desquelles le fond se soustrait le plus souvent par sa nature propre dont le législateur ne dispose pas. Le fait ainsi entendu n'est pas (comme on l'a cru à tort) le fait physique, par exemple la perpétration d'un meurtre, mais la qualification morale de l'acte pour laquelle on ne se fie, ni à la loi, ni à la science, et que l'on remet à l'appréciation consciencieuse et latitudinaire d'un juge de rencontre, dont l'autorité expire après la décision rendue. On évite ainsi de confier à une magistrature en titre un pouvoir redoutable, et l'on fait appel à la conscience de tous, dans des cas où l'on admet que rien ne doit prévaloir contre le cri de la conscience. La preuve du fait matériel peut d'ailleurs offrir autant ou plus de difficultés que la question juridique, auquel cas le juge s'en remet à un *expert*. Toutefois, quand la criminalité est en question, l'on préfère maintenant le novice à l'expert, sur ce fondement que l'inconvénient d'acquitter un coupable est bien moindre que celui de condamner un innocent.

Il faut noter que l'époque déjà signalée où l'idée *juridique* a le plus de vitalité et pénètre le plus avant dans les institutions d'un peuple, n'est pas celle où l'on s'occupe le plus de ces idées *économiques* qui jouent un si grand rôle dans nos sociétés vieillies et qui semblent appelées à une importance encore plus grande. On ne s'occupe guère alors de savoir si la propriété du sol représente du travail accumulé ou une avance de vivres et d'outils faite aux ouvriers qui l'ont mis en culture. On est plus porté à croire qu'elle est le prix du péril bravé et du sang versé par ceux qui en ont fait la conquête; et l'on n'en tient que plus fortement au droit de propriété, ainsi qu'au droit de transmettre la propriété à un héritier de son sang ou de son choix.

D'un autre côté, le jurisconsulte voit dans la propriété foncière le soutien solide de toutes ses abstractions, la garantie réelle de tous les autres droits, et il ne néglige rien pour l'entourer de priviléges et de protection. Il tâche de donner à des choses mobiles de leur nature, à des instruments d'exploitation, animés et inanimés, à des esclaves, à des serfs, par une incorporation fictive à la propriété du sol ou des édifices, les qualités juridiques de la propriété immobilière : tandis qu'aux époques tardives où prévalent les théories économiques, on s'ingénie au contraire à trouver des artifices propres à communiquer aux choses immobilières de leur nature une mobilité fictive, favorable à la circulation des richesses et à l'incessante transformation des capitaux. Où le barbare voit un trésor, où le jurisconsulte voit une somme d'argent, l'économiste voit un capital mis sous la forme qui se prête le mieux aux transformations ultérieures. Quand le prince ou l'Etat frappe de la monnaie, il use aux yeux du jurisconsulte d'un droit régalien, tandis qu'aux yeux de l'économiste il rend au public un service que le public doit payer à son juste prix. L'argent monnayé est, selon le jurisconsulte, une chose qui se consomme par l'usage qu'en fait le propriétaire et qui, par le seul bénéfice de la loi, est susceptible de produire artificiellement des fruits ou un intérêt dont il appartient au législateur de fixer le taux. Selon l'économiste, ce même argent monnayé est une marchandise dont un des principaux mérites consiste à ne s'altérer que très-lentement par l'usage continuel que le public en fait, et l'un des grands inconvénients est de constituer pour le pays où l'on en fait usage, un capital improductif. L'État n'a point qualité pour fixer la valeur de cette marchandise non plus que celle de toute autre marchandise, ni pour réglementer le loyer du capital, pas plus sous cette forme que sous toute autre. En un mot, le point de vue de l'économiste diffère presque toujours de celui du jurisconsulte; et si notre droit civil, mélange de traditions romaines, féodales, ecclésiastiques, c'est-à-dire formé sous des influences très-peu favorables aux théories économiques des temps modernes, est destiné à subir encore de notables changements, ce sera probablement pour s'adapter à ces théories et au nouvel état social qui les a mises en crédit.

L'économiste considère le corps social à l'état de division et pour ainsi dire de pulvérisation extrême, où toutes les singularités de l'organisation et de la vie individuelle se compensent et s'effacent. Les lois qu'il découvre où qu'il croit découvrir sont celles d'un mécanisme, non d'un organisme vivant. Il ne s'agit plus pour lui de physiologie sociale, mais de ce qu'on a justement appelé une physique sociale (p. 93). Nous signalons en toute rencontre ces cas de régression qui font que des abstractions de même genre, sinon de même espèce et de même valeur, reparaissent à divers étages de la construction scientifique (p. 97).

§ 6. — De la politique.

Quoique le droit politique ait les mêmes racines que le droit civil et réponde à peu près aux mêmes besoins, il y a cette différence que la plupart des hommes s'en rapportent volontiers aux jurisconsultes en matière de droit civil, comme aux savants en matière de sciences, tandis que peu d'entre eux résistent dans l'occasion à la tentation de faire de la politique, et qu'après la religion, rien ne parle davantage à leur imagination, rien ne les passionne et ne les divise plus. Il ne faut donc pas s'étonner que de bonne heure les philosophes aient regardé la politique comme une chose de leur domaine, et qu'ils aient eu la prétention de rationaliser le droit politique : seulement il faut convenir que leurs entreprises en ce genre n'ont guère réussi et que, s'ils ont par fois aidé à détruire (moins peut-être qu'on ne le suppose), ils ne sont point encore parvenus à rien fonder. Sans doute la raison publique a sa part dans le gouvernement du monde, et ce qui choque trop ouvertement la raison ne peut durer, quelle que soit la ténacité des intérêts et des préjugés : mais il faut qu'en politique la raison confesse son impuissance à créer de toutes pièces, à faire vivre ce qui ne possède pas déjà en soi un principe de vie, et qu'elle se contente d'un droit de remontrance, d'amendement, par fois même de *veto*, à condition de n'en user qu'avec une grande modération.

Chaque fois que des intelligences vraiment supérieures ont pénétré dans le jeu des institutions politiques, elles ont reconnu l'insuffisance de toutes explications purement logiques, de toutes données purement rationnelles ; elles ont fait appel à un principe divin, c'est-à-dire à des instincts supérieurs que l'homme ne s'est point donnés, et qui créent, conservent, réparent l'organisme politique, comme d'autres forces instinctives créent, conservent, réparent d'autres organismes vivants (1). Ce que nous appelons la puissance de la Nature là où un but moral n'apparaît pas, comme à propos d'un essaim d'abeilles ou d'une troupe de bisons, nous l'appelons la main de Dieu, la Providence, là où nous sommes frappés surtout du sort réservé à des milliers de créatures dont l'intelligence et le sens moral sont les plus nobles attributs. Il n'en reste pas moins évident que le caractère essentiel et constant de ces causes supérieures signalées dans la page que nous citons, est de demeurer étrangères « à la délibération humaine », d'opérer sans préméditation, instinctivement, et de faire de cette manière, comme tous les instincts, ce que la raison humaine, toute seule, est incapable de faire par des procédés méthodiques et par des combinaisons réfléchies.

Rien de plus conforme aux instincts populaires que

---

(1) Puisque M. Guizot vient d'entrer dans l'histoire, il y aura quelque à-propos à transcrire encore ici une page, la plus forte selon nous qu'il ait écrite (*Histoire de la République d'Angleterre et de Cromwell*, t. II, liv. V) :

« Cromwell n'était point un philosophe ; il n'agissait point d'après des vues systématiques et préméditées ; mais il portait dans le gouvernement les instincts supérieurs et le bon sens pratique de l'homme marqué de la main de Dieu pour gouverner. Il avait vu à l'épreuve cet arrogant dessein de créer, par la seule volonté populaire ou parlementaire, le gouvernement tout entier ; il avait lui-même poussé à l'œuvre de destruction qui devait précéder la création nouvelle ; et au milieu des ruines faites de ses mains, il avait reconnu la vanité de ces téméraires expériences ; il avait compris que nul gouvernement ne peut être l'ouvrage de la seule volonté des hommes ; il avait entrevu dans ce grand travail la main de Dieu, l'action du temps et de toutes les causes étrangères à la délibération humaine. Entré pour ainsi dire, dans le conseil de ces puissances supérieures, il se regardait, par le droit de son génie et de ses succès, comme leur représentant et leur ministre.... »

la transmission héréditaire du pouvoir souverain, à laquelle nous voyons les peuples revenir sans cesse par une voie ou par une autre : et cependant quoi de moins rationnel que de remettre le sort de l'État aux mains d'un enfant, d'une femme, d'un vieillard infirme, d'un insensé, d'un idiot, et de s'en rapporter au hasard de la naissance pour la magistrature suprême, là où l'on ne supporterait pas le droit héréditaire au moindre emploi, à la moindre profession! Que si, pour parer aux inconvénients de l'hérédité, les institutions du pays lient tellement les mains au monarque qu'il n'hérite plus en réalité que d'une représentation fastueuse, comment la raison s'accommodera-t-elle d'une royauté parasite et d'un fantôme de souverain? D'ailleurs le droit héréditaire se heurte souvent contre les révolutions du palais, des camps ou de la rue, et si ce malheur arrive, quel temps faudra-t-il pour prescrire le droit héréditaire, pour fonder un droit nouveau? Ou bien, au risque d'éterniser les divisions que l'hérédité avait pour but de prévenir, le droit héréditaire au pouvoir souverain sera-t-il, dans un monde où tout périt, la seule chose impérissable?

Rien de plus chimérique que ce prétendu contrat par lequel des hommes, las de se manger et de se piller les uns les autres, se seraient entendus pour former un peuple, pour fonder un gouvernement, pour se choisir un souverain héréditaire ou électif, à une ou à plusieurs têtes. L'histoire offre plusieurs exemples, non de contrat social au sens de quelque rêveurs, mais de contrat fédéral entre des peuplades, des cantons, des cités que rapprochaient déjà leurs intérêts ou leurs traditions, et qui s'unissent plus étroitement dans un but agressif ou défensif. Or, qu'arrive-t-il en pareil cas ? Que, si le lien fédéral ne se dissout pas, le pouvoir fédéral tend à s'arroger la souveraineté que s'étaient expressément réservée les États confédérés ; et que le confédéré qui réclame la résiliation du contrat n'est pas mieux traité que la province rebelle, dans l'État soumis au droit héréditaire le plus absolu.

Mais si l'on conçoit qu'un contrat puisse intervenir entre des individualités politiques déjà constituées et en petit nombre, comment amener des millions d'hommes à négocier, à s'entendre, à contracter dans le vrai sens du mot ? On leur demandera un bulletin de vote et la majorité décidera. Ce sera à celui qui questionne à prendre ses mesures, à saisir le moment, à poser la question dans les termes qui lui conviennent. Encore faudra-t-il que, pour la constitution du pouvoir souverain, un pouvoir antérieur, une coutume reçue aient réglé les formes et les conditions du vote, ne fût-ce que les conditions d'âge ou de sexe ; car les femmes ne gardent plus le silence sur leurs droits politiques ; et il s'agit de savoir si l'on peut décider de la forme du gouvernement ou du choix d'un souverain, à l'âge où l'on ne peut être notaire ni prendre une femme à son gré. Comment d'ailleurs résoudre ce problème redoutable de la pondération des suffrages, qui tourmente les législateurs depuis qu'il y a des peuples policés, et qu'un beau jour certains docteurs ont imaginé de résoudre de la manière la plus commode, en le supprimant ? Ainsi, au lieu du gouvernement d'un idiot, nous pourrons avoir un gouvernement dû au vote d'un idiot, ou de cent, ou de mille idiots : car les chiffres absolus ne font rien à l'affaire, tant que la majorité relative est faible et ne dépasse pas la proportion présumée de ceux qu'on peut assimiler à des idiots, pour la fonction dont il s'agit. Que si la majorité est forte, ce qu'elle indiquera le plus sûrement, c'est la supériorité numérique d'une classe ou d'une catégorie de votants qui peut opprimer les autres, si elle y trouve ou si elle croit y trouver son compte. La minorité serait insignifiante, que cela prouverait, non que la réponse est bonne ou du goût de tout le monde, mais qu'elle est commandée par la situation ou par un courant irrésistible d'opinion. Et alors, comme la situation et l'opinion se modifient sans cesse, ne fût-ce que par le flux continuel des générations, on serait toujours fondé à réclamer un nouveau scrutin ; c'est-à-dire qu'aucun gouvernement ne serait possible, puisqu'il se trouve toujours des gens en grand nombre disposés à demander un changement de gouvernement, et d'autres disposés à se saisir du gouvernement. Ainsi le suffrage universel, cette idole devant laquelle on veut aujourd'hui que tout genou fléchisse, et que peut-être une autre génération bafouera, n'est pas plus rationnel que le droit héréditaire.

Si l'on ne peut pas donner au gouvernement un fondement rationnel, on ne peut pas davantage résoudre rationnellement le problème de la pondération des pouvoirs et du mécanisme du gouvernement. Chacun sent qu'un pouvoir sans contre-poids est tout près de se changer en tyrannie ; qu'il convient que des pouvoirs d'origines diverses aient respectivement leurs prérogatives, se tempèrent mutuellement, en un mot qu'il faut que le gouvernement soit mixte pour être modéré. Mais, dès que la machine fonctionne, il ne manque pas de gens pour démontrer que la logique conduit inéluctablement à ceci ou à cela ; et si ces professeurs de logique, jeunes pour la plupart et très-fiers de leur découverte, montent en chaire tous les jours, il faudra bien qu'on finisse par prêter attention à leurs discours, et même par trouver qu'il n'y a pas grand chose à leur répondre, parce qu'en effet ils sont dans la logique, sinon dans la raison raisonnable, aussi bien les uns que les autres. D'où les conflits, les refus de concours, les partis extrêmes, les coups d'État, les révolutions, c'est-à-dire le détraquement de la machine et sa mise au rebut. En effet, pour gouverner les hommes il faut autre chose qu'une procédure, un formulaire, un mécanisme bien ajusté sur le papier ; il faut un organisme qui ait la souplesse et la spontanéité de la vie. Il faut que la société trouve dans les traditions, les mœurs, les croyances, de quoi prévenir ou résoudre les crises, modérer les écarts, guérir ou régénérer au besoin la partie lésée ou délabrée. Tel peuple possède un gouvernement vraiment mixte et modéré, non parce que le gouvernement se compose d'un roi, d'une chambre de seigneurs et d'une chambre élective, mais parce qu'il y a dans le tempérament du peuple trois instincts ou dispositions natives très-reconnaissables : le culte de la royauté, le respect des supériorités sociales, l'amour de l'indépendance personnelle. Rien de plus faux par conséquent que cette idée de Mme de Staël et de son école, que les Anglais, en façonnant leur constitution politique, ont trouvé une vérité valable en tout pays comme la gravitation newtonienne. On ne s'en est que trop aperçu aux tristes résultats des contre-façons.

On distingue maintenant deux mécaniques (p. 19) : l'une (la *cinématique*) dont l'horlogerie offre l'application la plus connue, et qui enseigne à ajuster les pièces d'un mécanisme de manière à produire avec une précision automatique des mouvements déterminés, toute abstraction faite de la nature et de la dépense de force ; l'autre (la *dynamique*) qui a au contraire pour principal objet la mesure et l'économie des forces motrices dépensées. En suivant cette comparaison l'on pourrait dire que la plupart des philosophes et des publicistes ont traité du mécanisme politique au point de vue de la cinématique, non de la dynamique, ce qui eût offert tout à la fois plus de difficulté et plus d'utilité. Par une comparaison plus juste encore, puisqu'on y substitue l'organisme au mécanisme, on peut dire qu'ils se sont occupés de l'anatomie, beaucoup plus que de la physiologie du corps politique.

Cependant, si les ajustements mécaniques offrent si peu de chances de longue durée, et si malheureusement les sources de la vie politique sont taries au point de ne plus permettre la lente genèse d'un organisme nouveau ou la réparation naturelle d'un organisme gravement endommagé, chez un peuple qui pourtant ne saurait se passer de gouvernement, quelles seront les conséquences d'un tel état de choses ? Question redoutable que nous ne voudrions ni affronter, ni éluder. Il faut, pour entendre la réponse, bien distinguer les institutions administratives et ce qu'on entend maintenant par *régime*, ancien ou nouveau, d'avec les formes et les forces propres du gouvernement. Maintefois on a vu les peuples conquérants s'emparer du gouvernement des peuples conquis, de ce que les Romains nommaient l'*imperium*, tout en leur laissant leur régime.

Nous avons vu le régime rester le même ou éprouver peu de changements, malgré de fréquents changements de gouvernement. De grandes révolutions politiques ont eu lieu en Angleterre sans un changement de régime tel que celui qui a accompagné notre première révolution, parce que chez nous l'ancien régime était usé encore plus que les institutions politiques. Le régime étant donné, l'administration proprement dite peut être comparée à une science ou à une industrie qui, à la rigueur, pourrait aller toujours en se perfectionnant en des mains honnêtes et habiles. Plus l'administration se fixe en se perfectionnant, en s'abstenant d'ingérences inutiles, plus elle devient en réalité indépendante de la politique, tout en en retenant l'attache. L'effigie de la monnaie, la formule placée en tête des actes de la juridiction contentieuse ou volontaire, changent à chaque revirement de la politique, sans que rien soit changé dans le régime monétaire ou judiciaire. Un ministre à portefeuille est tout à la fois un administrateur et un homme politique, parce qu'il faut bien que le gouvernement ait la haute main sur l'administration qui autrement pourrait le tenir en échec : aussi beaucoup d'institutions ont-elles pour but d'empêcher que les combinaisons éphémères de la politique ne troublent trop les services publics confiés à l'administrateur. Donc, supposé que le régime ne change pas ou n'éprouve que des changements lents, on conçoit un état de choses où l'administration des intérêts et des services publics dépendrait à peine de la politique, où l'action du moteur politique, toujours nécessaire, se réduirait presque à donner cette chiquenaude de Descartes, à laquelle nous avons déjà fait allusion (p. 102). Plus on approcherait de cet idéal, moins les secousses politiques auraient de gravité réelle, leur bénignité compensant leur répétition toujours trop fréquente.

Les peuples auront-ils la sagesse de tendre vers cet idéal? Leurs meneurs, contents d'expérimenter des théories politiques ou de satisfaire leur convoitise du pouvoir, s'abstiendront-ils de toucher au régime de la société? Il n'est guère permis de l'espérer : car, quelle prise auraient-ils alors sur les masses populaires? quelle satisfaction laisseraient-ils espérer aux mauvais instincts de la nature humaine? On doit plutôt craindre que les futures convulsions de la politique, en remuant les sociétés à de plus grandes profondeurs, ne provoquent de plus violents et de plus aveugles appétits, n'aboutissent à de plus terribles désastres. Aux orages de notre zone tempérée succéderaient les typhons des tropiques; au lieu de nos chétifs volcans nous aurions des Cordillières : ce qui n'empêcherait pas les philosophes de deviser dans les intervalles de calme sur la cause des ouragans, ni les voluptueux de s'ébattre sur la lave refroidie, ni même les sciences, l'industrie, le luxe d'aller leur train là où les sociétés seraient moins troublées, mais ce qui porterait un rude coup au mysticisme humanitaire. L'avenir en apprendra plus long à nos successeurs : nous savons seulement que le mal a ses bornes comme le bien, que l'excès du mal suggère souvent le remède, que tout expédient est bon quand il s'agit du salut de la société, et qu'il faut peu écouter ces docteurs qui mettent toujours en avant la logique et la théorie, quand on ne devrait parler que d'expérience et d'expédients.

§ 7. — De la phase historique de l'humanité et du fatalisme historique.

Il s'agissait, dans nos deux premières sections, de marquer le contraste de la donnée historique et de la donnée théorique, en montrant comment elles se marient dans les sciences qui ont pour objet le monde physique et celui des êtres vivants. Nous prenions alors le mot *histoire* dans son acception la plus large, mais il en a une autre plus particulièrement applicable au monde humain, pour l'intelligence de laquelle il faut entrer dans quelques explications préalables.

Figurons-nous un observatoire où l'on note les apparitions de comètes, de bolides, les pluies d'étoiles filantes, les aurores boréales, bref les phénomènes dont la succession n'a pu être soumise jusqu'ici à aucune loi théorique, et à côté un autre observatoire où l'on s'applique assidûment à noter les passages des astres au méridien, les éclipses, les occultations d'étoiles, phénomènes prédits dans les tables, afin de corriger les petites erreurs que ces tables comportent encore : les registres de l'un et de l'autre observatoire seront des archives ou des documents historiques, si l'on prend le mot *lato sensu*, mais non dans le sens ordinaire. Dans la première catégorie les phénomènes observés s'enchaînent trop peu, se succèdent trop irrégulièrement, trop indépendamment les uns des autres ; et dans la seconde, les phénomènes s'enchaînent trop étroitement, sont trop attendus pour composer une histoire, comme nous l'entendons ordinairement.

Il faut donc que dans l'histoire ainsi entendue il y ait une part faite au hasard, et que tout n'y paraisse pas livré au hasard. On imprimerait les registres de la défunte loterie qu'on n'en ferait pas une histoire, parce que chaque coup y est indépendant des coups qui précèdent et sans influence sur les coups suivants, sinon en ce que quelque coup heureux provoque une recrudescence de mises. Au jeu de trictrac, au contraire, chaque coup a une influence qui s'étend plus ou moins sur les coups suivants, en raison de leur degré de proximité : influence qui peut aller jusqu'à perdre sans ressource l'un des joueurs, ou qui lui laisse encore l'espoir de ramener par un jeu serré, par un dé favorable l'avantage qu'un dé contraire lui a fait perdre. Aussi, n'était la futilité des intérêts ou des amours-propres mis en jeu, pourrait-on écrire l'histoire d'une partie de trictrac, laquelle aurait comme telle guerre fameuse ses vicissitudes, ses crises et son dénouement.

Des chroniques du genre de celles que se chargeaient d'écrire les prêtres de l'antiquité ou les moines du moyen âge, où l'on se plaisait à consigner les prodiges, les pluies de sang, les naissances de monstres, les pestes, les famines, justement à cause de la surprise causée par leur succession irrégulière, ne méritent pas le nom d'histoires. Je crois que par une raison contraire on en pourrait dire autant d'un journal de siége écrit par un ingénieur, et où seraient notés tous les progrès méthodiques de l'attaque, tous les reculs méthodiques de la défense, avec états de situation à l'appui : de sorte que l'homme du métier ne serait pas en peine d'assigner très-approximativement l'époque de la capitulation.

L'histoire des sciences est fort propre à montrer l'avènement et le décours de la phase qui mérite surtout la qualification d'historique. Si le hasard n'entrait pour rien dans la succession des découvertes, si chaque pas que fait la science déterminait le pas qui doit suivre, l'histoire des sciences pourrrait être écrite d'avance par celui qui en posséderait pleinement la théorie, sauf à laisser les dates en blancs que les caprices du hasard se chargeraient plus tard de remplir. On sait qu'il n'en est point ainsi, et que les premières découvertes se succèdent fort irrégulièrement, à de grands intervalles, sans liens bien apparents, jusqu'à ce que le cours des âges amène la réunion de deux conditions : l'apparition d'un homme ou de quelques hommes de génie, et une certaine maturité de la science qui met le génie à même d'utiliser ses forces, d'entraîner les esprits ou de leur imposer, quoique non sans de vives résistances, l'idée rénovatrice. C'est alors que le plus vif intérêt s'attache aux annales de la science ; c'en est par excellence la phase historique.

Cette phase peut-elle durer toujours ? Non sans doute, lors même que la Nature ne se lasserait pas de produire des hommes de génie et que le champ des grandes découvertes ne s'épuiserait pas, tantôt pour une science, tantôt pour l'autre. Car il vient un temps où le nombre des ouvriers est si grand, où les communications sont si faciles et si rapides, que les sciences doivent avancer, comme nous le supposions tout à l'heure, en vertu de certaines nécessités théoriques, d'une marche sensiblement continue que ne troublent ni les grands efforts, ni les grandes résistances, par le travail collectif et presque anonyme d'une génération scientifique, plutôt que par de puissants esprits qui imprimeraient à leur œuvre, un cachet personnel. C'est l'âge des comptes rendus, des journaux, des revues en tous formats et en toutes langues. En un mot, si l'histoire a jadis remplacé les sèches annales, maintenant, par une sorte de régression, les gazettes remplacent l'histoire, et la table ou l'extrait de ces gazettes n'auront jamais l'intérêt des grandes pages historiques de la science.

Les peuplades sauvages n'ont pas d'histoire, non-seulement parce qu'étant sans lettres, il ne se trouve pas d'historiens pour l'écrire, mais parce qu'effectivement elles ne sont pas encore entrées dans la phase historique, faute d'individualités qui s'y dessinent avec un relief suffisant : de sorte que leur histoire, conçue *lato sensu*, ressemblerait à celle d'une fourmilière ou d'une république de castors, parfois sédentaire, parfois en voyage. Si nous parvenions à imposer à quelques-unes de ces peuplades une contre-façon de notre civilisation actuelle, cela ne leur donnerait point une histoire ; elles passeraient sans transition du régime de l'histoire naturelle au régime de la gazette.

Il ne serait pas aisé de dire en quoi le barbare se distingue précisément du sauvage qui a un commencement d'industrie, qui souvent n'est pas étranger à l'élève des animaux domestiques, ni même à la culture de quelques plantes utiles. Mais le peuple barbare se distingue de la peuplade sauvage, justement parce qu'il mérite autant que d'autres nations plus polies d'avoir une histoire : attendu que des personnages dignes de l'histoire, guerriers, législateurs, prophètes, fondateurs de religions et d'empires, y gouvernent l'aveugle instinct des masses, le font tourner à leur propre grandeur, à la création d'œuvres plus durables et qui en préparent d'autres par la force des institutions et des traditions. Le mérite de ceux qui ont renouvelé de nos jours avec tant de succès les études historiques, a consisté principalement à retrouver dans de vieilles annales, en les débarrassant de leur rouille, la vive empreinte de cette primitive énergie des peuples barbares, arrivant à leur tour sur la scène de l'histoire, et trouvant chez des vaincus plus lettrés qu'eux-mêmes les scribes qui auraient manqué à leurs ancêtres en barbarie.

L'histoire est surtout le théâtre des grandes individualités. La tâche de la psychologie devrait principalement consister à nous bien expliquer comment la vie du corps social se réflète dans l'éducation de l'individu ; celle de l'histoire à nous montrer comment des hommes supérieurs agissent sur la société, y rehaussent le niveau moyen des esprits, des consciences et des courages, la relèvent quand elle est près de tomber dans les bas-fonds de la mollesse et du vice. Si donc, comme on n'en peut douter, les supériorités individuelles vont en s'effaçant de plus en plus dans les sociétés vieillies, ou si leur influence décline, il faut bien que le ton de l'histoire et que l'intérêt historique aillent aussi en baissant. Quand la puissance de la personne humaine s'évanouit ainsi devant les forces de la Nature, au nombre desquelles il faut ranger l'aveugle entraînement des masses, la tâche de l'histoire consisterait à dire par quelles petites causes dont l'homme était encore le maître ont été allumés ces grands incendies dont l'homme n'est plus maître ; et généralement le gazette y peut suffire. Cette phase doit se produire, lors même que par de bonnes institutions on parviendrait à remplacer en partie l'action salutaire des supériorités individuelles et à empêcher de trop décroître ces moyennes qui en tout genre doivent être cotées si bas. Les expositions universelles et les sociétés chorales ne dispenseront pas du don d'invention chez le mécanicien, le peintre et le musicien. Il sera toujours bon de travailler à la diffusion de l'instruction élémentaire, mais elle ne fera ni des hommes de génie, ni des héros, ni des saints; elle ne dispensera pas des assises et des gendarmes; et la nation qui compterait sur le maître d'école pour recouvrer la supériorité perdue, risquerait fort de se repaître d'illusions.

On a beaucoup parlé de l'histoire de la civilisation et il faut bien s'entendre à ce sujet. En un sens chaque peuple civilisé a sa civilisation propre, dont le fonds vivant se compose de sa langue, de sa littérature, de sa religion, de ses mœurs, de ses coutumes juridiques, de ses institutions politiques : toutes choses sujettes à se développer en vertu d'un principe de vie, comme aussi à dépérir quand la vie les abandonne; de sorte qu'il n'en reste que le souvenir ou la trace écrite quand le peuple lui-même a disparu de la scène du monde. En même temps la civilisation de chaque peuple tient au rang de ce peuple dans les sciences, dans l'industrie, dans tout ce qui concourt à former un capital susceptible de toujours s'accroître, un fonds de civilisation générale commun à tous les peuples et qui peut se transmettre presque sans altération d'un peuple à l'autre, malgré les différences dans tout ce qui compose le fonds vivant des civilisations nationales : à peu près comme un traité scientifique passe d'une langue dans une autre, tandis que la traduction d'un poëme est toujours une copie fort imparfaite de l'original.

L'histoire de la civilisation d'un peuple n'est donc pas autre chose que l'histoire de ce peuple, traitée seulement d'une manière plus large que chez les historiens uniquement préoccupés de la politique ou de la maîtresse roue qui leur paraît conduire tout le reste, quoiqu'en réalité ce soient souvent les autres rouages qui la conduisent. Quant à l'histoire de la civilisation générale, dont l'histoire des sciences ferait nécessairement partie, on pourrait y appliquer tout ce que nous avons dit de l'histoire des sciences. Réduite pendant longtemps à une sèche chronique, puis rendue intéressante par le récit des transformations les plus remarquables, qui ne sont pas toujours les plus remarquées dans leur temps, elle finirait par dégénérer en gazette de la civilisation. Ainsi il y a dans le grand tourbillon des sociétés humaines des choses qui durent et des choses qui passent : mais le mouvement général ne s'effectue ni en ligne droite, ni en cercle, ni même en spirale comme quelques-uns l'ont proposé par accommodement; en empruntant une image à la théorie géométrique du mouvement. Car, à proprement parler, il n'y a pas de mouvement général résultant de la composition des mouvements partiels; les composantes prétendues sont trop hétérogènes pour comporter une résultante, et la géométrie n'est pas de mise ici.

Surtout il faut se garder de deux idées mystiques : l'une qui consisterait à distribuer aux peuples des rôles déterminés d'avance et à incarner telle idée dans tel peuple, sur ce seul fondement que les peuples montreraient comme les individus des qualités et des aptitudes différentes; l'autre qui instituerait pour l'humanité une loi de progrès indéfini et en tous sens, comme si Dieu nous avait mis dans la confidence de ses décrets (ce qu'on peut bien accorder aux théologiens, mais non pas à d'autres), ou comme si l'humanité devait être dans son perfectionnement idéal, l'unique objet du culte des générations futures. Ceux qui divinisaient après sa mort un César romain savaient au moins quel dieu ils adoraient : il serait, s'il se peut, moins raisonnable de diviniser d'avance l'humanité, quand on ne sait pas encore le sort qui l'attend.

Le lecteur connaît cette machine épique qui consiste dans l'introduction d'un personnage divin, chargé de révéler au héros les destinées de sa race. Or, bientôt

> Le héros ne voit plus
> Qu'un assemblage vain de mille objets confus;

et la perte de clairvoyance ne manque pas de coïncider avec l'époque de la composition du poëme. Les historiens qui se piquent de philosophie ressemblent fort par ce côté aux faiseurs d'épopées ou d'oracles. Ils rendent à merveille raison du passé et n'en sont pas plus habiles à prévoir l'avenir, même le plus rapproché et celui où la Fortune leur réserve un rôle. Cependant on aurait tort de se trop méfier pour cela de leurs explications. Le médecin qui est souvent hors d'état de dire si son malade passera ou non la semaine, sait très-bien qu'il ne vivra pas dans six mois. Il faut du temps pour que les raisons essentielles prévalent sur les accidents fortuits et pour que les grandes lignes des événements se dessinent, malgré les brisures et les inflexions qu'elles subissent sous l'influence de causes passagères.

On a encore reproché bien à tort à l'histoire ainsi

traitée d'être fataliste et immorale : comme si l'on entendait absoudre le scélérat de ses crimes, en montrant que tel désordre social devait aboutir à mettre pour un temps la société à la merci d'un scélérat, ou comme si l'on ne glorifiait pas la Providence en faisant remarquer que les grands périls de la société suscitent ordinairement les grands courages qui la sauvent.

Du reste, l'impuissance où nous serions de prévoir l'avenir, en histoire comme ailleurs et plus qu'ailleurs, n'implique nullement l'abandon de la croyance qu'en histoire comme ailleurs les événements s'enchaînent dans un ordre déterminé, que pourrait assigner d'avance une intelligence supérieure à qui rien n'échapperait, non-seulement de l'économie du monde historique, mais de celle de toutes les forces naturelles, susceptibles d'avoir un retentissement quelconque dans les événements de l'histoire.

Puisque nous admettons que les lois de la vie ont une si grande part à l'évolution des sociétés humaines, il va de soi que toutes les remarques faites au § 3 de la section précédente (p. 113 et suiv.) s'appliquent au déterminisme historique, qualifié aussi de fatalisme historique. Ainsi la connaissance complète de l'état actuel et des lois actuellement constatées ne suffirait pas, comme en cosmologie physique, pour la prévision des états futurs : il faudrait y joindre la connaissance de tout le passé, et la certitude qu'on a affaire à des lois immanentes, indépendantes du temps et des circonstances, qui ne varient pas dans le cours des âges et selon la nature du but à atteindre. Au fond cela revient à dire que Dieu seul a le secret de son œuvre.

D'ailleurs, à cause de la part qui revient aux individus (p. 233) dans la direction des événements historiques, la thèse du *déterminisme* en histoire se subordonne à celle de la *détermination* des actes de la volonté individuelle. C'est donc le cas de faire succéder à nos études sur l'organisme social l'étude psychologique de l'homme individuel, et d'aborder de front la question la plus scabreuse de la psychologie. A cette fin nous laisserons là le terme scolastique et barbare de *déterminisme* pour parler comme tout le monde de *détermination*, de *liberté*, de *libre arbitre*, en évitant le plus possible d'ajouter à l'obscurité du sujet par l'obscurité du langage.

§ 8. — De la détermination volontaire.

Le plus important de tous les faits psychologiques, par les conséquences qu'on y rattache, est sans contredit le sentiment que nous avons, dans une foule de cas, de faire une chose sans contrainte, parce qu'elle nous plaît, et lorsqu'il dépendrait de nous de faire le contraire si cela nous plaisait mieux. Ce fait appartient exclusivement à la psychologie humaine : car, comment l'animal livré à ses appétits et incapable de réflexion, pourrait-il acquérir l'idée du vouloir et de la détermination volontaire? L'enfant lui-même est longtemps incapable d'une distinction si subtile, quoique de très-bonne heure, on le sait de reste, l'enfant manifeste une volonté et connaisse les moyens de l'imposer à ceux qui l'entourent.

L'homme sait qu'il fait une chose volontairement, parce que tel est son bon plaisir, selon le vieux protocole royal; mais d'où vient ce plaisir et quelle cause ou quel enchaînement de causes détermine sa volonté? Voilà ce que l'observation psychologique toute nue ne nous apprend pas et ne peut nous apprendre, tant ses ressources sont bornées! « Nous nous sentons comme *causes*, a dit ingénieusement un critique contemporain, M. Scherer, et nous ne nous sentons pas comme *effets*. » C'est tout juste le contraire de l'estomac qui ne se sent pas digérer, et qui sent péniblement que des obstacles s'opposent à ce qu'il digère. La Nature a eu sans doute ses raisons pour instituer de tels contrastes dans l'économie de notre sensibilité : sans que nous sachions pourquoi une névralgie cérébrale cause d'atroces douleurs, tandis que l'incision du cerveau par le fer du chirurgien n'est pas douloureuse. Il n'en est pas moins conforme à toutes les analogies d'admettre que le phénomène du vouloir doit avoir comme un autre ses antécédents, ses causes ou ses raisons déterminantes, quoique le plus souvent obscures ou confinées dans un monde d'infiniment petits où nos observations ne pénètrent pas. « Les indifférences du *libre arbitre*, dit le pieux Abbadie (1), sont des songes de gens qui n'ont pas assez étudié la Nature, ou qui ne veulent point se connaître eux-mêmes ». En thèse générale, les causes déterminantes peuvent être d'un ordre plus ou moins relevé ; elles peuvent ressortir de la physique, de la physiologie, de la psychologie ou même de la raison pure : plus habituellement, les causes qui déterminent le choix auquel s'applique en toute propriété l'épithète de *volontaire*, ont leur siège dans la région médiane des faits physiologiques et psychologiques. Par suite

---

(1) *L'art de se connaître soi-même*, 1ʳᵉ partie, chap. 7.

d'une régression souvent indiquée (p. 97, 193, 207), les causes purement physiques et les commandements de la raison nous semblent également propres à soustraire nos actes au domaine de la volonté, plutôt qu'à diriger ou à déterminer la volonté. Le captif montre ses chaînes ; le stoïcien, le chrétien répondent *non possumus ;* ni l'un ni l'autre ne se sentent maîtres d'agir à leur fantaisie, quoique les causes restrictives de leur libre arbitre soient de natures bien différentes. Au contraire un mouvement de fièvre, un accès de colère, une lecture malsaine nous semblent plutôt pervertir que gêner la volonté. S'il s'agit de choisir un costume, un bijou, un tableau, la volonté est bien nettement en jeu : s'agit-il d'un placement? c'est une affaire de calcul ou de raison ; et si nous nous sentons peu capables de faire nous-mêmes le calcul, de débrouiller les raisons, nous sommes tout prêts à abdiquer ce qu'on appelle un peu emphatiquement notre *libre arbitre,* pour suivre avec docilité l'avis de l'agent de change, du banquier ou du notaire.

A la vérité, lorsque nous nous déterminons, soit pour un motif d'intérêt bien entendu, soit d'après ce que nous prescrit une loi à laquelle il serait criminel ou insensé de désobéir, nous cédons à une *raison déterminante* plutôt qu'à une *cause* au propre sens du mot. Nous insisterons plus loin sur cette distinction que dès à présent le lecteur peut admettre. En l'absence d'une cause proprement dite qui pousse notre volonté, on peut voir dans notre volonté même la cause originelle, la vraie cause de l'acte accompli par nous volontairement. Mais qu'importe, si notre volonté est aussi nécessairement déterminée par le motif rationnel, qu'un effet peut l'être par une cause proprement dite ? Selon Descartes « l'homme n'est jamais plus libre que quand il voit clairement ce qui est vrai, ce qui est bon, sans être en peine de délibérer quel jugement et quel choix il doit faire » ; c'est-à-dire qu'il n'est jamais plus libre que quand sa volonté est le plus rigoureusement déterminée (1) ; et Leibnitz paraît être du même sentiment quand il admet que Dieu, sans cesser d'être souverainement libre, est tenu *ad optimum*, c'est-à-dire est absolument déterminé par une nécessité de sa nature à faire toujours le plus grand bien possible. Soit, pourvu qu'on accorde que la volonté d'une intelligence pure, d'un être parfaitement raisonnable, ne ressemble guère à la volonté humaine, au fait psychologique que nous étudions en ce moment.

Un joueur de trictrac hésite sur le point de savoir s'il doit « tenir ou s'en aller » : au fond la question est encore du ressort du calcul ou de la raison pure ; et même dans la plupart des cas le calcul décisif pourrait se faire assez promptement, quoique pas encore assez pour être compatible avec les usages du jeu. En conséquence le joueur se contentera d'un aperçu assez vague que lui suggère son expérience ou sa routine, et voilà déjà le fait psychologique qui intervient. De plus il pourra être aiguillonné par l'appât du gain, avoir confiance en son étoile, compter sur son habileté, sur son sang-froid et sur la maladresse, le trouble ou la

---

(1) Dans le quatrième volume des *Mémoires sur Mme de Sévigné* (p. 316 et suiv.), M. *Walckenaër* donne de curieux détails sur les réflexions que cette partie de la doctrine cartésienne suggérait à Mme de Grignan, à Corbinelli, à Bussy et à la grande épistolière elle-même.

mauvaise fortune de l'adversaire, ce qui fera bien plus grande la part des influences de l'ordre psychologique. Changez de scène et vous aurez quelque chose de fort analogue aux données psychologiques qui conduisent un Chef d'empire à Austerlitz ou à Sedan.

On ne peut se passer d'exemples en traitant l'épineuse question du libre arbitre de l'homme, et presque toujours les exemples sont maladroitement ou ridiculement choisis. C'est tantôt l'oiseau à qui l'on tordra le cou ou qu'on lâchera pour le plaisir de donner un démenti à l'oracle, espièglerie d'écolier ; tantôt l'âne de Buridan entre ses deux bottes de foin, grosse facétie de pédant. Puis viennent les moralistes et les criminalistes qui méprisent avec raison ces puérilités, mais qui prennent leurs exemples dans les cas où la morale et la sûreté publique sont intéressées au premier chef, en compliquant ainsi la question psychologique d'une question de morale et de législation, quoiqu'il y ait un avantage évident à les traiter séparément.

Est-il donc si difficile de trouver dans les incidents de la vie humaine des exemples appropriés à la redoutable gravité du problème, et où cependant l'on sépare ce qu'il convient de séparer ? Que doit-il y avoir de plus sérieux et de plus libre que le choix d'un état, d'une profession, que l'engagement du mariage ? Et de quelles difficultés se trouve hérissé alors l'usage de cette liberté dont on voudrait que l'homme fût si fier ! Dans le silence des passions, dans la contrariété des inclinations, et lorsque la raison ne sait comment bégayer la réponse, que ne lui suggère pas son imagination pour sortir d'embarras ! La pieuse jeune fille fera dire des messes et des neuvaines ; le superstitieux s'en prendra à ses rêves, aux rencontres qu'il a faites et qu'il se fera interpréter ou qu'il interprétera à sa guise. Sans même s'attacher au sort de croyance superstitieuse, quelques-uns s'en remettront à une *alea* de leur invention, comme pour se soustraire à une *alea* plus secrète, dont l'interposition inévitable, à défaut d'autre, n'échappe pas à leur bon sens, quoique la Nature leur en ait refusé le sentiment distinct.

D'autres plus énergiques sauront se décider avec ce qu'il y a de plus intime et de plus persistant dans leur être, avec leur *caractère*, avec leur *moi*, tel que l'ont fait la naissance, l'éducation, les rencontres de la vie, toutes causes extérieures au moi, et qui néanmoins ont la vertu de lui imprimer un caractère que naturellement il ne dépouillera plus, et qui désormais le rendra aimable ou haïssable, objet d'éloge ou de mépris. L'idée du libre arbitre n'est donc que l'idée du moi, en tant qu'elle s'applique à la décision des cas perplexes où la volonté est en jeu, le plus souvent malgré elle, c'est-à-dire à la décision des cas où suivant Descartes la liberté de l'agent est en réalité à son *minimum*. De sorte qu'il serait aussi juste, plus juste peut-être, de dire que l'idée du moi ou de la personnalité est le fondement de l'idée du libre arbitre, que de dire avec Maine de Biran, que l'idée d'une détermination libre est le fondement de l'idée du moi (1).

L'homme, qui s'est décidé d'après son caractère,

---

(1) Aussi Leibnitz, dans sa correspondance célèbre avec Bossuet, insiste-t-il sur ce point, que l'Église, suivant lui, aurait varié ou innové dans le dogme en condamnant le *monothélisme* ou en distinguant les deux volontés, divine et humaine, après avoir condamné,

n'adressera, le cas échéant, de reproches qu'à lui-même ou à son caractère qui fait partie de lui-même, comme sa chair et son sang, comme sa taille et son tempérament. Il pourra bien s'en prendre aussi, quoique secondairement, à ceux qui, par le genre d'éducation qu'ils lui ont donné, ont influé sur son caractère, ou aux circonstances fortuites qui lui ont donné un pli qu'il ne peut plus perdre. Quant à ce qui tient au fond primitif de sa nature, il ne pourrait sans démence ou sans impiété s'en prendre à personne ; et comme dans l'hypothèse il n'y a pas de châtiment à redouter, il ne songera même pas à s'en faire un motif d'excuse.

Supposons maintenant, au lieu d'un homme qui dispose de sa personne ou de son bien à sa guise, un homme qui dispose de la personne ou du bien d'autrui. C'est un caissier qui délibère si, après s'être ruiné au jeu de la Bourse, il puisera dans la caisse dont la clé lui est confiée. Il y a combat entre une habitude invétérée, devenue une passion tyrannique, et tous les sentiments de probité, d'honneur, de religion que l'éducation lui a donnés, que sa raison approuve, auxquels il a obéi jusque-là. Le malheureux sent à la fois que sa passion est la plus forte et qu'il est coupable, car sa passion c'est encore lui. *Habemus confitentem reum* ; et le remords qui ne serait pas une preuve suffisante de la liberté, au sens où quelques-uns l'entendent et comme incompatible avec la prévision, avec la détermination par des raisons actuelles ou par des causes

---

chez Nestorius, l'opinion de la dualité des personnes. Nous ne nous portons point garant de la théologie de Leibnitz, où il ne faut voir qu'une suite de ses opinions en métaphysique.

antécédentes, peut passer pour une preuve suffisante de la culpabilité. Non que nous voulions dire que l'absence du remords fait évanouir la culpabilité, ce qui serait trop commode pour le criminel endurci. Nous disons seulement qu'à défaut de la conscience du coupable il n'y a plus de juge compétent du degré de perversité que Celui qui sonde les cœurs et les reins, et qui sait tout ce qui est vraiment imputable au moi humain dans le mauvais usage qu'il a fait de ses facultés, jusqu'à l'heure fatale inclusivement où s'est consommé l'acte qu'atteignent et que punissent les lois humaines.

Celles-ci qui punissent le crime, ne sauraient punir la pensée du crime, à moins d'ouvrir carrière à la plus abominable tyrannie : mais il appartient à la loi divine de se montrer plus sévère ; et d'un autre côté il a bien fallu rassurer les consciences timorées, en distinguant dans l'homme intérieur, non-seulement ce qui vient des sens et de l'imagination de ce qui vient du cœur ou de l'esprit, mais dans l'esprit même le désir coupable auquel il se complaît, de la suggestion qu'il combat et qui ne sera pour lui, s'il en triomphe, qu'un mérite de plus. Laissons ce point délicat à débattre entre la pénitente et son directeur, et convenons que le chrétien paraît fondé à dire « que nul ne sait s'il est digne d'amour ou de haine ». Mais alors que devient la pierre de touche du psychologue, cette conscience qui suivant lui distingue si nettement entre ce qui dépend de nous et ce qui n'en dépend pas, entre l'acte qu'il appelle libre et l'acte qu'il appelle fatal ? Nous ne confondons pas sans doute le moi humain avec ses plus grossières enveloppes, mais sous celles-ci s'en trouvent d'autres d'un tissu plus délié et plus diaphane qu'entrevoit un œil plus perçant, et nous n'arrivons pas à l'isolement absolu, pas plus que nous n'arrivons à l'absolu en quoi que ce soit. Nous entrevoyons bien que deux courants contraires, l'un du dehors au dedans, l'autre du dedans au dehors, agissent et réagissent dans les plus secrètes opérations de la pensée comme dans les fonctions relativement grossières sur lesquelles peut porter l'expérience physiologique : mais nous ne possédons pas les moyens d'arriver à une explication, ni même à une description plus précise. Tout cela doit être retenu pour aider à la solution de la question qui sera débattue dans le prochain paragraphe.

Si le philosophe soutient que le remords, que la satisfaction d'une bonne conscience ne sont que préjugés, illusions, il devient coupable lui-même, tant cette doctrine peut avoir de pernicieuses conséquences ! S'il se borne à prétendre que le sens moral donné à l'homme pour le contenir et le soutenir, n'empêche pas que les actes sur lesquels le sens moral a prise ne tombent dans le domaine de la prédétermination et de la prescience possible, aussi bien que ceux où la moralité n'est point en jeu, il reste sur le terrain de la spéculation transcendante où d'autres peuvent le suivre ou ne pas le suivre, sans qu'il y ait pour personne, dans l'état de nos connaissances, aucun moyen d'arriver par l'expérience à une conclusion scientifique ou positive. Réciproquement on pourrait soutenir que les idées de cause et de prédétermination, vérifiées par la pratique vulgaire ou par l'expérience scientifique dans les phénomènes de l'ordre physique, ou même vérifiées, quoique avec moins de précision, dans l'ordre des phénomènes physiologiques, sont sans application aux faits qui ressortissent du libre arbitre de l'homme ; que ceux-ci arrivent sans cause, sans raison suffisante, interne ou externe, et sans que la prévision de ces faits puisse résulter de la connaissance, même plénière, des faits actuels et des faits antérieurs. La raison pourrait être choquée de cette thèse : elle n'aurait aucun moyen d'en démontrer « positivement » la fausseté.

Vainement invoquerait-on dans un sens ou dans l'autre, à titre de preuve ou d'indice empirique, les tableaux de la statistique criminelle. L'objet de la statistique est d'éliminer l'action des causes irrégulièrement variables d'une épreuve à l'autre, en mettant en relief l'influence des raisons ou des causes constantes pour une longue série d'épreuves. Elle repose sur des principes abstraits que leur généralité rend applicables à des causes quelconques, aussi bien à des causes, à des raisons de l'ordre intellectuel et moral qu'à des causes de l'ordre physique ou physiologique. L'homme que la passion sollicite y résiste ou y succombe, dans l'hésitation où le met la connaissance de la loi morale ou celle de la loi pénale. Qu'importe, au point de vue du calcul des chances et de la statistique, que ce soit par une force propre qui ne lui manquera jamais s'il le veut bien, ou par l'effet nécessaire du conflit des forces extérieures dans une situation donnée? Ce qu'il y aura d'irrégulier, de variable dans la force propre à l'agent ou dans ses dispositions à en user, s'atténuera, s'effacera dans les résultats moyens d'un grand nombre d'épreuves, aussi vite que s'atténueraient et s'effaceraient les irrégularités d'un caprice, ce degré si bas de la liberté. suivant Descartes. Il ne restera que l'effet imputable à ce qui est régulier et constant, tant dans l'intensité et dans la disposition des forces extérieures que dans la force propre de l'agent et dans ses dispositions à en user. Si l'on admet au contraire dans toute sa rigueur le principe de la prédétermination, il suffira de concevoir qu'il y a parmi les causes déterminantes, outre celles dont l'action est régulière et dont les effets sont mis en relief par la statistique, d'autres causes si irrégulièrement variables d'un cas à l'autre selon le caprice du sort, que ce caprice du sort s'élimine par la statistique de la même manière et aussi vite que le caprice de l'homme. Ainsi le procédé empirique de l'accumulation des épreuves ne peut rien pour la solution de la question transcendante.

On retombe tout à fait sur le terrain de la pratique et de l'expérience, lorsque la question est reprise au point de vue de l'intérêt social et des garanties de la société. Évidemment l'expérience peut être consultée pour savoir si le degré d'instruction ou d'ignorance des populations a eu des effets salutaires ou pernicieux, si la suppression ou l'adoucissement d'une peine ont eu de graves inconvénients, si l'indulgence habituelle à certains tribunaux a multiplié les délits et dans quelle mesure. Non que nous voulions dire que la rigueur des peines puisse être maintenue ou accrue sans égard à l'adoucissement des mœurs, pour peu que cela accroisse les garanties de la société : nous disons seulement que des arguments métaphysiques et même que le plus pathétique appel à la miséricorde ne pourraient priver pour longtemps la société des garanties dont elle aurait un besoin impérieux. A la vérité les lois pénales ne sont pas faites pour l'enfant en bas âge, pour l'idiot, pour le fou; et les tribunaux demanderont au médecin d'examiner si le prétendu coupable n'était pas atteint de maladie ou d'infirmité mentale : question scientifique en effet, au même degré que la médecine est une science, et nous ne voudrions pas contester à la médecine son autorité scientifique. Mais il faut que le médecin comprenne bien qu'on le consulte dans un but pratique, comme médecin, non comme philosophe; qu'il a à se prononcer sur un cas de médecine légale, non sur une thèse de métaphysique ou de philosophie légale. Car la spécialité d'études sur laquelle se fonde son autorité scientifique pourrait être ce qui l'inclinerait à tel système de philosophie et à la défense de thèses dans l'examen desquelles ni le législateur, ni le juge, ni le juré, ni l'*expert* (ce seul mot dit tout) n'ont pour mission d'entrer. Il doit suffire à des hommes investis de fonctions publiques que la décision qu'on attend d'eux soit conforme à l'idée que les hommes se font généralement de la responsabilité de leurs actes, qu'elle ne choque point les mœurs publiques, et qu'elle soit ou qu'elle paraisse être indispensable au maintien de l'ordre social. Pousser plus loin la spéculation est l'affaire du théologien et du philosophe : contentons-nous de voir ce que la philosophie peut dire.

Selon Kant, nous sommes en présence d'une contradiction flagrante ou, comme il le dit, d'une *antinomie* du code de la raison humaine. D'un côté nous avons ou nous croyons avoir le sentiment intime de notre liberté et de notre responsabilité : d'un autre côté, plus nous approfondissons l'étude des faits naturels, plus nous mettons de soin à analyser les causes de nos propres déterminations, et plus nous avons de motifs de croire qu'il existe un enchaînement rigoureux des causes et des effets, auquel nos déterminations volontaires et même les caprices apparents de notre volonté ne doivent pas plus échapper que les phénomènes du monde physique les plus frappants par leur constance et par leur régularité. Mais d'abord s'il en est ainsi, et lorsqu'il s'agira d'actes moralement indifférents, la raison n'hésitera pas. Le sens intime ne nous avertit point du joug que notre volonté subit, jusque dans ses caprices apparents, pas plus qu'il ne nous avertit de la vitesse énorme avec laquelle nous sommes lancés dans les espaces planétaires, et de l'énorme pression du fluide où nous sommes constamment plongés : ce qui n'empêche pas la raison de se rendre à la force des analogies et aux expériences concluantes de la science. Ici les expériences font défaut, la science n'a plus de prise, la force des analogies est tout ce qui reste : mais, pas plus dans un cas que dans l'autre il n'y a antinomie, c'est-à-dire contradiction entre deux maximes de la raison ; il y a seulement lutte de la raison contre une illusion causée par le mutisme du sens et entretenue par l'habitude.

Tout autre est la valeur du témoignage de la conscience, en ce qui concerne notre responsabilité. Ici nous nous prévalons, non de ce que notre témoin ne dit pas, mais de ce qu'il dit très-positivement, sans que la raison trouve ce témoignage inconciliable avec l'idée de la détermination. Si l'on donne gain de cause à Luther contre Erasme en proclamant un *serf-arbitre*, il faudra reconnaître au même sens un *serf-courage*, un *serf-talent*, un *serf-génie;* et ce qui ne diminue pas notre admiration pour le courage, le talent, le génie, doit encore moins étouffer la voix de la conscience. Pour les hommes rares à qui notre admiration s'adresse, la servitude prétendue ne doit être qu'un motif d'humilité s'ils sont chrétiens, ou, s'ils n'ont qu'une philosophie mondaine, c'est seulement un motif de joindre à leur mérite un grain de modestie qui ne gâte rien. De même, *mutatis mutandis*, pour le mérite de la vertu et pour la honte du vice ou le remords du crime. Ainsi la *responsabilité* n'est pas dans la nature humaine un fait isolé qui échappe à toute comparaison et à tout contrôle : c'est plutôt un cas particulier de l'*imputabilité* dont la notion s'étend par métaphore même à des choses inanimées. Nous imputons tel accident survenu dans le service d'une machine à un *vice* de la machine, parce que nous voyons dans la machine un objet construit pour des fonctions déterminées, ayant à ce titre ses qualités et ses vices. Au contraire, si une montagne croule, si une comète s'en va en lambeaux, nous ne songeons pas à l'imputer au vice de la montagne ou de la comète.

Une femelle de reptile abandonne ses œufs dans le sable, et si les rayons solaires ne viennent pas réchauffer l'œuf suffisamment, il se détruira bientôt : tandis que, grâce à l'élévation de température, le germe va se développer conformément au type de l'espèce, en vertu du principe de vie qui y a été déposé. Cependant il faudra nous garder d'imputer à des vibrations d'éther ou d'atomes pondérables ce développement merveilleux et de prendre pour la vraie cause du phénomène ce qui n'en est que la *condition physique*. Ce n'est plus comme dans le cas d'une série de billes dont l'une pousse l'autre et celle-ci la suivante, sans qu'aucun terme de la série offre rien qui le singularise, rien qui porte à lui imputer de préférence les effets consécutifs, rien qui en fasse une cause dans le sens que nous attachons à ce mot, d'après le sentiment que nous avons de notre propre activité. De même qu'un rayon de lumière se brise, change de teinte ou se polarise en passant d'un milieu dans un autre, de même la chaîne de causalité prend d'autres caractères en passant du milieu inerte ou purement physique dans le milieu vivant, soit qu'il s'agisse des fonctions les plus obscures de la vie végétative ou des actes les plus relevés que comporte la vie de l'animal ou même la vie de l'homme. Ainsi l'antinomie n'est pas seulement où Kant la place, elle se montre dès le seuil, pour ainsi dire, de la vie organique. Ou plutôt il n'y a pas d'antinomie : il y a un mystère qui n'est autre que le mystère même de la vie.

§ 9. — La psychologie est-elle une science ?

On nous a tant reproché d'avoir médit de la psychologie, de ses prétentions à être une science et même à tenir un rang éminent parmi les sciences (1), que nous

---

(1) En quoi cependant nous ne nous éloignerions pas tant de l'opinion du prince de la psychologie contemporaine. Il est bon de citer ses paroles (*Introduction à l'histoire de la philosophie*, 13ᵉ leçon) : « C'est vers 1816 ou 1817 que, *tourmentant en tous sens la conscience*, pour l'épuiser et l'embrasser dans toute son étendue, j'arrivai à ce résultat, qu'il y a dans la conscience bien plus de phénomènes qu'on ne l'avait cru jusque-là ; qu'à la vérité tous ces phénomènes étaient opposés les uns aux autres, mais qu'en ayant l'air de s'exclure ils avaient tous cependant leur place dans la conscience. Je n'ose plus dire de quel phénomène il était alors question. Tout occupé de méthode et de psychologie, enfoncé dans les études les plus minutieuses, je ne sortais guère des limites d'une observation assez grossière et

voudrions une bonne fois tirer ce procès au clair. Autrement l'on s'étonnerait à bon droit de ce que la part de la psychologie est si petite dans un livre qui a justement pour objet le mariage des sciences et de la philosophie.

Assurément nous ne contestons pas à la psychologie le droit de passer pour un sujet d'études intéressantes, susceptibles d'applications utiles : il en était ainsi pour la physique, pour la médecine, bien avant qu'elles ne méritassent le nom de sciences. Encore aujourd'hui la philosophie, l'histoire, la critique littéraire abondent en remarques fines, en observations profondes, d'une justesse et d'une utilité incontestables, sans avoir acquis une constitution scientifique, et cela par des raisons faciles à donner. Un homme peut avoir rapporté de ses voyages une masse d'observations curieuses et de connaissances utiles, il saura beaucoup sans être un savant. On en dirait autant de tel homme qui a voyagé

---

d'une induction très-circonspecte; mais peu à peu la science s'agrandit, et de la psychologie qui est *le vestibule* et, si l'on peut s'exprimer ainsi, *l'antichambre de la science*, nous arrivâmes jusques dans le sanctuaire, c'est-à-dire à la métaphysique. » Certes l'antichambre n'est pas la pièce d'honneur de l'appartement, si même elle fait partie de l'appartement. Il est vrai que le même M. Cousin dit ailleurs (*du fait de conscience*) : « que la science humaine, dans toute son étendue, n'est qu'un cercle dont les deux extrémités sont deux points essentiellement similaires »; ce qui, d'après les explications de l'auteur, devrait signifier que le sanctuaire ne diffère du vestibule qu'en ce qu'il est éclairé par un lustre qui manque au vestibule, mais ce qui en réalité ne signifie rien. Car il suffit d'avoir passé par l'antichambre de la géométrie, qui devrait être selon Platon l'antichambre de la philosophie, pour savoir qu'un cercle n'a pas d'extrémités. Et puis, si la philosophie a un vestibule et un sanctuaire, c'est justement un des caractères par où elle diffère des sciences qui n'ont pas plus de sanctuaire que de vestibule.

beaucoup dans le pays de l'antiquité, et qui est à proprement parler un érudit, quoiqu'on lui donne aussi le nom de savant, par l'une de ces impropriétés de langage que la politesse et les usages de la conversation autorisent.

Nous avons insisté (p. 170) sur l'importance de la psychologie animale, pour le naturaliste comme pour le philosophe, ce qui montre assez que nous ne répugnons point à faire à la psychologie sa part. Effectivement plusieurs naturalistes ont observé avec un soin particulier les instincts et les mœurs des animaux; les chasseurs en savent peut-être à ce sujet encore plus que les naturalistes; et de tout cela l'on ferait un recueil d'observations très-curieuses, dont beaucoup comporteraient des applications utiles. Or, de tout cela est-il sorti une science spéciale qu'on puisse mettre à côté de l'anatomie, de l'histologie, de l'embryogénie, de la physiologie végétale ou animale? En aucune façon, et cependant l'observateur est aussi détaché de l'objet observé quand il s'agit des fonctions psychologiques des animaux, que lorsqu'il s'agit des organes ou des fonctions physiologiques. On en dirait autant du médecin aliéniste, du pédagogue qui apparemment observent d'autres sujets qu'eux-mêmes pour fonder leurs méthodes de traitement ou d'éducation.

Mais on ne peut pas tourmenter la conscience des autres, comme M. Cousin vient de nous apprendre qu'il tourmentait la sienne vers 1816 ou 1817, époque où la France avait déjà, il nous en souvient, de plus graves sujets de tourment. Or, il est de toute évidence que l'observateur qui s'observe et se juge lui-même se place dans de mauvaises conditions pour observer et pour juger. Le médecin le plus célèbre consulte sur sa propre maladie le confrère dont peut-être il ne jugerait pas le concours bien utile, dans une consultation pour autrui. Et pourtant les phénomènes qu'il s'agit en pareil cas d'observer et d'interpréter, sont de ceux que ne trouble pas beaucoup dans leur cours l'attention que le médecin met à les observer sur lui-même. Que dire donc à propos de ces phénomènes psychologiques, de ces faits de conscience, comme on les appelle, où l'attention de l'observateur, autre phénomène psychologique, intervient au premier chef comme cause modificatrice? Certes le meilleur moyen de calmer un accès de colère serait de s'observer attentivement quand on est en colère; et l'on plaindrait moins le mari qui vient de perdre une épouse adorée, si on le surprenait à faire de l'observation interne, la montre à secondes et le crayon à la main.

Les mêmes causes perturbatrices qui rendent l'observation défectueuse s'opposent encore plus à l'institution d'expériences proprement dites. Or, si jamais la psychologie empirique devient une science, cette science ne pourra être que très-voisine de la physiologie avec laquelle elle a tant de liens; et il est aisé de se convaincre que la physiologie est une science expérimentale comme la physique, plutôt qu'une science d'observation au sens propre du mot, comme l'astronomie, la météorologie, la zoologie ou la botanique. Lors donc que les psychologues, par une préoccupation bien naturelle en faveur de l'objet de leurs études, se sont plu à mettre en parallèle l'observation externe et l'observation interne, la physique et la psychologie (le tout pour conclure que la psychologie a les mêmes droits que la physique à être une science), ils ont trop oublié les circonstances de fait qui si souvent rendent vaine l'égalité de droits. Ils n'ont pas remarqué que la physique serait encore la physique des Grecs et du moyen âge, qu'elle ne serait jamais devenue une science (malgré les *tables* ou les *instances* imaginées par Bacon, et dont on ne s'est jamais servi) si elle avait été réduite à l'observation, si elle avait été privée du secours de l'expérimentation. De même pour la physiologie. Supprimez le pouvoir d'instituer en physiologie des expériences trop souvent cruelles, et vous la réduisez à rien ou à presque rien, scientifiquement parlant : ce qui en restera pouvant passer pour une sorte d'annexe ou de complément de l'anatomie descriptive. L'analogie fournirait donc déjà d'assez bons motifs de croire, qu'à moins de pouvoir devenir une science expérimentale dans le propre sens du mot, et faute d'avoir devant elle un champ d'observations aussi vaste, aussi varié, aussi consistant que celui des sciences d'observation proprement dites, la psychologie se trouverait de fait, sinon de droit, dans l'incapacité d'acquérir la forme scientifique.

Une science expérimentale doit avoir les moyens d'isoler les causes concourantes, d'assigner la part de chaque cause et de résoudre le phénomène complexe dans ses éléments, de manière à le rendre intelligible et explicable. Les moyens peuvent être fournis par la science même ou par d'autres sciences voisines. Ainsi le scalpel, les injections de l'anatomiste guident le physiologiste qui s'aide en outre de réactifs dont la découverte lui appartient. Les nerfs conducteurs de la sensibilité sont distingués par leurs racines rachidiennes des nerfs conducteurs de la force motrice : voilà l'indication anatomique. Les anesthésiques paralysent les uns, le curare paralyse les autres : voilà la réaction physiologique. Mais, pour l'institution d'expériences psychologiques, il n'y a ni chloroforme, ni curare, ni distinctions anatomiques qu'on puisse mettre en suffisante évidence, pas plus sur le mort que sur le vif. La psychologie ne pourrait donc être qu'une science d'observation comme l'astronomie ou la météorologie, avec cette différence que l'astronome et le météorologiste ont à leur disposition tout un attirail d'instruments très-parfaits, tandis que le psychologue n'en a qu'un seul, le langage qui est, comme nous le verrons, un instrument très-imparfait.

Pour fonder sur des faits positifs une science d'observation, il ne suffit pas d'avoir des observations, il faut pouvoir les vérifier en se plaçant dans des conditions identiques à celles où se trouvait placé le premier observateur. Mais le premier observateur serait souvent hors d'état lui-même de réitérer son observation, parce que sa constitution psychologique aurait changé avec l'âge, et surtout en raison de l'habitude qui émousse la sensibilité et facilite les mouvements, les passages, les rappels d'idées, au point de rendre indiscernables les phases, les temps d'arrêt primitivement discernables. Que sera-ce si l'organe de la pensée n'était pas encore arrivé à sa perfection, à son entier développement (p. 174), quand déjà s'opéraient des actes intellectuels capables d'influer sur tous les actes ultérieurs, et qu'il est absolument impossible de reproduire dans l'état adulte du sujet sur lequel se fait l'observation ! M. Cousin ne veut pas, et il a raison, que l'on descende avec Condillac d'un primitif hypothétique au fait actuel : il ne s'aperçoit pas qu'il est aussi peu légitime de remonter de l'actuel au primitif. « Tâchez de vous surprendre pensant, sans l'avoir voulu, vous vous retrouvez ainsi au point de départ de l'intelligence ; et là vous pouvez observer avec plus ou moins de précision ce qui se passe et doit nécessairement se passer dans le premier fait de conscience, dans ce temps qui n'est plus et ne peut plus revenir (*Cours de l'histoire de la philosophie*, 6ᵉ leçon). » Et ailleurs : « Selon moi, on ne peut saisir le point de vue spontané qu'en le prenant pour ainsi dire sur le fait, sous le point de vue réflexif, à l'aurore de la réflexion, au moment presque indivisible où le primitif fait place à l'actuel, où la spontanéité expire dans la réflexion. Ne pouvant le considérer en plein et tout à notre aise, il faut le saisir d'un coup d'œil rapide et pour ainsi dire de profil dans ces actes de la vie ordinaire qui se redoublent naturellement dans la conscience, et se laissent apercevoir sans qu'on cherche à les apercevoir. C'est cette conscience naturelle qu'il faut surprendre en soi et décrire fidèlement. Or, je pense que la conscience primitive présente les mêmes éléments, les mêmes faits que la réflexion, avec cette seule différence que dans la seconde ils sont précis et distincts, et que dans la première ils sont obscurs et indéterminés..... »

On le voit, c'est placer le peintre dans une position bien gênante pour attraper la ressemblance, mais n'insistons pas là-dessus. Le fond de l'idée de M. Cousin est que l'anatomie bien faite dispense de l'embryogénie, et que toute l'anatomie se retrouverait dans l'embryogénie avec un verre de grossissement suffisant, tel qu'en employaient les Parisiens assiégés, pour lire la photographie microscopique de leur correspondance de province. C'est l'idée de l'emboîtement des germes, d'après laquelle Adam portait en lui les miniatures de tous ses descendants. Mais l'embryogénie a mis cette idée à néant, en nous montrant des rudiments de viscères, de membres, de cordons nerveux qui apparaissent çà et là sur une toile proligère, avant que de constituer par leur soudure un fœtus humain: connaissance que ne nous procurerait pas l'anatomie de l'adulte, pas plus que l'observation de la conscience adulte n'est propre à nous renseigner sur l'état primitif et rudimentaire de la conscience.

Aussi l'observation en question ne conduit-elle le grand philosophe qu'à une découverte des plus douteuses. Selon lui le fait de conscience, qu'il soit actuel ou primitif, se résout en trois éléments : l'idée de l'infini, celle du fini, et celle du rapport de l'infini au fini, rapport dont, par parenthèse, les géomètres n'accorderont pas volontiers l'existence. On peut appliquer à l'unité et à la multiplicité, à l'être et au phénomène, à l'absolu et au relatif, ce qui vient d'être dit de l'infini et du fini, et la même trinité ou triplicité fondamentale se retrouve partout.

Nous ne sommes pas de ceux qui confondent la raison avec le sens, l'idée avec l'image, et nous accordons volontiers que quiconque réfléchit sur le phénomène du mouvement, y reconnaît le caractère de la continuité, c'est-à-dire reconnaît que le mobile n'a pu passer d'une position à l'autre sans passer par une infinité de positions intermédiaires; ce qui implique, chez celui qui tire cette conclusion, l'idée d'infini. Mais, combien y a-t-il d'hommes, de femmes, d'enfants qui la tirent, en comparaison de ceux qui n'y songent point, et qui ont pourtant l'idée très-nette du mouvement et de bien d'autres choses finies ! En ce sens donc la notion ou l'idée *du* fini n'implique pas, ne provoque pas nécessairement l'idée de l'infini. A la vérité, pour se demander si une chose est finie, comme ferait le sauvage qui après avoir rôdé autour de ses lacs verrait la mer pour la première fois, il faut avoir l'idée *de* fini, qui implique nécessairement l'idée d'infini : seulement il faut convenir que le signe verbal entre pour beaucoup dans ce raffinement d'abstraction, dans cette distinction subtile entre le *du* et le *de*, et qu'elle nous rejette bien loin du fait psychologique primitif. Nous ne pousserons pas plus loin l'examen d'une psychologie transcendante qui simplifie tant les faits ou en exagère tant la portée; au fond il s'agit moins là d'observations que de quelques habiletés de langage pour échapper au scepticisme de Kant et pour jeter ce fameux pont du *subjectif* à l'*objectif*, que selon nous on ne peut jeter qu'en fondant la critique philosophique sur les mêmes bases qui servent de fondement à toute espèce de critique. Il en sera question plus loin.

A côté de cette psychologie transcendante il y en a une autre dont le vol est moins haut, à laquelle, dit-on, M. Cousin reprochait d'avoir, même dans sa plus belle toilette, *nescio quid plumbeum :* ce qui serait véniel, si d'ailleurs, contente du genre de noblesse que lui communique son objet, l'esprit humain, elle renonçait à se parer d'un titre pour lequel les preuves manquent. Comme ici nous avons affaire à une partie plus forte par sa modération même, c'est le cas de joindre aux raisons déjà données pour combattre cette prétention, ce qui nous paraît être la raison décisive.

Reconnaissons d'abord nettement que la langue n'est que l'instrument de la pensée ; qu'en façonnant cet instrument l'homme cède aux sollicitations de son intelligence ; qu'il parle parce qu'il pense, au lieu de penser parce qu'il parle, comme quelques-uns l'ont soutenu. Il suit de là qu'en général le langage se précise d'autant mieux que la pensée acquiert plus de précision, et que les progrès de la science ont pour résultat ordinaire le perfectionnement du langage scientifique. Il est bien clair en effet que, si la curiosité de l'homme ne règle pas la production des phénomènes naturels qu'il étudie, la structure et le génie des langues que parlent les hommes la règlent encore moins. Si la langue commune donne à l'esprit des plis nuisibles à la juste perception du fait scientifique, on finira bien par s'en apercevoir, et le besoin d'y remédier donnera lieu à la création d'une langue scientifique. Celle-ci, réservée à des adeptes, se trouvera par cela même à l'abri des influences qui altèrent sans cesse la langue commune (p. 201, 203). Ayant pris les caractères d'un outil, d'un instrument soustrait à l'empire de la vie et de la mort, elle ne peut plus que recevoir des perfectionnements en rapport avec ceux de la science dont elle est l'instrument. L'empreinte du génie de la race ne s'y fait plus sentir, et toutes les langues vraiment scientifiques se traduisent sans difficulté les unes dans les autres. S'il y a des doctrines que les traductions ne dépouillent pas d'un goût de terroir, c'est déjà l'indice que ces doctrines ne peuvent passer pour scientifiques dans le propre sens du mot.

Ce n'est pas à dire pourtant que les vices organiques du langage ne puissent se faire sentir, même dans les sciences. Sans prétendre à régler le phénomène naturel qu'il étudie, l'esprit humain ne peut s'en rendre compte que selon ses propres lois, fondées en partie sur la nécessité des signes pour le travail de la pensée; d'où il suit que les formes du langage, en tant qu'elles imposent à l'esprit des lois nécessaires, peuvent nuire à la juste intelligence des faits naturels. Or, les imperfections organiques du langage, dont nous avons traité abondamment ailleurs et sur lesquelles nous reviendrons encore dans la suite de la présente esquisse, sont au nombre de deux. Le langage est une collection de signes discontinus, et les phénomènes naturels à la description desquels il doit s'adapter, sont pour la plupart soumis à la loi de continuité. Ces signes ne peuvent se ranger dans le discours qu'en série linéaire (p. 132), et l'on fausse, on disloque la plupart des rapports naturels quand on leur impose un ordre linéaire. Toutefois, si les vices organiques du langage nuisent à quelque chose dans les sciences, c'est moins à la connaissance des faits qui en constituent la partie positive et qui ne changent pas, qu'à la philosophie des sciences ou à la conception des liens rationnels par lesquels les faits s'enchaînent, de manière à constituer des théories très-sujettes au changement.

Tout autres sont les conditions de la psychologie. Pour les apprécier convenablement il ne suffirait pas de dire que les phénomènes de l'intelligence sont sujets à des variations continues, qu'ils ne comportent point l'application de la mesure, pas plus indirecte que directe; que leurs rapports sont d'une complexité incompatible avec l'ordre linéaire, et qu'ainsi les vices organiques du langage, en tant qu'instrument de description et d'analyse, affectent la psychologie à un plus haut degré que toute autre doctrine. Ici, ce qui est encore plus viscéral, le langage s'est tellement incorporé à la pensée, le signe et l'idée s'entrelacent tellement dans la mémoire (1) et dans les autres phénomènes intellectuels, la nature du principe actif et celle de l'instrument d'action s'y associent tellement et

---

(1) Ainsi je ne me représente pas M. Cousin, son œil étincelant, sa gesticulation pittoresque, sa merveilleuse causerie dans le tête-à-tête ou autour d'une table de Conseil, sans me rappeler qu'il se nommait M. Cousin, parce qu'en effet ce nom m'est nécessaire pour compléter l'idée du personnage, pour désigner le professeur, le penseur et l'écrivain, pour rappeler son rôle politique, les hautes fonctions qu'il a remplies, l'influence qu'il a exercée sur ses contemporains, toutes choses dont l'idée méritera encore d'être retenue, alors qu'il ne restera plus personne dont le cerveau conserve l'image de l'homme et du causeur. — Dans les relations de mon métier, combien de fois ne m'est-il pas arrivé de sentir avec déplaisance que j'avais affaire à une personne de connaissance, sans pouvoir me rappeler où et comment je l'avais connue! Que si le nom m'était soufflé, aussitôt tous mes souvenirs se débrouillaient. — Tous les vieillards savent que le nom qu'ils cherchent est celui qui se cache avec le plus d'obstination, pour reparaître dès qu'on ne le cherche plus. — Il m'arrive toujours en pareil cas d'avoir une mémoire très-nette de la première lettre du nom, peut-être parce que l'image du signe graphique est plus persistante de sa nature que le retentissement du signe phonétique, et parce que la trace de la lettre majuscule reste encore distincte quand celle des autres lettres s'efface. Dans ce cas il y aurait liaison mnémonique ou soudure, non-seulement entre le signe et l'idée, mais encore entre des signes différents de la même idée.

Voilà, si l'on veut, un petit échantillon d'observation interne, mais ce n'est pas de l'observation scientifique.

dans de telles proportions quant aux effets, que l'une ne peut pas être regardée comme la cause principale ou régulatrice et l'autre comme la cause perturbatrice. Or, il aurait suffi de changer les proportions des masses et des distances entre trois corps, le soleil, la terre, la lune, pour que l'homme fût mis hors d'état d'avoir jamais une astronomie scientifique, faute d'une distinction assez nette entre la force principale et la force perturbatrice. Faut-il donc s'étonner que tel soit l'effet produit en psychologie par la fusion du signe et de l'idée? Pour dissocier deux éléments, la chimie emploie d'ordinaire un troisième élément : ici il faut employer le langage pour analyser un produit dont le langage est un des facteurs, ce qui redouble la difficulté. On voudrait opérer sur l'entendement humain comme sur une table rase, et pour cela on emploie le langage qui conserve la trace de tout le travail intellectuel des générations antérieures ! La psychologie cherche en vain à se purger des mauvaises habitudes de la langue commune et à fixer, comme le font les sciences, une langue à son usage, parce qu'elle s'occupe de notions, d'impressions, d'actes familiers à tout le monde, qui sont le fond de la vie commune, et qui rappellent sans cesse la langue commune, en raison précisément de ce que la langue commune les rappelle sans cesse.

Voilà une justification déjà bien longue, et qu'il nous serait impossible de compléter en entrant dans les détails infinis que le sujet comporte. C'est bien plutôt le cas de répéter, à propos d'une question de critique très générale, ce que dit en si bons termes M. Cousin à propos d'une question de critique très-particulière (1). « Le vice du principe accompagne la théorie dans tous ses développements, engendre à chaque pas des équivoques et des mal-entendus sans nombre, et répand sur l'ensemble une confusion, une obscurité malheureuse. Il a suffi d'indiquer le vice à son origine; le suivre partout serait une tâche inutile et fatigante. Le bon sens tranche aisément les subtilités verbales; mais en voulant les résoudre en détail, la critique s'y enbarrasse elle-même. »

Nous nous rappelons le temps où nos programmes universitaires exigeaient des maîtres et des élèves de prouver qu'on doit commencer l'étude de la philosophie par la psychologie. On prouverait aussi pertinemment qu'il faut commencer l'étude de la musique par celle de l'acoustique et de l'anatomie de l'oreille. Heureusement pour les amateurs, la logique élémentaire ou la théorie du syllogisme, la logique supérieure ou la critique de l'entendement humain ne dépendent pas plus de la psychologie, que l'enseignement de la musique ne dépend des recherches de l'anatomiste et du physicien (2).

---

(1) Article sur les *Leçons de philosophie* de Laromiguière, placé en tête des *fragments philosophiques*, éd. de 1826, p. 50.

(2) Qu'on me permette encore de citer à ce propos une expérience psychologique qui en vaut une autre. On trouverait aujourd'hui disséminés sur la France entière des hommes d'un âge mûr, presque des vieillards, qui, s'ils aiment comme les autres humains à remonter au temps de leur jeunesse, doivent se souvenir d'avoir été interrogés par tel inspecteur général, dans leur classe de philosophie. Eh bien! je le déclare en toute sincérité : jamais je n'en ai vu qui réussissent à se tirer de leur embrouillamini psychologique, tandis qu'on obtenait de beaucoup d'entre eux des réponses satisfaisantes sur la logique, sur la morale, sur les démonstrations convenues de certaines

§ 10. — Du passage de la psychologie à la logique et à l'idéologie.

Puisque des philosophes distingués se sont mépris sur la nature et sur les ressources de la psychologie au point d'en faire le pivot de leur système, il faut qu'ils l'aient confondue avec quelque chose qui y tient de près, avec ce qu'on appelait, dans les premières années du siècle actuel, l'*idéologie*, si peu aimée de Bonaparte, et ce que provisoirement, pour ne pas multiplier les termes sans nécessité, nous pouvons appeler la *logique*, puisque dans toute logique il y a une part faite aux idées et à la discussion de certaines idées. Les idées apparaissent dans l'esprit humain, cela est évident : mais d'un autre côté il se peut que la nature des idées ou de quelques idées soit indépendante de la nature de l'esprit humain, autant que la nature de la lumière est indépendante de la structure de l'œil. Ainsi l'idéologie ou la logique peut toucher à la psychologie sans qu'on soit autorisé à les confondre, quoiqu'on soit fort exposé à les confondre.

Sans le secours des signes nous ne pouvons penser avec quelque peu de suite ou de succès à des objets quelconques, pris dans l'ordre physique ou dans l'ordre

---

vérités qu'il vaut encore mieux croire sans démonstration. Ce qu'on avait ajouté au fond sensé des vieux cahiers, ne valait guère mieux, ne portait guère plus de fruits que ce qu'on avait cru devoir en retrancher comme suranné. Les nouveaux Abélards étaient rudement attaqués par les Sts Bernards du temps : c'était injuste. La moderne scolastique des uns aurait dû paraître aux autres fort inoffensive, et l'on s'en est aperçu depuis, à l'invasion de doctrines bien autrement redoutables.

intellectuel. Voilà le fait vraiment psychologique, fait considérable et même d'une importance capitale pour le philosophe. Mais la psychologie s'en tient là ; elle ne nous a point appris jusqu'à présent, d'une manière qu'on puisse qualifier de scientifique, pourquoi l'homme a besoin de signes, à quel moment et dans quelle mesure ce besoin se fait précisément sentir. Si nous découvrons (p. 263) certains défauts majeurs aux signes du langage, cette découverte ou, pour parler plus modestement, cette remarque ne nous est point fournie par l'observation de quelque phénomène psychologique : le bon sens devrait la suggérer à quiconque est un peu logicien, et la logique se charge d'en tirer les conséquences.

De ce fait psychologique que nous ne pouvons penser avec quelque suite, même aux objets physiques tels que le *soleil* ou l'*or*, dont l'impression laisse après elle des images très-nettes, sans avoir des mots pour les désigner, les philosophes ont longtemps conclu à l'existence de certaines idées de soleil et d'or, qui seraient les objets de la pensée plutôt que l'or et le soleil mêmes : mais d'autres philosophes ont plus tard fait justice de cette logomachie à laquelle, comme de raison, ni les astronomes, ni les chimistes n'ont même daigné faire attention, quand ils se sont mis à étudier scientifiquement le cours de l'astre ou les propriétés du métal. Surtout ils se sont bien gardés de croire que leurs travaux n'étaient que la continuation du travail scientifique des psychologues.

La question se présente dans des termes moins simples quand au lieu du soleil et de l'or il s'agit de l'*arbre* ou du *poisson*. Dans ce dernier cas l'objet sensible, celui dont l'esprit peut garder l'image, est un individu, un exemplaire du type; le type même auquel s'applique la dénomination générique, n'a qu'une existence idéale, et pourtant l'esprit ne le crée pas à sa fantaisie. Il doit au contraire épurer, rectifier l'idée qu'il en avait d'abord, si elle était grossière ou fausse. Il doit la rendre aussi conforme que possible au type qu'il a plu à la Nature de créer, n'importe par quels procédés, et qui en ce sens existe dans la Nature, en l'absence même de toute intelligence capable d'en concevoir l'idée, et quoiqu'il ne puisse être l'objet, ni d'une perception sensible, ni d'un dessin dans un livre, ni d'une image dans le cerveau. Aussi le zoologiste s'attachera-t-il à bien caractériser le poisson comme type naturel; il ne prendra pas pour des poissons le dauphin, le homard, qui sont des poissons pour le vulgaire, pour le casuiste en temps de carême, et même, dit-on, pour quelques académiciens. Le botaniste fera presque le contraire pour l'idée d'arbre, et sans prendre parti dans la vieille querelle des universaux, il montrera le peu de fondement naturel de celui sur lequel porte sa critique. Il prouvera qu'un palmier et un baobab diffèrent bien plus l'un de l'autre dans leurs caractères essentiels, qu'un palmier ne diffère d'un lis ou un baobab d'une mauve. En tout cas, dans cette critique des idées d'arbre et de poisson, la psychologie n'entrera pour rien, et tout en pratiquant les préceptes d'une logique supérieure à celle d'Aristote, tout en croyant à juste titre faire de la bonne philosophie, ni le botaniste, ni le zoologiste n'éprouveront de scrupules, comme s'ils chassaient sur les terres de leurs confrères de la section de philosophie.

Passons à un troisième exemple plus délicat. La géométrie d'Euclide repose sur les deux idées de la ligne droite et du cercle : mais, quoique les deux lignes jouissent de l'attribut commun d'avoir un cours parfaitement *uniforme,* ce qui est la *raison* d'une foule de symétries curieuses en géométrie supérieure et en mécanique, leur rôle dans les éléments n'est pas symétrique. La définition de la ligne droite n'implique pas la notion du cercle, tandis que la définition du cercle implique la notion de la ligne droite, et même celle du plan. Moyennant ce support, la définition du cercle est logiquement irréprochable, tandis que la définition admise pour la ligne droite « le plus court chemin d'un point à un autre » est de l'aveu de tout le monde, fort imparfaite, impliquant à certains égards un cercle vicieux, et devant plutôt passer pour l'énoncé d'une propriété qui à la rigueur aurait besoin de démonstration. Le fait psychologique supplée en cela à l'imperfection logique : car il faut reconnaître que la notion de la ligne droite et de la distance de deux points est chez nous spontanée, instinctive, et peut même passer pour appartenir à cette psychologie animale dont il a été fait mention (p. 170 et suiv.). De même l'enfant reconnaît l'objet qui lui est familier, à la vue du dessin qu'on lui présente sur une échelle réduite : en conséquence de quoi l'idée de la ressemblance géométrique ou de la similitude pourrait aussi passer pour une donnée psychologique, commune à l'adulte et à l'enfant, sinon à l'animal ; de sorte que l'omission arbitraire de cette donnée dans les éléments d'Euclide serait très-propre à rendre compte de ce qu'on appelle « l'imperfection logique de la théorie des parallèles. »

Si les exemples d'un pareil recours au fait psychologique devenaient aussi fréquents que « les appels au sens commun » chez certains philosophes, la géométrie pourrait passer pour une annexe de la psychologie. Comme au contraire rien n'est plus rare, et que, le seuil une fois franchi, toute la géométrie consiste en raisonnements et en constructions idéales où la psychologie n'a rien à voir, on la répute à bon droit une science éminemment rationnelle. Enfin, les progrès de la philosophie naturelle nous ayant appris que la ligne droite n'est pas une fiction de notre esprit et qu'elle a son type dans la Nature, en ce sens qu'elle figure dans l'expression des lois de la Nature, des lois de la mécanique, de l'optique, etc., il en faut conclure un accord des plus remarquables entre les lois fondamentales de la Nature et les données fondamentales de l'esprit humain. Or, quoique la capacité d'avoir des idées soit un fait psychologique, tirer de telles conséquences de nos idées, c'est dépasser de beaucoup le champ de la psychologie.

Malgré tout ce qu'il peut y avoir d'étrange dans un rapprochement entre la géométrie et la morale, nous ne craindrons pas de dire que l'on ne réussit guère mieux à définir l'idée du *juste* ou du *droit* dans le sens moral, qu'à définir l'idée de la *ligne droite*. La définition rebattue « ne pas faire à autrui ce que nous ne voudrions pas qu'on nous fît » ne résiste pas à la critique. Même entre ennemis déclarés on distingue ce qui est juste de ce qui ne l'est pas, quoique l'état de guerre consiste précisément à tâcher de faire à autrui ce que nous serions bien fâchés qu'il nous fît. Certes un industriel serait fort contrarié d'apprendre qu'il est ruiné par une invention de son concurrent, et il ne serait blâmé par personne, il n'éprouverait pas le moindre scrupule à profiter de la même invention s'il en était l'auteur. Il faut donc en revenir au fait psychologique, au sens moral par lequel nous discernons le juste de l'injuste. Il faut prendre la définition vulgaire en ce sens que nous jugeons mieux de l'injustice de l'acte commis par un autre, à condition qu'aucun appétit, aucune passion intéressée ne vienne alors troubler notre jugement : car, si l'acte froisse nos propres intérêts, comme la définition le suppose, un pareil trouble est à craindre, et de là tant de procès. Mais, dès que le sens moral nous a suggéré l'idée du juste et de l'injuste, la raison s'en empare comme d'une chose de son ressort, qui ne dépend pas plus de l'organisation psychologique que la lumière ne dépend de l'organisation du sens de la vue. La raison conçoit qu'un être puisse être privé du sens moral comme un autre du sens de la vue, et que l'une et l'autre privation témoignent d'une organisation inférieure : elle se garde d'en conclure que la chose perçue n'est qu'une affection de l'organe, et qu'elle cesserait d'exister s'il n'existait plus d'organe capable de la percevoir.

Il y a tel chapitre de morale à propos duquel on ne peut s'empêcher de tenir grand compte, non-seulement de la donnée psychologique, mais de la donnée physiologique, c'est-à-dire, pour appeler les choses par leur nom, de la différence des sexes. On s'explique ainsi les jugements du monde, tantôt si indulgents, tantôt si sévères. Cependant, tout en s'en rendant compte et même en les ratifiant au point de vue de l'utilité pratique, la raison conçoit une justice plus juste, une règle morale plus pure et plus élevée, fondée sur la dignité de la nature humaine et sur la réciprocité d'engagements entre des êtres raisonnables, capables au même degré d'apprécier les conséquences morales de leurs engagements et de leurs actes (1).

En reconnaissant ainsi à l'idée morale une valeur rationnelle, supérieure à celle d'un simple fait psychologique, nous sommes bien forcé d'avouer qu'elle ne trouve point, comme le concept géométrique, son contrôle ou son critère dans l'explication scientifique des phénomènes naturels. C'est donc à bonne intention, mais avec peu de fondement, qu'on a dit que les vérités de la géométrie seraient contestées, comme celles de la morale, si les passions des hommes avaient le même intérêt à les contester. Dans le silence des passions, les vérités mathématiques auraient un genre d'autorité que les vérités morales ne peuvent avoir. Celles-là comportent une vérification positive par l'expérience ; et tout ce que l'expérience peut nous ap-

---

(1) On est allé jusqu'à étendre aux œuvres de l'esprit l'influence de la donnée psychologique, d'où cette assertion de Condorcet, bizarre au moins dans la forme « qu'une femme pourrait être Pascal ou Rousseau, mais non Euler ou Voltaire ». Elle paraît bien hasardée en ce qui touche Pascal qui a si peu vécu, chez qui la maladie et les pensées austères ont tué le sexe, et qu'on serait plutôt tenté de comparer à un enfant de génie qu'à une femme de génie. On l'admettrait plus volontiers à l'égard de Rousseau, puisqu'en tête de ses disciples il faut certainement placer deux femmes célèbres, Mme Roland et Mme de Staël, douées même d'un génie plus viril que celui du maître. La plupart des femmes se consoleront sans doute de ne pouvoir être ni Euler ni Voltaire, mais l'association des deux noms est étrange et il n'y a guère eu que Condorcet à qui elle pût venir en tête, parce que la marotte de Condorcet était de se croire tout à la fois le disciple d'Euler et celui de Voltaire.

prendre à l'égard des autres, c'est qu'il est de l'intérêt bien entendu des individus et de la société, que les individus conforment leur conduite aux règles morales gravées dans la conscience humaine, et qui apparemment auraient été données à l'homme comme ont été donnés à toutes les espèces vivantes les instincts sans lesquels n'auraient pu se conserver les individus et les espèces. La raison irait plus loin, si nous pouvions avoir commerce avec des êtres intelligents et moraux d'une autre espèce, d'une autre constitution psychologique, et constater qu'ils ont effectivement la même morale comme la même géométrie.

Malheureusement, sans même sortir des conditions de l'humanité, l'observation fournit plutôt des inductions contraires. Il n'y a guère moyen d'admettre que la règle morale, dans la forme absolue sous laquelle la raison la conçoit, soit pratiquement ni même théoriquement applicable aux sociétés humaines qui pourtant vivent aussi, quoique d'une vie inférieure à celle de la personne humaine (p. 189 et 207). Sans doute on n'hésite pas à condamner l'homme d'État qui ne tient aucun compte de la loi morale, qui affiche le machiavélisme; et si cette politique devient la politique traditionnelle d'un Gouvernement, d'une Cour, d'un Cabinet, ses succès ne l'absolvent, ni devant le tribunal de l'histoire, ni devant celui de la conscience. Mais d'un autre côté, si l'on peut dire à la personne humaine de résister jusqu'à la mort et jusqu'aux plus cruelles tortures, on ne peut le dire à un peuple, à une nation. Il n'est point dans la Nature qu'un peuple se suicide, ni qu'il se fasse trappiste. *Salus populi suprema lex esto :* jamais l'enthousiasme, non plus que le fanatisme ne pourront déplacer cette borne posée par le bon sens, et qui ne fait que rehausser le mérite du sacrifice chez les êtres capables de sacrifice.

Qu'il s'agisse de règles morales ou de purs concepts de l'entendement, comme ceux de la géométrie, le caractère commun que la raison leur imprime est celui d'une rigueur absolue, tenant à la nécessité des choses. Rien de plus tranché, comme Kant l'a si bien fait voir, que la distinction entre les jugements absolus, nécessaires, universels, portés par la raison pure indépendamment de toute expérience, et les jugements empiriques qui par eux-mêmes n'ont de valeur que sous les conditions et dans les limites de l'expérience. Si donc il y a un contraste marqué entre les phénomènes de l'ordre physique et les phénomènes de la vie, contraste que les plus graves autorités scientifiques s'empressent de reconnaître ou de confirmer, il n'y a d'autre part rien de mieux établi en philosophie que le contraste entre la connaissance empirique et la connaissance rationnelle, entre le fait sur lequel l'expérience ou l'observation nous renseignent, et l'idée pure que la raison saisit ou qui s'impose à la raison. Donc le corps des faits et des doctrines biologiques (la psychologie empirique comprise) se distingue tout à la fois, malgré de nombreux points d'attache, du corps des sciences physiques et du corps des sciences ou des théories que l'on qualifie de rationnelles, parce qu'elles ressortissent de la raison pure et possèdent à ce titre des caractères communs. Si l'on considère que des faits psychologiques préparent ou font éclore les conceptions de la raison pure, ce qui est conforme à l'ordre d'idées suivi dans le présent Essai, on intercalera le corps des sciences biologiques entre les sciences physiques et les doctrines rationnelles, ce qui maintiendra la transition de la psychologie empirique à la psychologie rationnelle, c'est-à-dire à la logique ou à cette partie de la logique qu'on nomme idéologie. Au contraire, si l'on se laisse guider par cette considération, que la vérité logique ne dépend en aucune façon du fait psychologique donné par l'observation, tandis que les principes de la raison pure président à toute construction scientifique, et que notamment la géométrie contient la raison de la physique, bien loin d'être une physique simplifiée ou émondée pour notre commodité propre, comme des philosophes et même des géomètres l'ont impertinemment soutenu, alors on aura l'idée d'un ordre où les sciences rationnelles constitueraient la première assise scientifique, celle sur laquelle toutes les autres reposent et qui a été effectivement bâtie la première.

Par allusion à cet ordre de superposition scientifique, auquel nous nous sommes conformé jadis dans un ouvrage plus étendu, nous avons pu exprimer ce jugement que nous ne songeons point à rétracter : « Que la psychologie empirique est séparée de la logique ou de la psychologie rationnelle par toute l'épaisseur des sciences. »

QUATRIÈME SECTION

RATIONALISME

§ 1ᵉʳ. — Du domaine de la raison pure.

De tout temps les philosophes ont insisté, comme nous venons d'y insister encore, sur la distinction entre les vérités absolues, nécessaires, qui s'imposent à l'esprit par leur évidence même, ou parce qu'elles découlent nécessairement d'autres vérités nécessaires, et les vérités contingentes que nous connaissons par l'observation et par l'expérience, le plus souvent sans en pénétrer la raison, sans savoir pourquoi les choses sont ainsi plutôt qu'autrement. Mais à cet égard les savants ont fait encore mieux que les philosophes, lorsque, sans se contenter de ces généralités, ils ont pris la peine de construire des corps de doctrines où l'esprit tire tout de son propre fonds, sans rien demander à l'observation du dehors ; où les idées s'enchaînent avec une rigueur absolue, parce que l'esprit les a saisies dans leur pureté parfaite, après les avoir dépouillées de tout vêtement sensible et de toute trace d'origine empirique.

Il n'y a pas d'idée plus simple, plus précise et plus pure que celle de *nombre*. Toutes les grammaires mentionnent des nombres *cardinaux* et des nombres *ordinaux;* c'est-à-dire que les nombres ont pour propriété essentielle d'exprimer, d'une part la quantité et la mesure sur laquelle repose toute précision, d'autre part les relations de succession, d'ordre et de rang Aussi, dans la plus ancienne des écoles grecques de philosophie, regardait-on les propriétés des nombres comme ce qu'il y a de plus intéressant à étudier, dans l'espoir d'y trouver la raison secrète des lois qui gouvernent les phénomènes sensibles. Mais, considérés en eux-mêmes et indépendamment de toute application à la mesure et à l'ordre, les nombres jouissent encore de propriétés qui les caractérisent. Ainsi des nombres tels que 12 et 20 désignent des groupes d'unités, susceptibles de se décomposer diversement en d'autres groupes formés chacun d'un même nombre d'unités : tandis que des nombres tels que 11 et 13 résistent à cette décomposition, sont en quelque sorte des *radicaux numériques*, et ont reçu pour ce motif la qualification de *nombres premiers*. De là une arithmétique supérieure, une sorte de chimie arithmétique qui ouvre un champ de recherches curieuses, rarement susceptibles d'applications pratiques, et qui n'en piquent que plus la sagacité des esprits spéculatifs. C'est tout un monde idéal à explorer, et que l'homme n'épuisera pas plus qu'il n'épuise le monde réel.

Pour prendre un exemple bien plus simple, supposons qu'on ait extrait de la série naturelle des nombres

$$1, 2, 3, 4, 5, 6, 7,\ldots$$

la série des nombres *impairs*

$$1, 3, 5, 7, 9, 11, 13,\ldots$$

et concevons que l'on opère sur cette seconde série, en prenant d'abord le premier terme, puis la somme des deux premiers, puis celle des trois premiers et ainsi de suite. On formera cette troisième série

$$1, 4, 9, 16, 25, 36, 49,\ldots\ldots$$

qui est celle des nombres *carrés* : 4 étant égal à 2 fois 2, 9 à 3 fois 3, 16 à 4 fois 4, et ainsi de suite. Il faudrait renvoyer à l'école primaire celui qui ignorerait que cette dénomination de *nombres carrés* tient à ce que le carré dont le côté a pour longueur 1, 2, 3, 4,..... *mètres linéaires*, contient en surface 1, 4, 9, 16,... *mètres carrés*.

La troisième série, formée avec la seconde, est donc liée à la première par une loi qu'on pourrait constater ou vérifier empiriquement, par un calcul de proche en proche poussé ausi loin qu'on le voudrait : seulement on ne saisirait pas ainsi la *raison* de cette corrélation si exacte, et à la rigueur, quel que fût le nombre des vérifications, l'on pourrait toujours craindre qu'elle ne finît par se trouver en défaut. On évitera cet inconvénient si l'on imagine qu'avant de faire les additions successives, et sans rien changer aux sommes, on ait rendu tout les nombres ajoutés égaux entre eux, en reportant sur le premier nombre ce qu'on ôte au dernier, sur le second ce qu'on ôte au pénultième, et ainsi de suite, comme l'indique le tableau suivant :

1.	1.
1, 3.	2, 2.
1, 3, 5.	3, 3, 3.
1, 3, 5, 7,	4, 4, 4, 4.
1, 3, 5, 7, 9.	5, 5, 5, 5, 5.
. . . . .	. . . . .

On met ainsi en évidence, non-seulement la *loi*, mais la *raison* de la loi, par conséquent sa nécessité et sa constance. Sur ce cas si simple et presque puéril, on pourrait dire comme le grand géomètre de Syracuse εὕρηκα : la raison *objective* est trouvée, la raison *subjective* est satisfaite.

Il faut remarquer dans ce tour de raisonnement, et en général dans toute démonstration où la raison opère seule, sans le secours de l'expérience, ce que Kant a nommé « une synthèse *a priori* », c'est-à-dire une certaine disposition ou construction idéale que l'esprit invente pour le besoin de la démonstration, et dont l'invention pour laquelle on ne saurait donner de règles fixes, est ce qui met en relief la sagacité du démonstrateur. Vainement s'amuserait-on à mettre la démonstration ou, comme disent les logiciens, la déduction en syllogismes, en enthymèmes, en sorites; vainement s'entêterait-on avec Condillac à ne voir dans tout cet appareil « qu'une langue bien faite » : on ne serait pas dispensé pour cela de l'invention ou de la construction préalable; la vertu démonstrative ne résiderait, ni dans la langue bien faite, ni dans l'appareil syllogistique. Et voilà pourquoi cet appareil sert de si peu à l'avancement de nos connaissances dans le domaine de la raison pure, et de si peu encore dans les sciences empiriques où il faut que l'expérience donne ce que l'invention rationnelle cesse de donner.

Même après que l'esprit a trouvé la raison théorique qui le satisfait, il n'est pas indifférent d'avoir le contrôle d'une vérification empirique, susceptible d'être répétée aussi souvent et pour autant de cas qu'on le souhaite. Il est toujours bon de pouvoir faire même ce qu'on se dispense habituellement de faire, par suite de la confiance acquise dans l'instrument ou dans l'agent qu'on emploie. Le caractère singulier et éminent des mathématiques consiste justement en ce que, tout en procédant de la raison seule, elles admettent le perpétuel contrôle de l'expérience, comme les autres sciences auxquelles on donne, à cause de ce caractère commun, le nom de *positives*. Et même en arithmétique où l'on n'opère qu'à l'aide de signes dont la précision est égale à celle de l'idée, la vérification empirique comporte une précision et une rigueur dont ne seraient pas susceptibles les expériences faites avec les organes du sens, aidés des meilleurs instruments.

L'exemple choisi serait tout à l'avantage des idées pythagoriciennes sur les vertus cosmiques des nombres, puisqu'on sait depuis Galilée (et à la vérité il s'est écoulé de Pythagore à Galilée quelque chose comme 70 fois la longueur moyenne d'une génération) que, lors de la chute d'un corps pesant dans le vide, les espaces décrits à chaque seconde consécutive croissent comme les termes de la série des nombres impairs, pendant que les espaces décrits depuis le commencement de la chute croissent comme les termes de la série des nombres carrés. Et la raison peut encore en être donnée sans trop de peine. En effet, une fois admise l'idée ou l'hypothèse si naturelle, que la pesanteur est une force qui agit avec uniformité et continuité sur le corps qui tombe, il suit des principes de la mécanique (p. 12) que la vitesse acquise croît proportionnellement au temps écoulé depuis le commencement de la chute. Si donc l'on prend pour *unité* l'espace qui serait décrit d'un mouvement uniforme avec la vitesse acquise au bout de la première seconde (10 mètres environ), il faudra qu'au bout de 2, 3, 4 secondes, la vitesse acquise soit exprimée par les nombres 2, 3, 4. D'un autre côté, à cause de l'uniformité d'action de la pesanteur, l'espace décrit d'un mouvement accéléré pendant la première seconde de chute doit être le même que celui qui serait décrit d'un mouvement uniforme avec la vitesse moyenne entre 0 et 1, c'est-à-dire avec la vitesse $\frac{1}{2}$. Par la même raison, l'espace décrit pendant la deuxième seconde égalera celui qui serait décrit d'un mouvement uniforme avec une vitesse moyenne entre 1 et 2, c'est-à-dire avec la vitesse $\frac{3}{2}$, et ainsi de suite. On voit déjà pour quelle raison les espaces décrits pendant les intervalles de temps successifs croissent comme la série des nombres *impairs*; après quoi, suivant ce qu'on a vu, la pure arithmétique suffit pour établir que les espaces décrits depuis le commencement de la chute doivent croître comme la série des nombres *carrés*. Le lecteur qui aura pris la peine de faire ce raisonnement en sera peut-être dédommagé par la satisfaction d'apprendre qu'il a fait, sans s'en douter, du *calcul intégral*.

Il importe à notre objet de remarquer qu'en arithmétique pure il peut paraître indifférent de passer, par voie d'addition, de la série des nombres impairs à la série des nombres carrés, ou au rebours de passer, par voie de soustraction, de la série des nombres carrés à la série des nombres impairs. Au point de vue de l'expérience physique, il faut, pour mesurer les vitesses acquises, un artifice dont on est dispensé en faisant porter directement la mesure sur les espaces décrits depuis le commencement de la chute. Au contraire, pour l'explication théorique ou pour la conception rationnelle du phénomène physique, il faut suivre l'ordre que nous avons indiqué, puisque la raison de la loi que suivent les espaces décrits ne peut se trouver que dans la loi des accroissements successifs.

Passons de l'arithmétique à la géométrie. On dit au collége « que la géométrie est l'art de raisonner juste sur des figures mal faites. » En style plus relevé, l'on peut dire que nulle part n'apparaît mieux le contraste entre la grossièreté de l'image et la pureté de la conception ou de l'idée ; que rien n'accuse mieux, d'une part le besoin qu'a l'esprit de s'aider d'une image sensible pour la contemplation de l'idée, d'autre part la faculté qu'il possède de dépouiller l'idée de son vêtement sensible et de tout ce qui est accidentel, irrégulier ou même faux dans l'image, pour s'attacher uniquement à ce qu'il y a d'essentiel dans l'idée et à ce qui en découle par une nécessité de raison.

L'expérience peut venir ensuite confirmer, si on le désire, les conclusions de la théorie. Après que l'esprit a porté ce jugement « la somme des trois angles d'un triangle quelconque est égale à deux droits », en s'aidant d'une construction idéale qui fait saisir la raison de cette propriété essentielle, on peut se donner la satisfaction de la vérifier empiriquement, en mesurant avec soin les angles d'autant de triangles qu'on voudra, tracés arbitrairement sur le papier ou sur le terrain. A cause de l'imperfection inévitable de nos sens, de nos instruments et de nos procédés de mesure, la vérification ne sera pas rigoureuse comme elle l'était tout à l'heure en arithmétique : mais, plus les instruments seront précis, les organes exercés, plus l'on apportera de soins à la mesure, plus les écarts du résultat empirique et du résultat théorique iront en s'atténuant, tantôt en plus, tantôt en moins, de manière à confirmer pleinement la théorie. Voilà pourquoi la géométrie est non-seulement une science *rationnelle* (ce qu'on pourrait dire aussi de la jurisprudence, de la logique, ou de quelques parties de la jurisprudence et de la logique), mais une science *positive* aussi bien que la physique ou la chimie. Voilà l'une des raisons pour lesquelles les géomètres s'asseoient dans les Académies à côté des physiciens, non à côté des jurisconsultes et et des philosophes.

Rien ne nous autorise à affirmer que toute conception géométrique, féconde dans le champ des abstractions, doive garder la même importance, posséder la même fécondité dans la théorie des phénomènes naturels (p. 33). Il y a plutôt des motifs de penser le contraire. Le monde des vérités intelligibles, celui des réalités physiques sont deux systèmes qui se touchent et s'engrènent plutôt qu'ils ne se superposent l'un à l'autre (p. 38). En revanche, là où une superposition se montre, c'est bien certainement la vérité géométrique qui est le fondement, la raison essentielle de la réalité physique. La géométrie n'est point (p. 275) une physique émondée, simplifiée pour la rendre accessible à nos raisonnements : c'est la physique qui est une géométrie rendue sensible dans la Nature par un ingrédient de réalité, comme elle l'est dans nos livres par l'illustration des images.

La démonstration rationnelle n'est pas confinée dans le monde idéal des mathématiques. A la pure géométrie peuvent s'allier plus ou moins des notions empruntées à la réalité physique, sans que cette alliance force de renoncer à la démonstration ou à l'explication rationnelle. La masse, le poids, la pression répondent à des notions que nous n'aurions pas sans le concours des sens et de l'expérience, non plus que celles de l'espace et de ses dimensions (p. 54) : mais, une fois ces notions acquises à l'esprit, nous en pouvons tirer des conséquences par le seul raisonnement. Par exemple, nous aurons une « théorie des centres de gravité », telle qu'elle est sortie des mains d'Archimède, aussi mathématique que la géométrie d'Euclide, un postulat physique y tenant lieu de tels postulats psychologiques (p. 269). Il pourra même arriver, par la vertu de la synthèse *a priori,* que cette théorie facilite la démonstration de certaines propriétés géométriques où la gravité n'entre pour rien. Par exemple, en se fondant sur cette proposition évidente : qu'il ne peut y avoir qu'un centre de gravité pour un corps quelconque, et en particulier pour une plaque de forme triangulaire, on prouve immédiatement ce théorème de géométrie pure « que les trois droites menées de chaque angle d'un triangle aux milieux des côtés opposés se coupent en un même point. »

Pour dernier exemple des vérités que l'on peut établir par le seul raisonnement, prenons le *principe d'Archimède :* « un corps plongé dans un fluide y perd une portion de son poids égale au poids de la portion de fluide qu'il déplace. » On montre dans tous les cours de physique comment ce principe important peut s'établir ou se vérifier par l'expérience. Cela suffit aux enfants, aux gens du monde, aux praticiens de toute sorte, mais n'aurait pas suffi pour causer le transport de joie du grand inventeur. On pourrait encore, dans l'état de la physique mathématique, se flatter de l'établir par le calcul direct de certaines actions moléculaires qu'Archimède ne connaissait pas ou dont il ne s'occupait point : calcul bien compliqué pour donner la raison immédiate d'une loi si simple, et mêlé de trop d'hypothèses pour que l'esprit en soit pleinement satisfait. Or, une considération très-simple donne à l'esprit cette satisfaction qu'il réclame. Si l'on imagine qu'une portion intérieure du fluide (de l'eau par exemple) vienne à se solidifier, à se congeler, sans qu'il y ait rien de changé à l'écartement des molécules ou à la densité, cette portion qui était en équilibre à l'état fluide, y sera encore à l'état solide, puisqu'il répugnerait que la solidification, qui n'est qu'un obstacle de plus aux mouvements que pourraient prendre des molécules non en équilibre, y troublât l'équilibre déjà établi. Si donc le bloc solidifié est en équilibre, il faut que le résultat de toutes les pressions exercées à la surface du bloc par le fluide ambiant soit d'en contrebalancer exactement le poids, c'est-à-dire le poids de la masse fluide qui, suivant l'hypothèse n'a changé ni de figure, ni de volume, ni de densité ou de poids par la solidification. Ajoutons que cette pression ou ces pressions exercées à la surface du bloc, ne sauraient dépendre, ni de la structure intérieure, ni de la densité, ni de la nature chimique de la matière dont il est formé, de sorte que les pressions seraient les mêmes pour un bloc d'argile, de pierre, de métal, que pour le bloc de glace de même volume et de même forme. Donc en général le bloc immergé perd par la pression du fluide une portion de son poids égale au poids de la portion de fluide déplacée.

Il faut remarquer dans ce raisonnement, outre la synthèse ou construction idéale, le jugement de l'esprit qui prononce que A est indépendant de B ou que la raison de A ne saurait être dans B : jugement de la nature de ceux que Leibnitz avait en vue quand il faisait du principe de la *raison suffisante* le principe ou l'un des principes de sa philosophie. L'épithète de *suffisante* paraît d'ailleurs superflue et propre seulement à donner au discours plus de sonorité et d'ampleur, ou bien encore à indiquer dans quel sens *objectif* on prend ici ce mot de *raison* que l'usage, comme nous allons le voir, autorise à prendre dans des acceptions si diverses. Non-seulement il n'y a pas de raison suffisante, mais il n'y a pas de raison du tout pour que la structure intérieure et la nature chimique du bloc immergé influent sur les pressions que le fluide ambiant exerce à la surface du bloc.

Sous cette forme négative, le principe de Leibnitz intervient ou peut intervenir dans la démonstration rationnelle d'une foule de propositions, même de pure géométrie. Ainsi je suis autorisé à affirmer en géométrie plane que, si l'on peut mener d'un point une ligne droite qui touche un cercle, on en pourra mener deux : car, tout étant symétrique de part et d'autre de l'axe qui joint le point au centre du cercle, il n'y aurait pas de raison pour que le contact eût lieu plutôt au-dessus qu'au dessous de l'axe de symétrie. La construction dispense, il est vrai, de ce raisonnement en ce qu'elle détermine à la fois deux points de contact : mais ce fait même a sa raison dans la symétrie de la figure et pouvait être affirmé d'avance. Toutefois Leibnitz lui-même était d'avis que son principe de la raison suffisante n'intervient *nécessairement* qu'en métaphysique ou en physique, et que le propre des mathématiques est de *pouvoir être* exclusivement fondées sur le *principe d'identité*; assertion peut-être contestable dans sa généralité, et que devait si fort exagérer, cinquante ans plus tard, le futur abbé de Condillac.

Dans les spéculations de la raison pure l'idée de la raison des choses intervient encore d'une autre manière, en ce qu'elle nous fait préférer tel tour de démonstration qui *éclaire* l'esprit, c'est-à-dire qui lui fait sentir la raison de la vérité démontrée, à tel autre qui l'éclaire moins bien ou qui ne l'éclaire pas du tout, ainsi qu'on l'a de tout temps reproché au tour de démonstration que les géomètres appellent « la réduction à l'absurde ». Vous me démontrez avec une extrême rigueur que je ne puis, sans être amené à une absurdité, attribuer au volume d'une sphère une mesure plus grande ou plus petite que le produit de la surface par le tiers du rayon : je n'aurai l'esprit éclairé sur la raison de ce théorème important que lorsque vous m'aurez suggéré l'idée fort simple de décomposer le volume de la sphère en de très petits éléments pyramidaux, ayant pour sommet commun le centre de la sphère et pour bases de très-petites portions de la surface sphérique. En les traitant comme des pyramides à bases planes, c'est-à-dire en substituant mentalement à la sphère un polyèdre globuleux, ayant une multitude de facettes très-petites, la mesure du volume de la sphère sera ramenée à dépendre de la mesure connue du volume d'une pyramide à base plane, puisque ce qui est vrai du polyèdre quel que soit le nombre des facettes, doit être vrai de la sphère avec laquelle il tend à se confondre par la multiplication indéfinie des facettes, pendant que la hauteur de chaque pyramide élémentaire tend à se confondre avec le rayon de la sphère, et que la somme des surfaces de toutes les facettes tend à se confondre avec la surface sphérique. C'est encore une autre manière de faire du calcul intégral.

Au commencement du siècle, le géomètre Legendre avait fait un gros traité *des fonctions elliptiques,* plein de calculs et de théorèmes d'une exactitude logiquement irréprochable, mais où il intervertissait perpétuellement l'*ordre rationnel* et masquait les analogies indiquées par la théorie déjà si avancée des *fonctions circulaires :* car il y attaquait *directement* les fonctions qu'il aurait fallu qualifier d'*inverses* et traiter comme telles. Vingt ans plus tard sont venus du Nord deux jeunes géomètres, Abel et Jacobi, qui ont retourné la lunette et remis toutes choses à leur place, ce qui équivalait à éclairer d'une lumière nouvelle cette partie de la haute géométrie (1).

Nous avions besoin de tous ces exemples, et nous en demandons pardon au lecteur qui nous permettra sans peine de n'y pas insister plus longuement.

§ 2. — De la distinction de la logique et de la raison, de l'ordre logique et de l'ordre rationnel.

Comme les Grecs, ce peuple ingénieux, subtil et disputeur, se sont vite aperçus du besoin qu'on a du

---

(1) Comparez encore la théorie de la rotation des corps donnée par Poinsot, à celle qu'Euler et ses successeurs avaient déduite des formules générales de l'analyse.

langage pour raisonner, des signes pour calculer, ils ont employé le même mot λόγος pour désigner le langage et la raison, les rapports des grandeurs et le calcul de ces rapports. Les Romains entendaient le calcul dans un sens plus pratique, la parole dans un sens plus oratoire : et comme leur mot *ratio* avait primitivement le sens de compte (1), le sens un peu vulgaire qu'il conserve dans le dérivé *prorata*, ils ont trouvé tout simple, lorsqu'ils se sont mis à philosopher, de traduire aussi par *ratio* le même mot λόγος pris dans le sens de raison. Plus tard encore, et apparemment pour mieux distinguer la gravité des doctrines religieuses des subtilités de la dialectique grecque, ils ont préféré leur mot verbum, pour en faire l'équivalent dogmatique du ΛΟΓΟΣ des Grecs devenus chrétiens. De là, dans notre langue philosophique qui puise à la fois à la source grecque et à la source latine, les deux mots *logique* et *rationnel*, identiques selon l'étymologie, comme le sont aussi les mots *physique* et *naturel* ; ce qui ne s'oppose pas à la distinction (2), aujourd'hui généralement reçue, entre les *sciences physiques* et les *sciences naturelles*, entre le *physicien* et le *naturaliste*, distinction qu'on ne faisait, ni au moyen âge, ni même à l'époque de la

---

(1) « In summo honore apud Graecos geometria fuit, itaque nihil mathematicis illustrius. At nos ratiocinandi metiendique utilitate, hujus artis terminavimus modum. » *Tusc.* I, 2. — Ce passage est le premier exemple que Forcellini donne de l'emploi fait par Cicéron du verbe *ratiocinari* pris dans le sens de *calculer*.

(2) Il reste encore des traces de l'ancienne confusion, puisqu'en anglais le médecin est toujours un *physicien*, et qu'à l'Institut de France la botanique et la médecine sont comprises dans le groupe des *sciences physiques*, auquel en revanche et par la force des choses la *physique* n'appartient pas.

fondation des académies. Or, nous pensons qu'il n'est pas moins convenable maintenant de distinguer entre la *logique* et la *raison*, entre le *logique* et le *rationnel*, et qu'il est plus conforme à l'usage moderne de préférer le terme d'origine grecque lorsque l'attention se porte plutôt sur la condition instrumentale, sur l'expression formelle de la pensée, et le terme latin d'origine, quand on a en vue le fond et les propriétés intrinsèques de la chose pensée. Malgré cela telles sont les suites de ce que nous avons appelé (p. 263) la fusion du signe et de l'idée, qu'il ne faudrait pas s'étonner s'il restait encore des ambiguïtés. N'a-t-il pas été déjà question au paragraphe précédent (p. 280), d'une raison qui satisfait et d'une raison qui est satisfaite, d'une raison *objective* et d'une raison *subjective*? Ce qui est d'ailleurs un caractère commun aux mots *idée, abstraction, jugement, raisonnement*, bref à toute cette famille de mots qu'on pourrait appeler la *famille idéologique*.

Certes, l'idée de la raison des choses est bien une idée primitive et irréductible au premier chef; elle caractérise bien l'intelligence ou la raison humaine, car on en retrouverait la trace chez l'enfant, jamais chez l'animal auquel on ne peut raisonnablement refuser la perception, la connaissance, c'est-à-dire un degré d'intelligence. Nous verrons bientôt que, même en ce qui concerne les phénomènes naturels et les évènements où intervient la volonté de l'homme, on ne peut pas confondre l'idée de *raison* et l'idée de *cause*, quoique, dans le langage ordinaire, l'usage tolère souvent que l'un des mots soit pris pour l'autre. A *fortiori*, dans les spéculations de la raison pure, ne saurait-il être question de causes et d'effets : un théorème n'est point la cause d'un autre théorème, une vérité n'est point l'effet d'une autre vérité. En revanche il y est perpétuellement question de principes et de conséquences, c'est-à-dire d'un ordre suivant lequel les vérités se lient les unes aux autres, s'engendrent les unes les autres, rendent raison les unes des autres. Cet ordre *rationnel*, bien distinct de l'ordre de *causalité*, ne doit pas davantage se confondre avec l'ordre *logique*, puisqu'on peut sans pécher contre la logique telle qu'on l'entend d'ordinaire, contre la logique des logiciens, employer bien des tours de démonstration, enchaîner les propositions de bien des manières, parmi lesquelles l'esprit trouve que certaines démonstrations l'éclairent mieux, que tel enchaînement fait mieux ressortir les connexions, les analogies, et finalement la raison pour laquelle les choses sont de telle façon plutôt qu'autrement. Or, de cette raison, de cette lumière, le pur logicien (le logicien janséniste, comme nous serions tenté de l'appeler) fait profession de se soucier médiocrement : le nœud le plus fortement serré ou le plus vite serré est pour lui le meilleur. Après avoir trouvé ses théorèmes sur la sphère d'une certaine façon, Archimède les accommodait d'une autre pour répondre aux pointilleries des sophistes de son temps, et Newton cachait soigneusement la marche qui l'avait conduit à ses découvertes. On s'accorde à regarder comme un perfectionnement de l'ordre logique de réduire autant que possible le nombre des axiomes, des postulats ou des données primitives de la construction scientifique : et ce perfectionnement ira contre l'ordre rationnel, s'il trouble la symétrie que la raison aperçoit entre des données de même nature, s'il rattache péniblement les uns aux autres des rapports que l'esprit perçoit simultanément dans une intuition immédiate (p. 269).

Dans le perpétuel usage que fait l'esprit humain de la faculté d'analyser et d'abstraire, si l'abstraction n'est qu'un artifice destiné à faciliter le travail de la pensée, ce sera pour nous une abstraction logique. Si au contraire l'abstraction tend à dégager le principal de l'accessoire, l'essentiel de l'accidentel, l'intelligible pur de l'ingrédient sensible qui s'y mélange et le gâte, elle aura sa raison dans la nature de l'objet pensé et nous la qualifierons de rationnelle. A l'inverse, si dans un travail de synthèse l'esprit assemble, groupe des idées simples et en forme un bloc auquel il impose un nom, il imite en cela les algébristes qui, pour simplifier les calculs ultérieurs, désignent par une seule lettre un groupe algébrique de plusieurs lettres; il institue un signe, une entité purement verbale ou logique, du genre de celles auxquelles s'appliquent les « définitions de mots ». Au contraire, si un principe d'unité systématique est ce qui rend raison des propriétés du système et du rôle qu'il joue dans des constructions ultérieures, l'esprit a en effet saisi une conception rationnelle, un « être de raison » au bon sens du mot, non au sens vulgaire selon lequel, en haine des abus de la logique ou des torts de certains logiciens, on traite l'être de raison comme un être fantastique. Les termes employés pour définir de pareilles entités, non plus logiques ou verbales, mais rationnelles, sont ce qu'on appelle des « définitions de choses. »

Il était question tout à l'heure de l'inefficacité du syllogisme pour l'avancement de la connaissance scientifique, et du rôle de la construction ou synthèse *a priori* dans la découverte des vérités par les seules forces de la raison : or, il n'est pas difficile de voir que cela tient à ce que pour l'ordinaire le syllogisme repose sur des abstractions purement verbales ou logiques, tandis que la construction a la vertu de mettre en relief un lien rationnel entre la vérité à établir et les vérités déjà connues. Le propre du *corollaire* est de pouvoir être déduit d'un *théorème* connu par une conséquence purement logique, sans qu'on ait à faire les frais d'une invention ou d'une construction nouvelle; et le mérite de l'*analyse* mathématique (ainsi qu'on l'appelle) est d'instituer, à la faveur de quelques constructions fondamentales, des méthodes logiques (c'est-à-dire en ce cas des méthodes de calcul) qui conduisent sans frais à une infinité de corollaires.

De là encore la distinction admise par les naturalistes entre les *systèmes naturels* et les *méthodes artificielles*. Sous l'influence de la philosophie alors régnante, les botanistes français du dernier siècle avaient brouillé les épithètes, mais Linnée ne s'y était pas trompé. Ainsi que l'étymologie l'indique, les *méthodes* de classification ne sont inventées que pour la commodité de nos recherches, à quoi l'on ne doit avoir nul égard dans la construction du *système*, dont le but essentiel est d'exprimer aussi fidèlement que possible les rapports naturels des êtres, afin de nous mettre sur la voie de résoudre un problème plus important, celui d'assigner la raison de ces rapports naturels. Les mots eux-mêmes sont des objets qu'il faut classer, et les dictionnaires alphabétiques offrent l'exemple le plus net d'une classification artificielle, bien appropriée au but pratique de la recherche ; tandis que la classification systématique peut se faire à deux points de vue : à celui de la linguistique en groupant les mots autour de leurs racines phonétiques, et à celui de la logique ou de l'idéologie en groupant les mots selon les affinités logiques ou rationnelles des idées qu'ils représentent.

Pour qu'on soit dans le cas de distinguer entre la logique et la raison, entre l'ordre logique et l'ordre rationnel, il faut bien qu'il y ait quelques discordances fondamentales entre la nature de l'instrument de la pensée et celle des objets pensés. C'est donc ici le lieu d'insister, plus que nous l'avons fait ci-dessus (p. 262), sur ces deux imperfections organiques du langage dont (chose étrange) les philosophes ne semblent avoir eu qu'un sentiment confus: à savoir la *discontinuité* des signes du langage et l'assujettissement du discours à un *ordre linéaire*.

Dans le champ des idées pures les grandeurs géométriques, telles que les longueurs, les surfaces, les volumes, offrent les images les plus nettes de la continuité : les nombres offrent le type de la discontinuité. Grâce à cette discontinuité même on a pu fixer avec précision un signe pour chaque nombre et même, à l'aide d'un artifice ingénieux, attribuer à un fort petit nombre de signes ou de caractères la vertu d'exprimer tous les nombres possibles. A la rigueur deux signes suffiraient. Un autre artifice conduit à la détermination idéale de toutes les grandeurs continues : c'est celui de la *mesure*. Selon leurs traditions ou leurs convenances, les sociétés adoptent des unités de mesure, et chaque grandeur a pour expression le chiffre qui exprime le nombre d'unités ou de subdivisions d'unité qu'elle contient. A la vérité l'expression n'est presque jamais absolument exacte, mais elle peut toujours approcher de l'exactitude autant que le comportent nos procédés de mesure, directs ou indirects, et le plus souvent autant que les besoins de l'application le réclament. Autrement, nous n'aurions que des images au lieu d'idées, des pesées à la main au lieu d'une balance de précision. Nous ne pourrions effectuer aucune de ces vérifications qui convertissent en sciences positives nos théories rationnelles, ni être conduits par l'expérience à aucune découverte.

Pourquoi l'attribut de continuité se trouverait-il toujours joint dans la Nature à celui de grandeur ? Pourquoi n'y aurait-il d'exemples de continuité qu'en géométrie ou dans ce qui relève de la géométrie ? Pourquoi la pensée n'aurait-elle pas à s'exercer sur des idées, des rapports, des qualités qui varient par nuances sans nombre et qui néanmoins ne comportent pas d'unités de mesure ? Les philosophes ne répètent-ils pas sans cesse et plus même que de raison, que tout est continu dans la Nature (*Natura non facit saltus*) ? Or, le vocabulaire d'une langue, si riche qu'il soit, ne comporte qu'un nombre borné de signes, et même il s'en faut bien que la vraie richesse de la langue se proportionne au nombre des vocables. Tous ceux qui s'occupent de lexicographie, de synonymie, savent combien il est difficile de fixer les nuances d'expression entre un mot et un autre, et entre les diverses acceptions d'un même mot. Il faut que le contexte du discours serve à déterminer l'acception de chaque terme et à en faire sentir la nuance, à peu près comme dans ces ouvrages de mosaïque ou de tapisserie, où chaque pièce, chaque fil sert à faire valoir le ton des pièces ou des fils du voisinage, à le raviver ou à l'adoucir. Mais sentir n'est pas définir, et l'image n'est pas l'idée. D'où la difficulté et souvent l'impossibilité de traduire exactement d'une langue dans une autre, non certes un traité de géométrie ou de chimie où toutes les idées se précisent de manière que les mots qui les expriment puissent se définir exactement, mais ces pages où l'écrivain, artiste à sa manière, excelle à saisir et à rendre les nuances, à fondre les teintes ou à les marier heureusement. Il vaudrait mieux peut-être pour la philosophie qu'il en fût autrement, mais enfin la nature des choses impose au philosophe l'obligation d'aspirer à être un de ces artistes? Il faut qu'il emploie des images, non en tant qu'images mais en tant que signes moins impropres que d'autres à la perception et à l'expression de certaines idées. Les signes du langage évoquent l'image et celle-ci évoque l'idée que les signes du langage n'auraient pas la vertu d'évoquer directement.

Même en géométrie pure il y a des qualités ou affections de forme, de courbure, de situation, auxquelles l'idée de mesure ne s'appliquerait pas directement; et l'artifice consiste à rattacher cette « géométrie de situation » à la « géométrie dimensive », en imaginant des grandeurs mesurables dont les variations correspondent aux variations survenues dans des choses qui n'admettent point la mesure directe. La physique a été renouvelée, ou plutôt la science de la physique a pris naissance (p. 256) le jour où Galilée a imaginé de prendre pour sujet de l'expérimentation physique des grandeurs directement mesurables; et un siècle et demi plus tard, la chimie a changé de face le jour où Lavoisier y a fait prévaloir le continuel emploi de la balance, c'est-à-dire de la mesure. De même l'institution de la *monnaie*, jointe à celle des *marchés*, a donné aux choses les plus disparates et le plus diversement appréciées une commune mesure, une valeur d'échange ou un prix courant : ce qui fait que posséder l'une c'est posséder virtuellement l'autre, et ce qui sert de fondement aux théories de l'économiste (p. 247). Le plus souvent l'échange ne peut pas se réaliser immédiatement au gré du possesseur : mais les embarras de négociation se résolvent en frais de courtage, les délais en frais d'escompte, les périls du transport en frais d'assurance, et ainsi de suite.

Venons à ce que nous avons appelé, par une expression empruntée à la langue des mathématiques, l'ordre linéaire du discours et par suite de la logique. Dans toute communication orale ou écrite, dans une leçon, dans un plaidoyer, dans un code, dans un traité, dans une histoire, les mots viennent au bout des mots, les articles au bout des articles, les chapitres au bout des chapitres, les récits au bout des récits, comme les grains d'un chapelet, comme les arbres qui bornent une route ou les pierres milliaires qui la mesurent, comme les termes des séries numériques prises pour exemples au précédent paragraphe (p. 278). On les appelle en arithmétique *séries linéaires*, par opposition aux tables dites *à double entrée*, semblables à un damier, où les nombres sont casés tout à la fois par colonnes et par tranches, comme dans la table de multiplication qu'on met sous les yeux du petit villageois et qui porte au collége le nom de Pythagore.

Que cet assujettissement du discours à un ordre linéaire soit une incommodité et souvent un obstacle insurmontable à la juste expression de nos idées et de leurs rapports, nul ne l'ignore. La grande difficulté est toujours de savoir par où commencer et par où finir. En rangeant des plantes dans un jardin ou dans un herbier, en cataloguant une bibliothèque, en racontant des événements arrivés ici et là, et pourtant liés entre eux, en numérotant les articles d'un projet de réglement ou de code, on tâchera que chaque numéro serve autant que possible de transition du numéro qui précède au numéro qui suit; on marquera par des coupures les passages brusques d'une série partielle à une autre; et l'on tâtonnera pour l'arrangement des séries partielles comme pour l'arrangement des numéros, sauf à ramasser sous une rubrique finale les objets divers (*incertae sedis*) qu'on n'a su comment classer sous les autres rubriques. Cependant les mêmes objets peuvent être envisagés sous bien des faces qui motiveraient autant d'ordres linéaires différents ; et quel que soit l'ordre préféré, il aura le tort de séparer par de grands intervalles des objets qui à d'autres égards sont très-voisins ou même connexes. Quand le sujet s'y prête, on tâche de remédier à cet inconvénient à l'aide de tableaux synoptiques, d'arbres généalogiques, d'accolades et de faisceaux composés de lignes, tantôt parallèles, tantôt convergentes ou divergentes. Toutes ces dispositions, plus ou moins analogues aux tables dites à double entrée, tendent à profiter des deux dimensions d'un plan, d'une feuille de papier, pour exprimer symboliquement et au moyen d'images sensibles, des idées, des relations qui ne tombent que sous la vue de l'entendement, et que le simple discours ne saurait exprimer, à cause de sa disposition linéaire. C'est une figure de logique, au moins aussi bonne à signaler que le *baralipton*, et que les logiciens ont eu le tort d'oublier. Mais tous ces artifices sont bornés, et telle est l'infinie variété des relations qui se présentent, aussi bien dans le monde des idées que dans la Nature vivante ou dans le monde sensible, qu'il faudrait pour les figurer convenablement, avec une approximation suffisant aux besoins de la pensée, disposer d'une étendue qui eût, non pas deux ou trois, mais une infinité de dimensions. Jamais Linnée, tout Linnée qu'il était, n'aurait pu dessiner à sa satisfaction cette carte qu'il rêvait, où les espèces botaniques auraient figuré comme des hameaux, les genres comme des cantons, les familles comme des provinces, les classes comme de grands empires, et qui aurait dû dans sa pensée suppléer aux imperfections inévitables de tout catalogue. Eh bien ! les mathématiques sont si peu une création arbitraire de l'esprit, qu'il y aurait tout autant de difficultés, je crois même plus de difficultés à dessiner une carte où figureraient des cantons et des provinces mathématiques (*provinciæ* au sens cicéronien), et où tous les théorèmes seraient distribués de manière à donner une idée juste, ou à peu près juste, de leur importance, de leurs relations mutuelles et de la dépendance où ils sont les uns des autres. Dans ces conditions, l'esprit humain ne pouvant penser qu'avec des signes, ni pousser un peu loin le travail de la pensée qu'à l'aide des signes du langage, il lui sera souvent interdit de pousser ce travail autant qu'il le faudrait pour une exploration complète et une description exacte du monde des idées, pour la perception nette et l'élucidation parfaite des relations qu'ont entre elles les choses intelligibles. Et voilà encore pourquoi l'on a tort de faire un reproche au philosophe de ce que, laissant férailler les logiciens, il recourt aux comparaisons, aux métaphores, aux images de toute sorte comme à autant de signes auxiliaires, à défaut d'un signe adéquat aux idées et aux rapports qu'il voudrait exprimer aux autres, après se les être exprimés à lui-même le mieux ou le moins mal qu'il a pu.

Toutes les fois qu'il y aura passage brusque d'une idée à une autre, par suite possibilité de définitions précises et de construction par voie de combinaisons soumises à des règles fixes et à un dénombrement exact, ou bien encore lorsque les variations continues comporteront la mesure et la détermination numérique, lorsqu'enfin toutes les relations de voisinage et toutes les connexions rationnelles trouveront dans certaines figures graphiques une expression suffisante, la logique et la raison, l'ordre logique et l'ordre rationnel s'identifieront, le Grec et le scholastique auront gain de cause. Sinon, l'on courra risque de s'éloigner d'autant plus de la raison que l'on serrera la logique de plus près; et en religion, en politique, dans la morale et dans le droit, on n'a que trop d'exemples de ce dangereux écart.

§ 3. — **De la distinction entre l'idée de raison et l'idée de cause. — De la définition du hasard.**

Les philosophes ont abondamment disserté sur l'idée de cause et ne se sont, pour la plupart, que très-incidemment occupés de l'idée de la raison des choses, quoique celle-ci ait bien plus de généralité et soit vraiment l'idée régulatrice au critère de laquelle doit être soumise l'idée même de cause, si l'on tient à en fixer la portée et à en apprécier la valeur. Déjà nous avons remarqué (p. 291) que l'idée de la raison des choses et celle d'un ordre rationnel gouvernent nos théories abstraites où certainement n'entre pour rien l'idée de cause proprement dite. Passons à des faits de l'ordre physique d'où les deux idées se dégagent, mais en contraste bien marqué.

Nous jouons à *croix ou pile*, et à chaque coup interviennent certainement des causes physiques, des causes au vrai sens du mot, telles que la force avec laquelle la pièce a été projetée (force dont l'intensité et plus encore la direction varient très-irrégulièrement d'un coup à l'autre), les remous et les frottements de l'air ambiant, pareillement variables, et enfin la pesanteur dont la direction aussi bien que l'intensité restent constantes. Ce sont ces forces qui, en se combinant diversement, causent l'apparition, tantôt d'une face, tantôt de l'autre, sans que nous soyons en mesure de soumettre le résultat à nos calculs, nous qui savons y soumettre les mouvements des corps célestes. Si d'ailleurs nous n'apercevons dans la pièce, vu le peu de relief des empreintes, aucune notable irrégularité de structure, nous jugeons qu'il n'y a pas de raison pour attendre une face plutôt que l'autre, ce qui nous porte à faire de la pièce un instrument de jeu ou de pari. Cependant ce jugement primesautier pourrait bien être erroné, ce dont nous serions avertis par l'apparition sensiblement plus fréquente de l'une des deux faces dans un grand nombre de coups. Nous chercherions alors et peut-être trouverions-nous la raison de cette apparition plus fréquente dans quelque irrégularité de structure de la pièce, dans quelque bavure de l'empreinte, dans le défaut d'homogénéité du métal. Mais ces raisons, toutes liées au principe de l'inertie de la matière, ne sont point des forces, ni des causes à proprement parler.

Dans l'ordre des phénomènes vitaux, nous sommes frappés de l'accord entre la structure organique et les fonctions de l'organe, entre la fin et les moyens. On peut admettre et même il est conforme aux règles de notre entendement d'admettre que cet accord est l'effet d'une cause ou d'une série de causes : soit que la Première Cause ait immédiatement adapté l'organe à la fonction que le plan d'organisation requérait; soit que des causes secondes, s'enchaînant dans l'immensité des temps, aient graduellement modifié l'organisme et la fonction, de manière à établir l'harmonie finale là où elle était possible, en abandonnant à la destruction les types trop rebelles. Mais la science n'a aucun moyen d'atteindre, ni la cause première et la soudaineté de son action créatrice, ni les causes secondes et leur lente action formatrice. Le principe de causalité ne peut plus fournir le fil conducteur de l'investigation scientifique : le principe de la raison des choses s'offre pour y suppléer. Si un animal a des dents propres à déchirer une proie, c'est qu'il vit de proie; et conséquemment il faut que tous ses organes, viscéraux et extérieurs, soient appropriés à ce genre de vie, ou y aient été jadis appropriés, au cas qu'il s'agisse d'une espèce éteinte. L'anatomiste saura donc en quel sens il doit diriger ses recherches pour démontrer la présence dans l'organisme de tout ce que la raison lui dit d'avance qu'il doit y trouver; et le paléontologiste pourra avec quelques fragments reconstruire à peu près l'espèce perdue, en attendant de plus amples découvertes. Quant à restituer, même par forme d'approximation grossière, la trame des causes qui ont amené la formation ou la destruction du type, il faut dans la plupart des cas qu'il y renonce absolument.

En histoire proprement dite, la curiosité anecdotique s'adonne à la recherche des causes, surtout pour montrer combien il y a souvent de disproportion entre la petitesse des causes et la grandeur des effets. C'est le grain de sable dans l'urétère de Cromwell, le coup de vent qui retient le prince d'Orange dans les eaux de la Zélande ou qui l'amène à Torbay, le verre d'eau de lady Churchill qui sauve pour cette fois l'œuvre de Richelieu et du grand roi. Mais l'histoire philosophique, la grande histoire s'arrête peu à ces causes microscopiques. Elle cherche une raison suffisante des grands événements, c'est-à-dire une raison dont l'importance se mesure à l'importance des événements; et sans qu'elle ait la prétention d'y atteindre toujours, puisque cette raison peut se trouver hors de la sphère de ses investigations, il arrive souvent qu'elle la trouve. Une configuration géographique, un relief orographique ne sont pas des causes au propre sens du mot : cependant personne ne s'étonnera d'y trouver la clé, l'explication ou la raison de l'histoire d'un pays réduite à ses grands traits, à ceux qui méritent de rester gravés dans la mémoire des hommes. Le succès d'une conspiration, d'une émeute, d'un scrutin décidera d'une révolution dont il faut chercher la raison dans la caducité des vieilles institutions, dans le changement des mœurs et des croyances, ou à l'inverse dans le besoin de sortir du désordre et de rassurer des intérêts alarmés. Voilà ce que l'historien philosophe sera chargé de faire ressortir, en laissant pour pâture à une curiosité frivole tels faits en eux-mêmes insignifiants, qui pourtant figurent dans la chaîne des causes, mais qu'on est fondé à mettre sur le compte du hasard.

Le Hasard! Ce mot répond-il a une idée qui ait sa consistance propre, son objet hors de nous, et ses conséquences qu'il ne dépend pas de nous d'éluder, ou n'est-ce qu'un vain son, *flatus vocis*, qui nous servirait, comme l'a dit Laplace, à déguiser l'ignorance où nous serions des véritables causes (1)? A cet égard notre profession de foi est faite depuis longtemps, et déjà nous l'avons rappelée incidemment dans le cours des présentes études. Non, le mot de hasard n'est pas sans relation avec la réalité extérieure; il exprime une idée qui a sa manifestation dans des phénomènes observables et une efficacité dont il est tenu compte dans le gouvernement du Monde; une idée fondée en raison,

---

(1) Le mot de *hasard*, d'origine étrangère et d'importation accidentelle, n'appartient point au fond organique de la langue, de sorte qu'il n'y a aucun renseignement à tirer de son étymologie. Il n'en est pas de même pour les mots *accident*, *incident* et pour leurs dérivés, qui visiblement rappellent l'idée de quelque chose d'étranger à un système et qui en trouble la marche. Bien des hommes meurent par accident, quelques-uns seulement par une nécessité organique, et tous sont condamnés à mourir, parce que tous doivent finir par rencontrer, dans l'état de faiblesse où l'âge les amène, un accident capable de leur donner la mort. L'idée d'un accident n'implique point l'hypothèse d'un effet sans cause, ni celle d'un événement que la sagesse des hommes aurait pu prévoir ou prévenir, ni par contre

même pour des intelligences fort supérieures à l'intelligence humaine et qui pénétreraient dans une multitude de causes que nous ignorons. Cette idée est celle de l'indépendance actuelle et de la rencontre accidentelle de diverses chaînes ou séries de causes : soit que l'on puisse trouver, en remontant plus haut, l'anneau commun où elles se rattachent et à partir duquel elles se séparent; soit qu'on suppose (car ce ne peut être qu'une hypothèse) qu'elles conserveraient leur mutuelle indépendance, si haut que l'on remontât. Une tuile tombe d'un toit, soit que je passe ou que je ne passe pas dans la rue ; il n'y a nulle connexion, nulle solidarité, nulle dépendance entre les causes qui amènent la chute de la tuile et celles qui m'ont fait sortir de chez moi pour porter une lettre à la poste. La tuile me tombe sur la tête et voilà le vieux logicien mis définitivement hors de service : c'est une rencontre fortuite ou qui a lieu par hasard. La proposition a un sens également vrai pour qui connaît et pour qui ne connaît pas les causes qui ont fait tomber la tuile et celles qui m'ont fait sortir de chez moi. Les faits qui arrivent par hasard ou par combinaison fortuite, bien loin

---

celle d'un événement qui échappe à toute prévision et contre lequel l n'y a point de préservatif. Supposez, comme on se l'est quelquefois figuré, que dans l'espace sans bornes et par delà le système solaire circule actuellement une comète destinée à rencontrer un jour la erre et à y détruire par sa maligne influence les espèces vivantes : ce sera l'exemple d'une cause accidentelle et qu'il faudrait réputer telle, quand même les astronomes seraient dès à présent en mesure de prévoir la rencontre et d'en calculer l'époque, quand même on pourrait prendre quelques précautions contre le sinistre. Au contraire, l'hypothèse de l'extinction de la vie par le refroidissement final de la planète donne l'idée d'un phénomène amené par des causes internes ou qui tiennent essentiellement à la constitution du système.

de déroger à l'idée de causalité, bien loin d'être des effets sans cause, exigent pour leur production le concours de plusieurs causes ou séries de causes. Le caractère de fortuité ne tient qu'au caractère d'indépendance des causes concourantes. Si la combinaison fortuite offre quelque singularité, cette singularité même a une cause, mais elle n'a pas de raison, et voilà pourquoi elle nous frappe, nous dont l'esprit est dès l'enfance habitué à chercher toujours et à trouver quelquefois la raison des choses. A un tirage d'obligations je gagne la prime de cent mille francs et je la gagne par hasard : car on s'était arrangé pour qu'il n'y eût nulle liaison entre les causes qui ont influé sur le placement des numéros et celles qui ont amené l'extraction du numéro gagnant. Cependant, comme il faut bien que quelqu'un gagne la prime, la combinaison fortuite qui me l'attribue, toujours fort remarquable pour moi, ne sera remarquée du public que si je suis, par un autre hasard, un pauvre diable ou un millionnaire, un savetier ou un financier.

Prenons de plus nobles exemples. Deux frères servent dans la même armée, dans le même corps, et ils périssent dans la même bataille : nous ne sommes point frappés de cette rencontre, car nous comprenons qu'étant naturellement attirés l'un vers l'autre et exposés aux mêmes dangers, il y avait bien des raisons pour qu'ils y succombassent tous deux. Mais, que deux glorieux frères d'armes comme Kleber et Desaix, après s'être illustrés tous deux sur les bords du Rhin, périssent au même instant, l'un au Caire sous le poignard d'un assassin, l'autre sur le champ de bataille de Marengo, voilà une rencontre dont la singularité nous frappe comme n'ayant point de raison, point d'explication rationnelle, vu l'indépendance actuelle des causes qui amenaient en Égypte la mort de Kleber et en Italie celle de Desaix, quoi qu'on pût bien en remontant les rattacher à un anneau commun, à savoir à l'ambition de Bonaparte qui avait attiré en Égypte Kleber et Desaix, pour laisser l'un en Égypte et ramener l'autre en Italie. On ferait de pareilles remarques à propos de John Adams et de Jefferson, morts à la même heure, loin l'un de l'autre, après avoir longtemps figuré à la tête de partis contraires, tenu à leur tour les rênes de l'État et plus anciennement siégé avec distinction l'un à côté de l'autre parmi les fondateurs de la république américaine.

Quand il nous est donné de pénétrer les causes qui détermineront un événement, nous y adaptons notre conduite ; et alors l'enchaînement des faits extérieurs, l'enchaînement de nos actes, donnent l'exemple de deux séries dont l'une influe sur l'autre et qui ont entre elles des liens de solidarité. Si je cours les rues de Paris par un temps de bourrasque et qu'une tuile me tombe sur la tête, on l'imputera à mon imprudence autant qu'au hasard : car la bourrasque m'avertissait du danger et j'aurais dû tenir compte de l'avertissement. Au cas d'ignorance absolue des causes qui influent sur le fait extérieur, la série de nos propres actes retrouve son indépendance, et la rencontre des deux séries dans un sens pour nous avantageux ou nuisible redevient purement fortuite. Il nous arrive alors d'obtenir par hasard ce que dans d'autres conditions nous obtiendrions par prescience ou prévoyance, de même que l'aveugle évite souvent par hasard ce que le clairvoyant évite en se servant de ses yeux ; et le plus souvent, comme chacun le sait, d'un mélange de prévoyance et de hasard dépend notre destinée. En ce sens très-particulier et purement relatif à la pratique de la vie, il serait permis de dire avec Laplace que l'emploi du mot hasard témoigne de notre ignorance des causes : tandis qu'au point de vue de la philosophie naturelle, ce n'est là qu'un exemple entre tant d'autres de l'indépendance de divers chaînons de causalité, parmi lesquels l'homme figure quelquefois lui-même à titre d'agent naturel, quoiqu'il n'en soit plus ordinairement et en thèse générale, que le spectateur désintéressé. La prérogative d'une intelligence supérieure à la nôtre serait, non pas de supprimer la théorie rationnelle ou mathématique du hasard et l'application de cette théorie aux faits naturels; mais de pousser plus loin la théorie et surtout d'en faire des applications plus sûres, en ne se méprenant jamais sur le degré de solidarité et sur le degré d'indépendance, comme il nous arrive trop souvent de nous méprendre et comme cela est arrivé à Laplace lui-même.

Nous avons assez insisté plus haut sur la distinction à mettre entre l'idée de raison et l'idée de cause : il nous reste à montrer que l'indépendance de deux ou de plusieurs séries collatérales, partant l'idée de hasard avec toutes ses conséquences, s'appliquent aussi bien à des séries collatérales dans l'ordre rationnel pur qu'à des séries collatérales dans l'ordre de la causalité. Comme le point est délicat et d'un intérêt philosophique très-réel, quoique personne ne paraisse y avoir pris garde, on nous permettra de l'éclairer par des exemples que nous tâcherons de rendre intelligibles pour tout le monde.

Supposons d'abord une sorte de *loto* où l'on extrait au hasard et bien des fois de suite l'un des dix chiffres de notre numération décimale

$$0, 1, 2, 3, 4, 5, 6, 7, 8, 9.$$

Ces chiffres se succéderont irrégulièrement dans la série des tirages. Toutefois, comme ils ont pour somme 45 et conséquemment pour moyenne $4\frac{1}{2}$, il arrive qu'au bout d'un grand nombre de tirages, la valeur moyenne des chiffres amenés, n'importe dans quel ordre, diffère peu de $4\frac{1}{2}$ et en diffère d'autant moins que le nombre des tirages est plus considérable.

Rien ne ressemble moins à un tirage de loterie que l'application d'une règle d'arithmétique. Aussi ne sera-t-on pas surpris si, dans l'opération qui consiste à convertir une fraction ordinaire en fraction décimale, les chiffres, au lieu de se succéder irrégulièrement comme dans le tirage fortuit, se reproduisent périodiquement à mesure que l'on prolonge l'opération pour obtenir une approximation plus grande. Parfois la période n'a qu'*un* chiffre, c'est-à-dire que le même chiffre se reproduit constamment, comme lorsqu'on veut convertir en décimales la fraction $\frac{1}{3}$ qui devient successivement

$$0,3;\quad 0,33;\quad 0,333;\ \text{etc,}$$

tandis que la conversion de la fraction $\frac{1}{7}$ donne naissance à une période de *six* chiffres

$$0,142857\ 142857\ldots;$$

et dans ce cas la moyenne des chiffres de la période est encore $4\frac{1}{2}$; mais il n'y a pas lieu d'insister sur cette remarque, étrangère à notre objet.

Maintenant, il résulte d'une analyse plus subtile que certaines fractions, certains rapports qualifiés pour cela d'*incommensurables*, non-seulement ne peuvent pas s'évaluer exactement en décimales, ainsi qu'il arrive aux fractions déjà citées, mais ne peuvent s'exprimer exactement en nombres dans quelque système de numération que ce soit, quoiqu'on puisse toujours en donner une évaluation numérique aussi approchée qu'on le voudra. Tel est le cas pour le rapport de la circonférence d'un cercle à son diamètre, dont l'expression numérique exacte, si elle était possible, résoudrait de la manière la plus simple le fameux problème de la quadrature du cercle. Une première approximation, que la plus grossière pratique indiquait, donne pour ce rapport $3\frac{1}{7}$ ou en décimales.

$$3, 142857\ 142857\ldots;$$

mais elle est fautive dès la troisième décimale, et l'on ne saurait s'en contenter dans les usages scientifiques. Vers la fin du seizième siècle, on ne faisait pas seulement en Hollande du calvinisme et du commerce, on s'y occupait beaucoup de la quadrature du cercle ; et la veuve de *Ludolph van Ceulen* publia et fit graver sur la tombe de son mari, dans une église de Leyde, le rapport de la circonférence au diamètre, avec les 35 décimales trouvées par ce laborieux calculateur,

$$3, 14159\ 26535\ 89793\ 23846\ 26433\ 83279\ 50288\ldots$$

D'autres calculateurs intrépides ont eu, dit-on, la patience d'aller (par des méthodes à la vérité moins pénibles) jusqu'à quatre ou cinq cents décimales ; et théoriquement rien n'empêcherait de pousser le calcul aussi loin qu'on le voudrait.

Or, dans cette longue série les chiffres se succéderaient, comme on en peut juger par l'échantillon de Ludolph, aussi irrégulièrement qu'au loto; les écarts de la moyenne théorique $4\frac{1}{2}$ tomberaient, tantôt dans un sens, tantôt dans l'autre, et iraient en s'atténuant de même, soit que l'on prolongeât un calcul si pénible ou un jeu si puéril. Il en serait de même pour tous les autres symptômes de fortuité. Si par exemple l'on récrit les 36 chiffres de Ludolph comme il suit :

```
3. 1 4 1 5 9 2 6 5 3 5 8 9 7 9 3 2 3 8
   — + — + + — — + — + + — + — — + +
   4 6 2 6 4 3 3 8 3 2 7 9 5 0 2 8 8 ....
   — + — — + — — + + — — + + — — + + + —
```

en souscrivant chaque chiffre du signe + ou du signe — suivant qu'il est supérieur ou inférieur au chiffre qui le précède, on observera 21 changements de signe, c'est-à-dire le rapport $\frac{7}{12}$ entre le nombre des changements de signe et le nombre des chiffres de la série, ce qui peut passer pour une très-satisfaisante approximation du rapport-limite $\frac{8}{12}$ ou $\frac{2}{3}$, assigné par l'un des curieux théorèmes de mon excellent ami, M. *J. Bienaymé*, de l'Académie des sciences. Tous ces symptômes de fortuité tiennent à ce que le calcul pris pour exemple est un terrain mixte sur lequel s'opère la combinaison, le mariage de deux arithmétiques bien distinctes l'une de l'autre : l'une où l'on considère les propriétés des nombres, telles qu'elles existent indépendamment de tout système artificiel de numération, l'autre dont les règles se réfèrent à l'emploi de nos signes et à l'artifice de notre numération décimale. D'une part les approximations successives du rapport cherché on une loi, une forme théorique et régulière, indépendante du système de numération ; d'autre part, pour mettre ces approximations en chiffres, il faut suivre les règles de notre arithmétique décimale. En un mot et sans insister sur les détails techniques, il y a concours de deux ordres de faits rationnels, indépendants l'un de l'autre, ce qui doit reproduire tous les caractères habituels de la fortuité.

A peine osons-nous dire, et pourtant l'on est fondé à dire que ce mode de fortuité, saisissable par l'intelligence humaine, toute faible qu'elle est, nous aide à comprendre comment l'idée de conjonction fortuite subsisterait encore sous le regard de l'intelligence souveraine pour qui l'idée de cause, à proprement parler, n'a plus d'objet ; puisque la cause, c'est sa volonté, et que sa volonté, c'est la raison. Sans planer à ces hauteurs, bornons-nous à constater qu'il ne s'agit nullement, dans notre exemple, « de l'ignorance où nous serions des véritables causes », et que notre science des causes pourrait se perfectionner au point de ramener la théorie du monde à n'être qu'un théorème de mathématiques, sans que ce perfectionnement fît évanouir l'idée de fortuité et ses conséquences rationnelles. Tel est à peu près le cas pour la théorie des éclipses, ce qui n'empêcherait pas de déterminer avec une approximation satisfaisante, par les règles de la fortuité, les rapports entre les nombres d'éclipses de soleil et de lune, visibles ou invisibles dans un lieu donné, pour un intervalle de temps suffisamment grand. On pourrait accorder à Laplace (p. 126) que les lois immuables par lesquelles le monde est gouverné, *sont en petit nombre :* il suffirait qu'il y en eût *deux*, parfaitement indépendantes l'une de l'autre, pour que l'on dût faire une part à la fortuité dans le gouvernement du monde.

Bossuet avait dit avant Laplace, de ce ton solennel qui lui est habituel, et qui sied à l'évêque et à l'orateur mieux qu'au philosophe et au géomètre : « Ne parlons donc plus de hasard ni de Fortune, ou parlons-en seulement *comme d'un nom dont nous couvrons notre ignorance*. Ce qui est hasard à l'égard de nos conseils incertains, est un dessein concerté dans un conseil plus haut, c'est-à-dire dans ce conseil éternel qui renferme toutes les causes et tous les effets *dans un même ordre* (1) »
—Dans un même ordre soit; comme toutes les branches d'une famille nombreuse peuvent figurer dans un même tableau généalogique : ce qui n'empêche pas les branches depuis longtemps séparées, quoique rattachées à un auteur commun, de poursuivre leurs destinées dans la parfaite indépendance où elles sont actuellement les unes des autres, et souvent sans se connaître, lorsqu'il s'agit de nos familles plébéiennes. Que Dieu ait de toute éternité disposé des causes secondes pour des fins dont il a le secret et qui surpassent infiniment *nos conseils incertains*, c'est une pensée très-digne d'un chrétien et d'un évêque, et que nous n'avons garde de contester, mais qui n'exclut nullement la notion de l'indépendance actuelle des causes secondes, et toutes les conséquences que nous en tirons rationnellement, sans qu'elles soient (tant s'en faut) *une couverture de notre ignorance*. Qu'il soit donc bien entendu

---

(1) *Discours sur l'histoire universelle*, 3º partie. chap. 8.

que, dans la présente discussion, nous répondons à Laplace et non à Bossuet.

§ 4. — De la probabilité mathématique.

Marier, en vertu de certaines conventions, l'idée de hasard à quelques notions très-simples d'arithmétique ou de géométrie, de manière à offrir un amusement à l'esprit par la variété des combinaisons ou la singularité des rencontres, et à stimuler la passion par l'attrait de la victoire ou du gain, c'est l'objet des jeux de hasard. Il ne faut donc pas s'étonner si les jeux ont fourni à la théorie mathématique du hasard ses types, son vocabulaire et l'occasion de se développer. Il est seulement regrettable que le développement soit venu si tard, dans des temps tout à fait modernes, et lorsqu'en tant d'autres choses l'esprit humain avait déjà son pli ou son parti pris. Ce retard même est un pur effet du hasard, puisque rien ne s'opposait à ce qu'un Grec de Cos ou d'Alexandrie eût pour les spéculations sur les chances le même goût que pour les spéculations sur les sections du cône.

On taille un cube avec soin dans un bloc sensiblement homogène, de manière à approcher le plus possible de la régularité géométrique, et l'on numérote les faces depuis l'unité ou *l'as* jusqu'au *six* inclusivement; puis le cube ou le dé est agité dans un cornet et projeté, sans que le numérotage des faces puisse avoir d'influence sur le résultat du jet, sans qu'il y ait de raison d'attendre un numéro plutôt que l'autre, de parier pour l'un plutôt que pour l'autre. Chacun de ces numéros s'appelle une *chance;* et ces chances, si le numéro sortant était *primé*, prendraient toutes dans le commerce des valeurs égales. Cette valeur ne pourrait être moindre que le *sixième* de la prime, sans quoi des gens se trouveraient pour les acheter toutes et pour gagner la différence. La valeur commerciale de la chance ne pourrait non plus, si la spéculation était libre, se maintenir à un prix sensiblement plus haut que le *sixième* de la prime, puisqu'alors les spéculateurs auraient avantage à créer et à mettre en circulation de pareilles chances, à les faire annoncer, colporter et à les placer au rabais.

Le cas sera un peu plus compliqué quoique encore bien simple, si l'on met à la fois deux dés dans le cornet, comme au jeu de trictrac. Chaque face d'un dé pouvant indifféremment se combiner avec chaque face de l'autre, il y aura 36 combinaisons ou chances également possibles si les dés sont effectivement d'une régularité parfaite, également vraisemblables ou *probables* si les dés n'ont pas encore été essayés. Six de ces combinaisons, c'est-à-dire le *sixième* du nombre total, donnent un *doublet* (double *as* ou *bezet*, double *deux*, etc.) : de sorte qu'il revient au même, quant à la valeur appréciable du pari, de parier qu'on amènera telle face déterminée du dé unique, ou de parier qu'on amènera un *doublet* avec deux dés. C'est comme si, après avoir mis chaque action en six coupons, on négociait les coupons par paquets de six, qui reconstitueraient l'action entière. Qu'il s'agisse d'actions ou de coupons, l'intérêt du porteur ne dépend que du rapport du nombre d'actions ou de coupons qu'il possède au nombre total des actions ou des coupons; et de même l'intérêt du possesseur de chances ne dépend que du rapport du nombre de chances qu'il possède au nombre total des chances. On donne à ce rapport le nom de *probabilité mathématique*, et l'objet du *calcul des probabilités* est d'instituer des méthodes pour en assigner la valeur numérique, même quand les deux termes du rapport cessent de pouvoir être directement et pratiquement calculés, à cause de la multitude immense des combinaisons ou des chances.

Évidemment il n'y a, toujours dans l'hypothèse d'une régularité parfaite des dés, rien de changé en tout ce qui concerne l'énumération et le classement des chances, soit qu'il s'agisse d'un nombre de dés projetés à la fois, ou d'un seul dé projeté successivement le même nombre de fois : mais, sous cette seconde forme, le problème a incomparablement plus d'intérêt dans l'application. Discutons donc le cas où le même dé serait projeté six fois de suite, et où l'on voudrait parier que l'as n'arrivera pas, ou qu'il arrivera une fois, deux fois, etc. Mettons en regard de chaque pari le nombre des chances favorables et la probabilité correspondante, évaluée en décimales jusqu'aux cent-millièmes inclusivement :

Paris.	Chances favorables.	Probabilités.
Point d'as.	15 625	0,33 492
Un as.	18 750	0,40 187
Deux as.	9 375	0,20 094
Trois as.	2 500	0,05 358
Quatre as.	375	0,00 803
Cinq as.	30	0,00 064
Six as.	1	0,00 002
Sommes.	46 656	1,00 000.

Le cas le plus probable est donc celui où l'as apparaîtrait une fois en six coups, la probabilité à chaque coup étant précisément $\frac{1}{6}$; ensuite vient, dans l'ordre de grandeur, la probabilité du cas où l'as ne se montrerait pas du tout, puis celle du cas où il se montrerait deux fois, et les trois cas ensemble réunissent plus des $\frac{93}{100}$ du nombre total des chances. Les autres cas ont des probabilités rapidement décroissantes, jusqu'au cas extrême qui n'a pour lui qu'une chance sur plus de 46 mille, et dont la probabilité est de l'ordre de celles dont on ne tient guère compte dans la pratique de la vie.

La loi de la série se prononcerait bien mieux encore si, au lieu d'une série de six épreuves seulement, on embrassait une série de 600 épreuves consécutives. Comme le tableau comprendrait alors, non plus sept, mais 601 cas possibles, et qu'il faut toujours que l'unité se fractionne entre les 601 probabilités correspondantes, chacune de ces probabilités ne peut qu'être petite, mais elles sont fort inégales en petitesse. La valeur *maximum* répond au cas où l'as apparaîtrait 100 fois, c'est-à-dire encore une fois pour six coups; et de part et d'autre de ce *maximum* la probabilité va en décroissant fort lentement, par la même raison mathématique qui fait que la durée du jour croît et décroît fort lentement aux environs des solstices. Puis la décroissance est d'autant plus rapide que les écarts sont plus considérables; de sorte que dans un calcul d'approximation, même poussé très loin, on peut se dispenser de tenir compte des écarts extrêmes. Pour 6 000, 60 000, 600 000, 6 millions d'épreuves consécutives, ce qu'on pourrait appeler « le fonds commun de probabilité » irait en se concentrant ainsi aux environs de la valeur *maximum*, correspondant toujours à un as pour six coups, dans une région du tableau de plus en plus large absolument parlant, mais de plus en plus resserrée par comparaison avec l'étendue totale du tableau. On doit cette généralisation à Jacques Bernoulli, l'illustre auteur de l'*Ars conjectandi*, et s'il y a eu en mathématiques des découvertes plus difficiles, il n'y en a pas eu de plus importante au point de vue de la philosophie naturelle.

En effet l'expérience confirme la théorie, comme la théorie donne la raison de l'expérience. Si l'on projette effectivement le dé un grand nombre de fois, on trouvera que l'as est venu une fois sur six, ou peu s'en faut; il y aura des écarts sans doute et même, pour l'ordinaire, des écarts d'autant plus grands en grandeur absolue, que le nombre des épreuves sera plus considérable. C'est la part du hasard, part suffisante pour détourner les hommes prudents d'un gros jeu, c'est-à-dire d'un jeu qui n'est pas insignifiant par rapport à leur fortune, et pour interdire aux Compagnies prudentes les risques où pourraient s'engloutir d'un seul coup une grosse part de leur capital. D'ailleurs les écarts iront en s'atténuant par comparaison avec le nombre total des épreuves, au point que le rapport deviendra une fraction d'une petitesse extrême, si les épreuves se comptent par milliers et surtout par millions. C'est en ce sens que la *probabilité mathématique* peut aussi être considérée comme la mesure de la *possibilité physique* de l'événement. D'ordinaire il ne faut même pas un grand nombre d'épreuves pour mettre la loi dans une suffisante évidence. Il suit de là que la théorie des chances ou des probabilités mathématiques est une science positive comme la géométrie, vu qu'elle comporte aussi une vérification empirique. De là surtout il résulte que l'objet de cette théorie subsiste indépendamment de notre ignorance ou de l'imperfection de nos connaissances : car, si nous nous sommes trompés en supposant régulier et homogène le dé à qui ces perfections manquent, l'expérience même nous en avertira en manifestant des résultats contraires à ceux que donne la théorie pour un dé régulier et homogène. En même temps elle nous fournira la valeur très-approchée d'un élément qu'il nous serait presque toujours impossible d'assigner *a priori :* je veux dire la probabilité ou la possibilité de tel événement à chaque épreuve, si le dé ne s'altère pas et que cet élément reste constant pour toute la série des épreuves. Au cas contraire, l'expérience pourra nous donner avec une approximation suffisante la moyenne des valeurs que cet élément a prises pendant que le dé s'usait ou par suite du changement de dé. La statistique est une science d'expérience ou d'observation, instituée surtout pour cela, et dans des cas, tels que celui des naissances masculines et féminines, où il nous serait visiblement impossible de tirer de la théorie ce que nous demandons à l'observation.

Dans les exemples ci-dessus, le nombre des chances, quoique susceptible de croître très-rapidement avec le degré de complexité des combinaisons, restait néanmoins limité : mais en thèse générale et lorsqu'il s'agit de phénomènes naturels soumis à la loi de continuité, le nombre des chances devient infini, quoique les probabilités mathématiques, qui sont des rapports, conservent des valeurs finies et numériquement assignables. Un cube ne peut reposer que sur l'une de ses six faces, mais une sphère, projetée au hasard sur un plan, peut arriver au repos en se fixant sur un point quelconque de la surface sphérique, et le nombre de ces points est infini. Supposons donc un globe parfaitement sphérique et homogène sur lequel, comme sur un globe terrestre ou céleste, on ait marqué des pôles et tracé un équateur, un écliptique, des cercles tropicaux et polaires, de manière à en partager la surface en zones analogues à celles que nous distinguons à la surface de la terre : et demandons-nous la probabilité que le point amené comme on vient de le dire, appartiendra à telle zone de la sphère. Quoique le nombre des chances ou des points pour chaque zone soit infini, la probabilité n'en sera pas moins une fraction déterminée, égale au rapport de la surface de la zone à la surface totale de la sphère. Si un grand nombre d'épreuves donnent un résultat sensiblement différent, on sera autorisé à en conclure que le globe n'est pas, ainsi qu'on l'avait supposé, parfaitement sphérique et homogène, ou composé de couches sphériques et homogènes.

Rapprochons de plus en plus les tropiques de l'équateur : la fraction qui mesure la probabilité de tomber dans la zone intertropicale deviendra aussi petite que l'on voudra ; de sorte que la probabilité de tomber juste sur la ligne équatoriale deviendra ce que les géomètres appellent « une quantité infiniment petite » ; et si c'est le but auquel on vise, les assistants peuvent parier en toute assurance qu'on n'y atteindra jamais, à moins de disposer d'un temps illimité pour tenter le hasard un nombre infini de fois. A plus forte raison seront-ils fondés à parier qu'on n'y atteindra pas deux fois de suite ou que l'on ne tombera pas précisément sur l'un des points équinoxiaux, c'est-à-dire tout à la fois sur le cercle de l'équateur et sur le cercle de l'écliptique, ou sur tout autre point marqué d'avance, tel que le pôle boréal. En d'autres termes on peut parier avec assurance qu'aucun télescope, d'une puissance nécessairement bornée, si grande qu'elle soit, ou avec lequel nous ne pouvons voir qu'un nombre fini d'étoiles disséminées au hasard sur la sphère céleste, ne nous fera voir une étoile dont la *déclinaison* soit rigoureusement nulle, ni à plus forte raison une étoile qui coïncide exactement, soit avec le pôle boréal de la sphère céleste, soit avec le premier point d'*Aries*. Cependant, pour comprendre qu'il ne s'agit pas dans les deux cas de hasards ou de probabilités « de même ordre », il suffit de remarquer que l'on pourrait imprimer au pôle des déplacements sensibles, dans toutes ou dans presque toutes les directions, sans qu'il rencontrât aucune des petites étoiles voisines, mais non sans que les déplacements correspondants de l'équateur fissent passer beaucoup de petites étoiles d'un hémisphère à l'autre, ce qui implique qu'elles auraient eu dans l'intervalle des déclinaisons rigoureusement nulles.

De telles abstractions ne sont pas de vaines subtilités, car elles trouvent perpétuellement leur application dans l'ordre des phénomènes naturels. Il est, sinon mathématiquement, du moins physiquement impossible qu'aucune de nos mesures soit prise avec une exactitude rigoureuse, attendu qu'au-delà d'une certaine limite de précision variable selon le genre de mesure, les sens aussi bien que les instruments construits de main d'homme, nous font défaut. Si nous nous faisons illusion à cet égard, les chiffres par lesquels nous avons la prétention d'exprimer une précision chimérique (1), sont des chiffres sortis en réalité de l'urne du hasard, et dont la succession doit porter les caractères d'une succession fortuite (p. 312). On regarde comme impossible de placer un cône en équilibre sur sa pointe, quoique l'équilibre fût possible selon les principes d'une statique abstraite, si l'axe était rigoureusement vertical. La raison en est que l'imperfection de nos sens ne nous permettrait de tomber sur un ajustement si précis que par hasard et par un hasard tel qu'il n'y a en sa faveur qu'une chance unique contre une infinité de chances contraires. La moindre déviation, la moindre trépidation troublerait cet équilibre qu'on n'aurait pas le temps d'observer, au cas qu'il eût existé par hasard, pour un instant indivisible. Possible dans l'ordre des conceptions abstraites ou mathématiques, le fait est impossible dans la réalité physique, à titre de phénomène ou d'événement; et en cela encore l'expérience confirme le jugement de la raison, puisque nous ne le voyons jamais se réaliser. Ce genre d'impossibilité est comme la sanction effective et pratique de toute la théorie du hasard. La Nature s'en contente et au besoin s'y fie pour assurer la conservation de ses types, la constance de ses lois, en un mot pour atteindre le but qu'elle veut atteindre. A l'instar de la Nature, la science s'en contente aussi et regarde comme prouvé ce qu'on ne peut nier sans admettre des impossibilités ou, si

---

(1) C'est le cas pour ceux des satellites d'Uranus dont Laplace avait calculé les orbites avec sept décimales, sur une seule observation d'Herschel, et qu'on n'a pas revus depuis. Grâce au récent passage de Vénus, pourra-t-on compter au moins sur *deux* chiffres exacts dans la mesure de la distance du soleil à la terre? là est la question.

l'on veut, des invraisemblances de l'ordre de celles qui nous occupent ici. Les philosophes sont plus difficiles : ils ne peuvent se débarrasser du scrupule que leur laisse cette chance unique entre une infinité d'autres; ils ne font cas que de ce qui est démontré, eux qui par la force des choses démontrent si rarement et qui se contestent perpétuellement leurs démonstrations; ils veulent supprimer l'une des données qui sont dans la nature des choses, en la remplaçant par une autre de leur goût, et ils y réussissent..... à peu près comme on a réussi en géométrie à remplacer le fameux postulat d'Euclide (p. 269). Les théologiens scolastiques semblent plus conséquents lorsque, ne reconnaissant de limite à la toute-puissance divine que dans l'impossibilité qu'ils appellent métaphysique, ils regardent comme possible surnaturellement, et dès lors comme croyable d'une foi surnaturelle, c'est-à-dire en dehors des conditions de la Nature et de la science, tout ce qui n'implique point contradiction, quelque improbable que soit la chose, naturellement ou rationnellement.

En pratique d'ailleurs et dans le monde des réalités, ce que les géomètres appellent une probabilité infiniment petite, n'est et ne saurait être qu'une probabilité excessivement petite. La pointe de cette aiguille si effilée n'est pas un point mathématique comme le sommet du cône en question. Elle devient une pointe mousse, regardée à la loupe. Avec quelque soin qu'on ait poli le plan d'acier ou d'agathe sur lequel on essaie de la faire tenir en équilibre, des expériences très-délicates y indiqueront des aspérités et des stries. Il en résulte que la probabilité de réussir à mettre l'aiguille en équilibre n'est plus à la rigueur infiniment petite, qu'elle n'est qu'excessivement petite, comme le serait la probabilité d'amener l'as cent fois de suite avec un dé non pipé : ce qui suffit pour que l'on juge, sans crainte d'être démenti par l'expérience, que l'équilibre est physiquement impossible.

Pareille remarque s'applique aux valeurs vénales des chances mises dans le commerce. Vainement essaierait-on de compenser par l'énormité de la prime promise l'excessive petitesse de la probabilité de gain. Vainement donnerait-on pour caution de la promesse le crédit d'un État qui trouve, quand il le faut, des milliards à emprunter. Sous le régime de la défunte loterie on avait renoncé à jouer sur le *quine*, parce que le quine ne sortait jamais. Une loterie d'un autre genre, qui n'aurait pour instruments qu'un dé bien calibré et un cornet, émettrait des billets portant promesse de payer

60 466 176 francs

au cas que l'as sortît dix fois de suite, qu'elle aurait probablement bien de la peine à les placer pendant longtemps, même *au pair*, c'est-à-dire à un franc; et elle ne trouverait certainement à placer à aucun prix les billets portant promesse de payer une somme fabuleuse, au cas que l'as sortît vingt fois de suite. Ainsi se résout pratiquement une sorte de paradoxe ou de sophisme connu sous le nom de *Problème de Pétersbourg*, et fameux au siècle dernier comme celui d'*Achille et de la Tortue* l'avait été chez les Grecs.

§ 5. — De l'induction et de l'analogie.

De tout temps les philosophes ont disserté sur l'*induction*, et depuis Galilée et Bacon l'on en a fait dans les sciences un emploi merveilleux, mais on ne peut trouver que dans la théorie du hasard la vraie définition, la justification ou la critique du jugement par induction. Entrons dans quelques explications à ce sujet.

Un physicien mesure avec grand soin les volumes d'une masse gazeuse soumise à différentes pressions pour une température constante, et il tire de ses expériences « la loi de Mariotte », aux termes de laquelle les volumes sont en raison inverse des pressions, une pression double réduisant le volume à moitié, et ainsi de suite : du moins entre de certaines limites de température et de pression et lorsque les gaz ne sont pas sur le point de se liquéfier. Ce physicien *induit* d'un nombre d'expériences nécessairement borné la loi qui lie les volumes aux pressions, pour toutes les pressions en nombre infini comprises entre les limites des expériences; et par conséquent il tire de l'expérience infiniment plus qu'elle ne semble de prime-abord pouvoir donner. Il en tire même tout autre chose puisqu'il en tire une *loi*, et qu'à proprement parler l'expérience ne peut donner qu'un *fait*. C'est qu'il part de cette idée, qu'il serait infiniment peu probable qu'une relation *si simple* subsistât pour plusieurs valeurs de pression prises au hasard, ou pour des motifs indépendants de la nature du phénomène, s'il ne s'agissait d'une loi qui régit effectivement le phénomène dans sa continuité, aussi bien pour les valeurs intermédiaires, en nombre infini, que pour celles sur lesquelles a effectivement porté l'expérimentation. Il serait encore tout à fait improbable que la même loi cessât de régir le phénomène, précisément à partir des valeurs extrêmes auxquelles l'expérience s'est arrêtée, quand d'ailleurs le hasard seul, non quelque considération tenant à la nature du phénomène, a déterminé l'expérimentateur à s'arrêter à telle expérience plutôt qu'à telle autre. Conséquemment on admettra la loi par induction, même en deçà et au-delà des limites de l'expérience, quoique avec d'autant moins de sécurité que l'on s'écartera plus des limites, et sans qu'on puisse précisément fixer les points que l'induction ne saurait franchir sans témérité.

Cette induction du physicien rappelle celle de l'essayeur qui, ayant à contrôler la fabrication de quelques milliers de pièces de monnaie, en prend au hasard une dizaine dans le tas, les essaie, et s'il les trouve dans les conditions légales de titre et de poids, n'hésite pas à recevoir le tas tout entier : pensant bien que le hasard ne lui aurait pas joué le tour de le faire tomber dix fois de suite sur des pièces de bon aloi, si le fabricant les avait mises exprès dans le tas pour faire passer les mauvaises pièces. Seulement, dans le cas du physicien, il y a plus qu'un million, plus qu'un milliard de pièces : il y en a effectivement une infinité. Et d'un autre côté l'essayeur n'a point à deviner la loi imposée au fabricant, ni à s'occuper du degré de simplicité de cette loi.

Remarquons en effet que deux éléments concourent à donner au physicien confiance dans sa découverte : la simplicité de la loi trouvée et le nombre d'expériences qui la confirment. Dans l'exemple fourni par la loi de Mariotte, la loi est si simple, qu'à la rigueur deux expériences suffiraient pour l'établir, de même que deux points suffisent pour déterminer une ligne droite :

« les autres expériences sont en quelque sorte de luxe. Il y a des lois plus compliquées, pour la manifestation desquelles il faudrait au moins trois expériences, de même qu'il faut trois points pour déterminer un cercle ; et alors, non seulement la confirmation ne commencerait à venir qu'à la quatrième expérience, mais de plus, et en raison seulement de ce que la loi se montre plus compliquée, on en attendrait avec moins de confiance la confirmation expérimentale. Il n'y a pourtant point là de probabilité qu'on puisse évaluer numériquement. Parmi les lois possibles, en nombre infini, on ne saurait ranger dans une catégorie celles qui sont simples, dans l'autre celles qui sont compliquées, ni les échelonner selon un degré défini de simplicité ou de complication. Parmi les lignes, en nombre infini, susceptibles d'une définition mathématique, quelle est la plus simple après la ligne droite? Est-ce le cercle, la parabole ou l'hyperbole équilatère (celle-ci devant être regardée comme la traduction géométrique de la loi de Mariotte)? Est-ce la spirale ou l'hélice ? — Cela dépend du point de vue et des conditions du phénomène dont on cherche la loi.

Les géomètres savent que l'on peut toujours trouver une loi mathématique propre à relier les résultats de toutes les expériences, malgré leur irrégularité apparente et quel qu'en soit le nombre (1). Cela s'appelle

---

(1) Leibnitz a fait la même remarque, quoiqu'à un autre propos et pour en tirer des conséquences fort différentes. « On peut proposer une suite ou série de nombres, tout à fait irrégulière en apparence, où les nombres croissent et décroissent variablement sans qu'il y paraisse aucun ordre ; et cependant celui qui saura la clé du chiffre et qui entendra l'origine et la construction de cette suite de

en mathématiques appliquées une *formule d'interpolation*, dont nous n'avons pas à expliquer ici les usages purement pratiques. Mais alors le physicien n'est autorisé à voir dans cette formule qu'un lien artificiel, nullement une loi de la Nature, et il devra se garder d'en rien induire pour les cas où l'expérience n'a pas encore prononcé.

Sur le terrain de l'expérience proprement dite, comme lorsqu'il s'agit en physique d'établir ou de vérifier la loi de Mariotte, on n'a pas à se préoccuper de pareilles subtilités, puisqu'on peut multiplier et varier autant qu'on le veut les expériences et les vérifications, de manière à ne laisser subsister aucun doute sur l'existence de la loi, malgré l'objection sophistique que l'on peut toujours faire, quel que soit le nombre des expériences, sauf à provoquer une expérience nouvelle qui viendra infliger au sophiste un nouveau démenti. Voilà ce qui donne à l'induction la valeur d'une preuve contraignante, et aux sciences

---

nombres, pourra donner une règle, laquelle étant bien entendue fera voir que la série est tout à fait régulière et qu'elle a même de belles propriétés. On le peut rendre encore plus sensible dans les lignes. Une ligne peut avoir des tours et des retours, des hauts et des bas, des points de rebroussement et des points d'inflexion, des interruptions et d'autres variétés, de telle sorte qu'on n'y voie ni rime, ni raison, surtout en ne considérant qu'une partie de la ligne; et cependant il se peut qu'on en puisse donner l'équation et la construction, dans laquelle un géomètre trouverait la raison et la convenance de toutes ces prétendues irrégularités; et voilà comment il faut encore juger de celles des monstres, et d'autres prétendus défauts dans l'univers. » *Essais de théodicée*, part. III, 241. — Quoi qu'en dise Leibnitz à bonne intention, la raison humaine demande autre chose que les points d'inflexion et de rebroussement d'une courbe algébrique du centième degré, pour rendre raison de l'ordre et des défauts de l'univers.

expérimentales fondées sur l'induction le caractère de sciences positives.

Il n'en est plus de même dans les sciences d'observation, dès que nous ne pouvons pas multiplier et varier à notre gré les observations, comme nous multiplions et varions les expériences. Par exemple, on ne peut pas multiplier le nombre des planètes au gré de l'observateur. Supposons que les distances moyennes du soleil aux sept planètes connues antérieurement au siècle actuel offrissent cette progression,

Mercure,	Vénus,	la Terre,	Mars,	......	Jupiter,	Saturne,	Uranus,
1	2	4	8	»	32	64	128,

on n'aurait guère pu hésiter à y reconnaître une *loi*, et une *lacune* entre Mars et Jupiter, lacune que serait venue combler au commencement du siècle la découverte des planètes télescopiques et de leurs orbes entrelacés. On aurait même pu remarquer que, de part et d'autre de la lacune, l'association de plusieurs caractères semble former des trois planètes supérieures (Jupiter, Saturne, Uranus) un groupe naturel, et des quatre planètes inférieures (Mars, la Terre, Vénus, Mercure) un autre groupe naturel, tous deux contrastant sensiblement avec le groupe si nombreux des planètes télescopiques. Mais la loi connue dans l'histoire de l'astronomie sous le nom de *loi de Bode*, quoique fort simple encore et provisoirement très-spécieuse, n'offrait pas une si grande simplicité : on pouvait déjà soupçonner qu'elle tenait plutôt des caractères d'une *interpolation* obtenue par voie d'approximation et de tâtonnement. En tout cas l'on n'aurait pas songé à en évaluer numériquement la probabilité, avant que la découverte de la planète Neptune qui y déroge incontestablement, ne l'eût fait rayer de la science. Et pourtant cette découverte ne prouve pas précisément que l'espèce de régularité observée dans la progression pour les planètes anciennement connues doive être mise sur le compte du hasard. Car il peut se faire qu'une loi régisse une portion de série et une autre loi l'autre portion : de même que la trajectoire d'une comète, après s'être confondue avec une parabole aux environs du périhélie, devient plus tard une ellipse ou une hyperbole.

La créance que nous accordons à certaines hypothèses fondamentales dont nous ne pouvons nous passer dans nos constructions scientifiques, est une sorte d'induction. L'hypothèse scientifique est comme une charpente qui supporte et rassemble en un même système tous les faits primitifs ou tous les chaînons de faits pour lesquels il faut faire distinctement appel à l'observation : tous les faits secondaires devant être censés liés au système par cela même qu'on y a lié les lois qui les enchaînent, les faits primitifs auxquels ils se rattachent. Or, si les faits primitifs et indépendants les uns des autres étaient peu nombreux, ou si l'hypothèse croissait en complication avec le nombre des faits primitifs ainsi reliés, elle n'aurait que le mérite pratique d'un lien artificiel, d'une formule d'interpolation, d'un tracé graphique comme ceux qui nous servent dans tant d'occasions à relier des faits dont la véritable loi nous est inconnue. Bien loin qu'elle nous mît à même de prédire sûrement ce qui s'observera dans des circonstances essentiellement différentes, il faudrait s'attendre à ce que la découverte d'un nouveau champ d'observations obligeât de compliquer encore l'hypothèse. La simplicité de l'hypothèse, son adaptation à des phénomènes ignorés des inventeurs de l'hypothèse, ou qu'on n'a même découverts qu'en se laissant guider par l'hypothèse, sont ce qui nous porte à voir dans cette hypothèse l'expression d'une loi de la Nature ; et les rapprochements de ce genre peuvent se multiplier assez pour ne plus laisser subsister à cet égard de doutes raisonnables. C'est le cas pour les lois fondamentales de la mécanique, pour la loi de la gravitation newtonienne et pour plusieurs autres : au point que des exceptions apparentes à la loi fondamentale ne nous détermineraient pas à l'abandonner, mais nous porteraient plutôt à supposer qu'une autre loi moins générale vient dans le cas présent en compliquer ou en masquer les effets.

— L'étymologie nous indique que dans le jugement par *analogie* il ne s'agit plus, comme dans l'*induction*, de passer de l'observation des faits à la conception d'un lien qui les unit ou d'une loi qui les régit, mais de *remonter* à l'anneau commun ou à l'ancêtre commun pour trouver dans la communauté de descendance la *raison* des ressemblances ou des communautés de caractères. En d'autres termes, il s'agit d'appliquer l'idée des classifications naturelles ou de la subordination naturelle des types et des caractères (p. 146 et 293). Si les genres ne sont pas des groupes d'espèces, artificiellement formés pour la commodité de nos études, et que la Nature ait effectivement procédé, par une voie quelconque, du genre aux espèces, il faudra d'abord tâcher de démêler dans la caractéristique des espèces bien connues les caractères essentiels du genre, ce qui permettra d'attribuer par avance ces caractères essentiels à toutes les espèces du même genre que le progrès de l'observation fera connaître. Il ne faudra donc pas prendre pour des caractères essentiels du genre ceux qui ne seraient communs à toutes les espèces que par une association fortuite ou accidentelle : ce qui suffit pour montrer comment le jugement par analogie se rattache à la notion du hasard, et peut, quant à sa vraisemblance, dépendre du nombre des espèces connues et du nombre des caractères qu'elles possèdent en commun, sans préjudice des renseignements que la science nous donne sur la valeur des caractères et sur la raison secrète des ressemblances. Si nous nous trompons en jugeant par analogie, c'est que nous avons pris pour un genre naturel ce qui n'était qu'une entité artificielle, une fiction de notre esprit, ou que nous nous sommes mépris dans le triage des caractères essentiels du genre, ou que de nouvelles espèces sont mal à propos rapportées par nous aux genres naturels déjà connus.

Ainsi l'analogie peut nous tromper comme les sens nous trompent, comme l'instinct nous fourvoie, et comme il nous arrive de tomber en marchant : ce qui n'est pas une raison de renoncer à l'usage de nos jambes, ni de regimber par système contre l'instinct et contre les sens. D'ailleurs, qu'on le remarque bien, lors même que le jugement par analogie nous trompe, il arrive souvent qu'il ne nous trompe qu'à demi, ou plutôt qu'il suffit pour le justifier de l'interpréter convenablement. Tous les métaux connus avant le commencement du siècle jouissent de diverses propriétés communes, notamment de celle d'avoir une densité fort supérieure à celle de l'eau ; et c'est avec grande surprise qu'on a vu des corps tels que le potassium et le sodium, pourvus de l'éclat métallique et que l'ensemble de leurs propriétés chimiques range incontestablement parmi les métaux, brûler sur l'eau en surnageant. Etait-ce donc par hasard ou accidentellement que tous les métaux anciennement connus se trouvaient avoir une densité fort supérieure à celle de l'eau? Cette conclusion serait fautive. Ce n'est point par hasard, mais par suite de propriétés inhérentes à leur nature, que l'or et l'argent ont été connus de l'homme avant le cuivre et l'étain, et ceux-ci, ou le bronze qui en est un alliage, connus avant le fer. Ce n'est pas non plus par hasard que tous les anciens métaux sont anciens, c'est-à-dire ont été connus de l'homme bien avant ceux dont la découverte impliquait une chimie très-perfectionnée, comme le potassium, le sodium, l'aluminium et les autres radicaux métalliques des alcalis et des terres. Le démenti apparent donné à l'analogie signifie donc seulement que les métaux alcalins et terreux forment dans la nombreuse famille des métaux un groupe naturel, groupe qui se distingue par certains caractères, au nombre desquels la densité figure, d'un autre groupe naturel, celui des métaux lourds anciennement connus. L'analogie tirée des densités dénote toujours un lien naturel qui a sa raison intrinsèque, par opposition à une rencontre fortuite qui aurait encore sa cause, mais non sa raison (p. 307); et en ce sens il reste très-vraisemblable ou très-probable que l'analogie ne nous trompe pas. Lorsqu'on a trouvé dans un recoin de l'Australie, au grand étonnement des naturalistes, un être ayant des mamelles et un bec de canard, on n'a pas pour cela regardé comme un caprice du hasard que tant d'autres mammifères eussent des mâchoires qui se garnissent de dents quand l'allaitement cesse; on n'en a pas moins regardé le groupe des mammifères normaux comme très-naturel : seulement on a senti la nécessité de faire une place à part, entre les mammifères normaux et les oiseaux, à cet être singulier qui n'est à proprement parler ni oiseau, ni mammifère.

Les analogies sont loin d'avoir autant d'évidence les unes que les autres, et conséquemment les anticipations de l'expérience, les jugements *a priori*, fondés sur l'analogie, sont loin d'avoir le même degré de probabilité ou de vraisemblance. Selon les théories de la chimie moderne, l'hydrogène, le plus léger des gaz, peut passer pour un métal, mais pour un métal si éloigné par toutes ses propriétés physiques du platine ou de l'or, que nous ne nous fierions pas à l'analogie seule pour conclure de l'hydrogène à l'or ou de l'or à l'hydrogène, même dans l'ordre des propriétés chimiques qui motivent pour l'hydrogène la qualification de métal. A plus forte raison en dirions-nous autant d'un métal hypothétique comme l'*ammonium* qu'on n'a jamais vu isolé, et qui, suivant l'hypothèse admise sur sa composition, trancherait avec la généralité des métaux que la chimie traite de radicaux ou de corps simples. A mesure que la chimie fait des progrès, nous voyons, tantôt les analogies se fonder sur les théories admises, et tantôt les théories se réformer sous la pression de l'analogie. Ainsi l'on a donné le nom générique de *sels* à des corps qui se ressemblent aussi peu que l'albâtre et le sel marin, parce que la théorie alors régnante y voyait également le produit de l'union d'un acide et d'une base ; puis, lorsqu'on a été conduit à considérer le chlore comme un corps simple, il a fallu admettre cette dure conséquence que le sel marin, type du genre chimique, déroge lui-même aux conditions du genre ; puis enfin cette anomalie a conduit la plupart des chimistes à réformer l'idée qu'on s'était faite de la constitution du genre.

En histoire naturelle surtout, où la multitude des espèces et des caractères, la distribution hiérarchique des types, l'appréciation de la valeur des caractères offrent un champ si vaste à la spéculation analogique, il s'en faut que tous les jugements fondés sur l'analogie s'imposent avec la même force à notre croyance. Le voyageur naturaliste, assez heureux pour rencontrer un mammifère inconnu jusqu'à lui, et qui même ne se rapporte à aucun genre connu, n'a pas besoin de le disséquer pour être sûr qu'il possède un cœur, un foie, des poumons, un cerveau, une moelle épinière : tant on a de preuves convaincantes que ces pièces organiques font partie essentielle du plan sur lequel la Nature a construit les mammifères et même le règne animal tout entier, sauf les dégradations subies par les espèces inférieures ! Le naturaliste en est aussi certain, malgré l'hétérogénéité apparente des motifs de croyance, que le géomètre peut l'être de ses théorèmes, que le géographe peut l'être de l'existence de la grande muraille de la Chine, que l'historien peut l'être que Charlemagne est un personnage réel et que ses douze Pairs sont fabuleux. Le naturaliste était-il aussi sûr d'avance que la dissection du mammifère nouveau y attesterait la présence de sept vertèbres cervicales ? Je n'oserais m'en porter garant, quoiqu'on ait signalé ce fait singulier, que tous les mammifères connus, l'éléphant comme la girafe, avec des ports si dissemblables, ont juste le même nombre de vertèbres cervicales, tandis que, dans d'autres régions de la colonne vertébrale, le nombre des vertèbres admet des variétés, même individuelles. Autant est évidente la raison, la destination fonctionnelle pour laquelle les animaux ont un cœur, un foie, des poumons, un cerveau, une moelle épinière, autant est obscure la raison de la singularité anatomique signalée, ou la raison pour laquelle, si telle était en fait la structure anatomique du prototype de la classe, cette particularité de structure se serait perpétuée de préférence à tant d'autres qui ont dû se perdre pour amener les variétés d'organisation qu'on observe dans les types dérivés. Rien ne dispense donc dans le jugement par analogie, de la discussion des faits sur lesquels l'analogie est fondée.

§ 6. — De la probabilité des témoignages et des faits historiques. — Comparaison des diverses sortes de probabilité et de certitude.

Si nous avions quelque moyen de nous assurer que divers témoins n'ont eu aucune communication entre eux, n'ont pas eu l'esprit travaillé de la même manière, ne sont pas soumis aux mêmes préjugés, aux mêmes passions, aux mêmes causes d'illusion et de perversion des sens physiques ou du sens moral, il serait bien naturel de croire qu'ils n'ont pas inventé, chacun de son côté, le même roman, lors même que le roman n'exigerait pas de grands frais d'invention, comme s'il se bornait à dire oui quand il aurait fallu dire non. Car comment, en l'absence de tout lien de solidarité entre les témoignages, expliquer par une rencontre fortuite, l'unanimité ou la presque unanimité des témoins? Plus le nombre des témoignages unanimes serait grand, moins cette explication par rencontre fortuite serait admissible. Pour un nombre très-considérable de témoins, il faudrait admettre ou que tous mentent systématiquement et de parti pris, pour le seul plaisir de mentir, ce qui n'est pas une supposition raisonnable, ou que la vérité du fait témoigné est la raison de leur accord. Tel est à peu près le cas lorsqu'il s'agit de sites ou de monuments remarquables, visités chaque année par une légion de touristes; et voilà pourquoi je suis aussi sûr de l'existence de la chute du Niagara et du Parthénon que je n'ai jamais vus, que de l'existence de la chute du Rhin ou du Colisée que j'ai vus. Il en est tout autrement lorsqu'il s'agit d'un fait passé, actuellement soumis à une enquête judiciaire, ou d'un fait donné comme prodigieux ou miraculeux et qui n'est pas destiné à se reproduire. Ordinairement les faits dont nous parlons n'ont eu qu'un petit nombre de témoins, et il nous serait impossible de constater que les témoignages sont indépendants les uns des autres. Nous avons bien plutôt des motifs de croire qu'ils ont eu de l'influence les uns sur les autres. Voilà ce qui nous met hors du terrain de la probabilité mathématique, et ce qui a justement décrédité les applications qu'on a voulu faire du calcul des chances à la probabilité des témoignages. Sans doute il faut encore tenir un compte tel quel du nombre des témoignages concordants et discordants, mais rien ne dispense de discuter chaque témoignage individuellement et surtout d'avoir égard à la probabilité intrinsèque du fait témoigné, à ce qui le rend en soi vraisemblable, ou invraisemblable, d'après la connaissance que nous avons des lois de la Nature et de celles du cœur humain, d'après nos idées sur la puissance et sur la sagesse divine. Le jugement qu'on portera devra être exempt de toute prétention à la précision numérique.

Il faudrait porter le même jugement, quand même le prétendu prodige serait, dans l'opinion de bien des gens, sujet à se reproduire périodiquement, de sorte que rien ne limiterait le nombre des témoignages. Laissons-là le cas rebattu de la liquéfaction du sang de Saint Janvier et parlons de ce que les Grecs schismatiques du Saint-Sépulcre appellent « le miracle du feu pascal ». Tous les ans, la veille de Pâques, un cierge s'allume spontanément devant le saint tombeau, et c'est à qui, dans la foule des pèlerins venus de toutes les parties du monde oriental, bravera les bousculades de ses voisins et le bâton des estafiers turcs, pour allumer au feu sacré le cierge dont il s'est muni. Bien entendu que les Pères du couvent latin, le révérend évêque anglican et surtout le pacha se moquent de la simplicité de ces bonnes gens. Nous croyons qu'il vaut mieux ne se moquer de personne et se rendre compte des conditions psychologiques du phénomène. Elles sont telles, que la répétition du même prodige durant une longue suite d'années ne le rend, ni plus, ni moins croyable. Le pauvre pèlerin grec qui est venu de si loin, qui s'est donné tant de peines pour voir un miracle, doit voir un miracle; et il y aurait de la dureté à qualifier de fourberie la fraude pieuse, peut-être la fraude inconsciente qui aide à lui procurer cette consolation.

Presque tous les faits historiques sont, quant aux motifs de crédibilité, dans des conditions qui rappellent celles de l'enquête judiciaire. Les philologues ont souvent réussi à classer par *familles* les nombreux manuscrits d'un auteur ancien, à les rapporter tous à deux ou à trois prototypes vraiment originaux et indépendants l'un de l'autre : auquel cas l'accord de tous les manuscrits prouve autant, mais ne prouve pas plus que ce que prouve l'accord des deux ou trois prototypes. Déjà même on est en train de faire pour les classiques modernes, si souvent réimprimés, le triage des éditions originales, comme on avait fait pour les anciens le triage des manuscrits, et pour apprécier l'autorité des leçons, la critique ne tient nul compte de la foule des éditions vulgaires, copiées les unes sur les autres. Mais il serait presque toujours impossible d'appliquer les mêmes règles de critique, moins encore les règles de la probabilité mathématique, aux sources et aux documents historiques. Dans ces histoires qui se font avec des histoires, le moyen de distinguer l'original de la copie ! Et si la critique ne laisse subsister qu'un petit nombre de témoignages vraiment originaux, le moyen d'y appliquer la probabilité mathématique, dont la première condition est de supposer que l'on embrasse un très-grand nombre de faits indépendants les uns des autres. En conséquence les caractères intrinsèques du fait donné comme historique, la facilité ou la difficulté de le relier à d'autres faits connus qu'il expliquerait ou par lesquels il serait expliqué d'une manière simple et naturelle, sont ce qui motive, plus encore que l'abondance ou la pauvreté des sources, la critique historique et la certitude historique. Nous ne conservons pas le moindre doute sur la réalité de ce personnage historique que l'on nomme *Auguste*, non-seulement parce que tant d'histoires « de première main » en ont parlé en s'accordant sur les principales circonstances de son histoire, non-seulement parce que son nom est inscrit sur tant de médailles et de monuments, ses statues et ses bustes exposés dans tant de musées, mais surtout parce que toute l'histoire de notre monde occidental s'embrouillerait et deviendrait inintelligible si l'on supprimait un anneau si important de la chaîne historique. La lecture du testament d'Auguste sur le monument d'Ancyre a ajouté récemment quelques détails à ce que nous savions de la politique et des actes du personnage, sans pouvoir rien ajouter à la certitude que l'on avait déjà de son existence historique. Et même, si triste que soit le personnage dans sa moralité individuelle, l'homme religieux se laisse facilement entraîner à voir en lui un instrument de la Providence, tant son histoire a eu d'influence pendant une longue suite de siècles sur le gouvernement des choses de l'ordre moral (p. 224) !

— Résumons ces trois paragraphes. La probabilité mathématique, l'induction, l'analogie, la critique des témoignages et des documents de l'histoire ont cela de commun, qu'elles impliquent toutes plus ou moins l'idée du hasard, qu'elles en naissent pour ainsi dire, sauf à subir l'influence d'autres idées qui leur impriment leur forme particulière; et que d'abord très-hasardées, comme le veut leur généalogie, elles sont capables de croître, de se fortifier jusqu'au point de chasser tous les doutes dans l'esprit que ne gâte pas la contention sophistique. Et pourtant le sophiste, en cédant à son penchant pour la contradiction et le paradoxe, peut toujours se mettre en règle avec la logique, sinon avec le bon sens et la raison. On a donné à cet état de l'esprit qui exclut le doute sensé ou raisonnable, le nom de *certitude morale*, expression fort impropre puisque la morale n'y a la plupart du temps rien à voir ; et quoiqu'il ait été question plus haut d'*impossibilité physique* (expression dont le sens a été expliqué), nous ne voudrions pas non plus employer la dénomination de *certitude physique*, tant le nom et l'épithète semblent se heurter. D'ailleurs la certitude dont il s'agit ici porte souvent sur des choses qui peuvent passer pour étrangères à l'ordre physique, au sens où ces mots sont entendus d'ordinaire et où nous les prenons nous-même dans le cours de ce précis, et de plus elle a sa raison déterminante dans des conceptions pures de l'entendement, applicables aux phénomènes de toute sorte, aussi bien aux faits purement intelligibles qu'aux faits sensibles. Il semble donc que la dénomination la plus juste serait celle de *certitude rationnelle*, par opposition à la *certitude logique* ou *mathématique*, qui résulte d'un syllogisme, d'un calcul ou d'une démonstration en forme, et contre laquelle il n'y a point de sophisme ou d'argutie qui tienne, mais qui est si rarement de mise dans le monde réel où nous vivons (p. 301), qu'on pourrait presque en dire ce que le grand comique dit de la maison de Chrysale ;

Que le raisonnement en bannit la raison.

Et puisque nous nous sommes déjà permis, malgré

l'étymologie (§ 2), d'opposer l'ordre rationnel à l'ordre logique, il ne saurait y avoir grand inconvénient à prendre cette licence une fois de plus.

La probabilité mathématique, fondée sur un dénombrement de combinaisons ou de chances entre lesquelles l'esprit voit clairement qu'il n'y a aucun lien de dépendance, aucune raison de préférence, comporte toujours une définition exacte et, ce qui vaut encore mieux, une mesure précise. Elle ne s'impose pas seulement à l'esprit de l'homme, elle règle effectivement les faits auxquels donne lieu la répétition indéfinie des épreuves du même hasard dans l'ordre des phénomènes naturels et dans les complications de la vie sociale. À ce titre le calcul des probabilités comporte, comme les autres théories des mathématiques, une confirmation empirique ou positive. Et pour en faire l'application aux choses d'un intérêt pratique, devenues d'un intérêt journalier dans l'état de notre civilisation moderne, il s'est formé de nos jours, sous le nom anglais d'*actuaries*, une catégorie spéciale de calculateurs, on pourrait dire d'ingénieurs, qui se mettent au service des Compagnies, en attendant qu'on en fasse une branche des services publics.

Rien de semblable dans les probabilités du genre de celles qui motivent le jugement par induction, le jugement par analogie, l'autorité des témoignages, l'autorité de l'histoire. Toutes choses égales d'ailleurs et pour chaque cas en particulier, l'on sent bien que la probabilité croît avec le nombre des expériences, avec le nombre des ressemblances, avec le nombre des témoins, avec le nombre des documents : mais, outre qu'on n'a aucun moyen de les ranger sous des chefs indépendants les uns des autres, pour évaluer numériquement, d'après le nombre des conformités, la probabilité que ces conformités tiennent à une nécessité intrinsèque plutôt qu'à une rencontre fortuite, le jugement de probabilité se complique ici d'un autre élément qui devient même l'élément principal, toute arithmétique mise de côté. Il faut principalement tenir compte de l'ordre, de la simplicité avec laquelle les faits expérimentés, observés, témoignés, racontés, s'enchaînent et s'expliquent les uns les autres. Or, il ne nous est pas seulement impossible à cause de l'imperfection de nos connaissances, il est impossible en soi d'énumérer, d'un côté toutes les lois simples, de l'autre toutes les lois possibles, de manière à assigner le rapport des deux nombres ou la limite vers laquelle le rapport converge quand les deux termes du rapport croissent indéfiniment. Encore moins est-il possible de fixer par un coefficient numérique la gradation qu'on doit mettre entre des lois inégalement simples ou compliquées et qui pour ce motif ne sauraient être rangées sur la même ligne, comme les six faces d'un dé parfaitement régulier. Cependant toutes ces *probabilités* qu'ailleurs nous avons qualifiées de *philosophiques* (faute d'oser dire *probabilités rationnelles*), sont fondées sur une préférence de la raison, pour ce qui lui paraît le mieux satisfaire aux conditions de simplicité, de généralité, de symétrie, qui contribuent à la perfection de l'ordre en toutes choses. Car, suivant les paroles d'or de Bossuet (1); « le rapport de la raison et de l'ordre

---

(1) *Traité de la connaissance de Dieu et de soi-même*, chap. 1ᵉʳ, § 8. — D'ailleurs Bossuet ne fait que traduire dans le français du dix-

est extrême. L'ordre ne peut être remis dans les choses que par la raison, ni être entendu que par elle : il est l'ami de la raison et son propre objet ». Et cette préférence de la raison (subjective) est fondée à son tour, tant sur ce que l'observation nous apprend du caractère habituel des lois de la Nature, que sur ce jugement *a priori*, qu'il y a pour la loi la plus simple une raison intrinsèque de préférence, à moins qu'une loi supérieure ne rende raison d'une moindre simplicité dans la loi secondaire qui en dérive. Il en est de ce jugement *a priori* ou de ce pressentiment dont il faut tenir grand compte, quoiqu'il n'ait pas la sûreté d'une règle logique, à cause des bornes de notre horizon, comme de celui qui met le géomètre sur la trace d'un théorème, le physicien ou le naturaliste sur la voie des découvertes; et il est tout simple que du même jugement qui nous fait pressentir une vérité, résulte ensuite la garantie que nous sommes bien en possession de la vérité. Ici notre logique supérieure touche à l'esthétique, le sentiment du vrai se rencontre avec le sentiment du beau, puisque, comme le dit encore Bossuet au passage cité : « la beauté ne consiste que dans l'ordre, c'est-à-dire dans l'arrangement et la proportion; et qu'ainsi il appartient à l'esprit, c'est-à-dire à l'entendement, de juger de la beauté, parce que juger de la beauté, c'est juger de l'ordre, de la proportion et de la justesse, choses que l'esprit seul peut apercevoir ». De telles pensées cadrent bien avec les doctrines de l'esthétique moderne, où l'on ne confond pas le

---

septième siècle le latin africain de St-Augustin, qui lui-même traduisait ou tâchait de traduire le grec de St-Jean, de Philon et de Platon.

mérite éminent de la beauté des formes avec le mérite inférieur de l'*expression* dans les œuvres d'art, non plus qu'avec le mérite bien plus inférieur de la ressemblance au sens réaliste. Mais nous avons encore trop de questions à traiter pour nous arrêter à ce point de vue, si intéressant qu'il soit.

§ 7. — Préliminaires du problème de la connaissance. — De la distinction du relatif et de l'absolu.

Sans chercher dans une métaphysique transcendante l'explication de l'acte par lequel un être qu'alors on appelle *sujet*, connaît ou perçoit un *objet* situé hors de lui, une remarque des plus élémentaires s'offre d'elle-même : c'est que toute connaissance implique un *rapport* entre le sujet et l'objet de la connaissance, et que tout changement de rapport implique un changement dans l'un ou l'autre des deux termes du rapport ou dans tous deux à la fois. Sur quels indices la raison fera-t-elle un choix entre les trois hypothèses ? On voit déjà comment cette question se lie à celles sur lesquelles ont porté les précédents paragraphes.

Des cordes sonores offrent entre elles des *intervalles* musicaux définis : ces intervalles sont des rapports et même des rapports numériquement assignables. Au bout d'un certain temps il se trouve que les intervalles ont changé : on se demande si le ton de l'une a haussé, si le ton de l'autre a baissé, ou si les deux causes ont contribué à faire varier l'intervalle ? Que si toutes les cordes, moins une, ont conservé entre elles les mêmes intervalles, et que l'on n'aperçoive aucun lien de solidarité qui les aurait assujeties à varier toutes dans le même rapport, on sera très-porté et même très-autorisé à en conclure que l'unique corde en désaccord est la seule qui ait effectivement subi une altération dans son ton musical.

Les prix courants des marchandises expriment des rapports entre leurs valeurs d'échange et la valeur du métal précieux, tel que l'or, qui sert à la fois d'étalon monétaire et d'instrument d'échange. La hausse du prix courant peut tenir, soit à ce que la marchandise hausse effectivement de valeur par l'augmentation des frais de production, ou parce qu'elle devient plus rare, ou parce qu'elle trouve de nouveaux débouchés, soit à ce que l'or baisse effectivement de valeur par suite de la découverte de nouveaux gisements aurifères, soit à toutes ces causes à la fois. Mais, si les prix courants de toutes les marchandises haussaient à très-peu près proportionnellement, on n'hésiterait plus à attribuer cette hausse apparente à la baisse réelle de l'or, quand même on ignorerait les causes qui ont effectivement déprécié l'or.

Des choses mobiles changent de situation les unes par rapport aux autres. De là des mouvements *relatifs* comme ceux du passager par rapport au corps du bateau sur lequel il est embarqué, du bateau par rapport à la surface terrestre, de la terre par rapport au système des corps célestes. Si nous avions des points de repère, de la fixité absolue desquels nous fussions certains, nous pourrions directement observer les mouvements *absolus* qui rendent raison des mouvements relatifs. Mais, en l'absence de tels points de repère, si nous reconnaissions que tous les points susceptibles de se mouvoir indépendamment les uns des autres ont conservé les mêmes positions relatives, un seul excepté, nous serions fondés à croire que ce point unique est le seul qui ait subi un déplacement effectif. Et lors même que tous les points auraient subi des déplacements relatifs, nous serions encore fondés à préférer, entre toutes les hypothèses que l'on peut faire sur les mouvements absolus, celle qui rend compte bien plus simplement des mouvements relatifs observés. A condition toutefois d'accorder que ces mouvements réputés absolus ne le sont encore que relativement au système que l'on considère : attendu que peut-être ils se combinent avec quelque mouvement commun à tout le système, et dont rien dans l'observation du système ne peut nous faire soupçonner l'existence.

Serrons encore de plus près les conditions du problème de la connaissance. De tout temps on a comparé l'intellect à un miroir qui réflète l'image des objets du dehors, ou mieux encore à cette toile nerveuse qu'on nomme la rétine et sur laquelle, comme dans une chambre noire, les objets viennent se peindre, après que les rayons qu'ils émettent ont traversé les humeurs de l'œil. Sans être précisément une *raison*, la *comparaison* est aussi juste qu'une comparaison puisse l'être, et il y a tout avantage à la suivre jusqu'au bout. Si le miroir est plan, l'image sera la représentation fidèle de l'objet, à cela près que la droite de l'objet sera la gauche de l'image. Or, ce mode d'inversion, le même pour chaque image, conserve dans leur ensemble le même ordre, les mêmes rapports de situation que dans l'ensemble des objets, sans altérer en rien d'essentiel les idées, la connaissance que nous avons des objets par leurs images. Il en faut dire autant du mode d'inversion de l'image peinte au foyer d'une lentille ou d'un appareil dioptrique tel que l'œil, pourvu que l'on se débarrasse par un diaphragme des rayons trop divergents qui troubleraient la vision, précaution que la Nature n'a pas manqué de prendre dans la structure de l'œil des espèces supérieures. Que si le miroir ou la lentille étaient cylindriques ou elliptiques, les images pourraient être déformées jusqu'à devenir monstrueuses; elles changeraient au moindre déplacement de l'objet, du miroir, de la lentille ou de l'œil : de sorte que, par ces images toujours changeantes et toujours infidèles, il nous serait impossible d'arriver à la connaissance des formes réelles du monde extérieur.

Dès lors se pose une première et capitale question : l'esprit humain ressemble-t-il au miroir plan ou au miroir cylindrique? Est-il constitué de manière à saisir les rapports des choses tels qu'ils sont, sans les altérer essentiellement? Ou bien les lois de sa constitution, les instruments dont il dispose, la station d'où l'homme observe, le milieu qui l'enveloppe, influent-ils sur ses idées au point de lui donner une fausse notion des choses ou de rendre, soit impossible, soit incertaine, la connaissance de ce que les choses sont intrinsèquement? Ou bien enfin y a-t-il quelque moyen de démêler ce qui doit être proprement l'objet de notre connaissance, c'est-à-dire ce qui tient à la nature des choses extérieures, d'avec ce qui tient à la station, au milieu, à la structure des organes, bref à la constitution de notre entendement, telle qu'elle résulte de lois nécessaires, de dispositions congéniales ou d'habitudes acquises?

Ici les sciences nous viennent encore en aide par les exemples topiques qu'on peut leur emprunter. Ainsi nous observons les astres à travers une couche gazeuse qui dévie les rayons lumineux, surtout dans le voisinage de l'horizon : de sorte que les distances angulaires en sont altérées, les disques déformés, et que dans leur révolution diurne les astres ne nous semblent pas décrire, comme en effet ils décrivent d'un mouvement uniforme des cercles parfaits. Cependant, quand même nous n'aurions pas de renseignements certains sur la cause physique de cette irrégularité très-sensible, il nous serait facile de reconnaître qu'elle suit dans son déplacement l'horizon de l'observateur, qu'elle n'est par conséquent qu'une illusion dont il faut se débarrasser, une apparence trompeuse qu'il faut rectifier pour nous faire une idée juste du mouvement diurne de la sphère céleste et de sa régularité majestueuse. Il ne nous vient pas à l'esprit de supposer que c'est nous qui mettons dans le phénomène, par suite de quelque vice de conformation de nos sens ou de toute autre cause d'erreur ignorée de nous, la régularité qui n'y serait réellement pas. Comment en effet et par quel hasard étrange ce qui est naturellement une cause de complication et de trouble (comme nous le voyons par l'exemple de la réfraction astronomique) deviendrait-il une cause de simplification, d'uniformité, de régularité? Comment la loi de révolution diurne, qu'il faudrait supposer plus compliquée en réalité qu'elle ne le paraît, se combinerait-elle avec la loi de déformation provenant du vice de l'organe ou de quelque autre influence secrète, de manière qu'il en résultât précisément cette loi la plus simple de toutes, qui résume et coordonne si bien toutes nos observations, toutes nos théories, qui en un mot est la base de l'astronomie tout entière? Donc le miroir ou la lunette qui nous sert à observer le mouvement diurne est un miroir ou une lunette qui ne vicie point l'image perçue, quoiqu'il soit encore permis d'y soupçonner une inversion comme celle dont il était question tout à l'heure, laquelle n'altère point la régularité de l'image. Et en effet, comme il n'y a nulle apparence que la sphère céleste ait une solidité propre, ni que tant d'astres isolés les uns des autres à des distances de nous fort inégales, se meuvent tous en conservant exactement leurs distances angulaires ou leurs positions relatives, nous sommes forcés d'en conclure avec Copernic que la rotation apparente de la sphère céleste, d'orient en occident, est en réalité produite par un mouvement de rotation d'occident en orient, imprimé à la lunette de l'observateur, ou plutôt à la masse de la terre qui, semblable à un bateau, entraîne dans ses mouvements tous les corps situés à la surface terrestre, notamment l'observatoire, la lunette et l'observateur.

Quoique le mouvement uniforme de rotation de la terre, d'occident en orient, soit *vrai* par opposition au mouvement *apparent* de la sphère céleste, d'orient en occident, ce n'est pourtant encore là qu'une approximation de la vérité. Les phénomènes connus sous les noms de *précession* et de *nutation* nous apprennent que l'axe de rotation de la terre subit dans son orientation des changements très-petits : comme si l'œil de l'observateur, au lieu de décrire en toute rigueur un cercle parfait, décrivait une courbe tordue en spirale, à anneaux très-serrés les uns contre les autres.

Il n'est pas impossible, il est même devenu vraisemblable que la durée de la rotation diurne de la terre varie, quoique avec une excessive lenteur, comme d'une seconde tous les cent mille ans: ce qui suffirait pour qu'à la rigueur le mouvement ne fût pas uniforme, même dans la durée d'un jour. De même, le mouvement annuel de la terre dans son orbe elliptique est vrai ou réel si on l'oppose au mouvement apparent du soleil sur l'écliptique : mais, plus réellement, l'ellipse se déforme sans cesse par l'action perturbatrice des planètes, et au bout d'un an la terre n'est pas revenue précisément à la même place.

Chose surprenante, le mouvement de la terre sur une ellipse dont le grand axe a soixante et quelques millions de lieues, mouvement réel qui embrouille tous les mouvements apparents des planètes dans le zodiaque, n'affecte les étoiles d'aucune *parallaxe* sensible, c'est-à-dire ne leur imprime, par suite de leur extrême éloignement, aucun mouvement apparent sur la sphère céleste. Le petit dérangement annuel, qualifié par Bradley d'*aberration*, et découvert par lui en même temps que la nutation, n'est pas même comme la nutation un mouvement apparent dans le sens propre du terme. C'est comme le nom l'indique une erreur qui affecte l'observation, erreur de même nature que la réfraction astronomique et que l'on corrige de même. Toutefois, cette correction faite, quelques étoiles en fort petit nombre semblent offrir, dans des observations d'une délicatesse extrême, de faibles indices de parallaxe annuelle. Pour donner de la consistance à cette présomption, il faut revenir, plus scrupuleusement qu'on ne l'avait encore fait, sur les causes de microcospiques erreurs qui pourraient affecter avec quelque constance, soit les instruments employés, soit les sens mêmes et le jugement de l'observateur : tel observateur, ayant, en vertu de dispositions congéniales ou d'habitudes contractées, une tendance à pécher dans ses estimes, soit par excès, soit par défaut. Il faut donc que chaque observateur étudie avec soin son observatoire et ses instruments, qu'il s'étudie lui-même dans ses impressions et ses habitudes, avant que de se prononcer sur les valeurs d'une seconde ou d'une fraction de seconde, attribuées aux parallaxes annuelles d'une demi-douzaine d'étoiles que l'on suppose être beaucoup plus rapprochées de nous que les autres. Or, il y a 3 600 secondes au degré et 90 degrés dans le quart de cercle. A force de viser à la dernière exactitude, l'astronomie cesse presque d'être une science exacte, et il lui faut se contenter de probabilités plus faibles que celles qui sont dédaigneusement rejetées par nos grands philosophes.

Mettons de côté la question si délicate de parallaxe annuelle. Ce qui ne fait pas l'objet d'un doute, c'est que les étoiles réputées fixes ne le sont que d'une manière approchée ; qu'elles ont en réalité des mouvements propres, imperceptibles à l'œil nu et qui, depuis le temps des Chaldéens, n'ont pas changé d'une manière sensible l'aspect du ciel étoilé, quoiqu'ils supposent d'énormes déplacements dans les espaces célestes. Que s'il résultait de la comparaison de tous ces mouvements propres des indices d'un déplacement commun dans un sens déterminé, ce serait le cas d'en conclure avec une extrême vraisemblance qu'un tel déplacement commun à tout le système des étoiles n'est qu'apparent, et qu'il doit tenir à ce que notre soleil, qui n'est lui-même qu'une étoile entre tant d'autres, a aussi son mouvement propre qu'il s'agit de déterminer. Telle est en effet la conclusion de la science, quoique ici encore, faute de points de repère fixes, il faille bien se contenter de grandes probabilités.

Dès lors le mouvement de la terre dans son orbite annuelle, quoique réel ou vrai si on l'oppose au mouvement apparent du soleil sur l'écliptique, ne le serait que d'une réalité ou d'une vérité relative. Il faudrait, pour pénétrer plus avant dans le fond de vérité ou de réalité qui se cache sous les apparences cosmiques, combiner le mouvement diurne de rotation de la terre et son mouvement annuel de circulation autour du soleil avec le mouvement qui entraîne dans les espaces célestes le soleil et le système solaire tout entier, la terre comprise. Peut-être le mouvement résultant devrait-il à son tour se combiner avec quelque mouvement commun à toute la nébuleuse, à tout le groupe d'étoiles auquel notre soleil serait systématiquement relié; sans que nous puissions jamais nous flatter de connaître le mouvement vrai d'une vérité absolue, pas plus que d'assigner des points de repère fixes d'une fixité absolue. Il est même très-permis de penser avec Leibnitz que cette fixité absolue des repères, cette réalité, cette vérité absolue des mouvements, sont de pures conceptions de notre esprit dont l'exemplaire n'a pas d'existence cosmique, dont le type même ne serait pas fondé en raison, vu qu'il serait au contraire de l'essence des idées d'espace, de temps, de mouvement, de n'exprimer que des relations.

§ 8. — De l'apparence, du phénomène et du noumène. — De la critique de nos idées.

Selon l'étymologie, les mots *phénomène* et *apparence* ont le même sens, l'un étant pris à la source grecque, l'autre à la source latine : ce qui est dans notre langue une sorte de « phénomène » avec lequel nous devons maintenant être familiers (p. 290). De plus, comme dans les exemples déjà cités, les besoins de la pensée ne s'accommodant pas d'une synonymie exacte qui serait une superfluité, l'usage (celui des savants et des philosophes) a mis une distinction là où l'étymologie n'en mettait pas. Le physicien, le chimiste, le naturaliste entendent bien, comme l'astronome, constater des phénomènes, non des apparences; et quand l'apparence travestit le phénomène, ils ont grand soin d'en avertir. Les stations et les rétrogradations des planètes, leurs zigzags sur le zodiaque ne sont en astronomie moderne que des *apparences* : le mouvement diurne de la terre, son mouvement elliptique autour du soleil, la précession des équinoxes sont des *phénomènes* d'une importance capitale. Selon l'objet propre de chaque science il y a lieu de préférer, tantôt un terme, tantôt l'autre. Pour le physicien dont les études portent directement sur les propriétés de la lumière, la réfraction astronomique, l'aberration des fixes, le *mirage* du désert sont autant de phénomènes : tandis que pour l'astronome la réfraction, l'aberration ne sont que des apparences ou des erreurs à corriger, et que pour le voyageur le mirage est une cruelle illusion. Le grossissement de la lune à l'horizon, cette erreur dont on se débarrasse si aisément en perçant un trou dans une carte, ne mérite pas plus le nom de phénomène aux yeux du physicien qu'à ceux de l'astronome, car il ne s'explique pas plus par la constitution physique de la lumière que par les tables des mouvements lunaires : mais, en psychologie, c'est un phénomène dont il faut tâcher de rendre raison. Car l'erreur même devient un phénomène, lorsque l'être qui tout à l'heure était considéré comme le sujet qui prend ou qui cherche à prendre connaissance d'un objet, devient lui-même l'objet de la connaissance ou de l'étude. J'admettrais volontiers que la plupart des hallucinations, des sensations subjectives, de ce que l'on appelait jadis les erreurs des sens, doivent passer pour des phénomènes aux yeux du physiologiste, du médecin, comme à ceux du psychologue. Je citerais à ce propos l'exemple bien connu de la duplicité des sensations tactiles lorsqu'on fait rouler une bille avec deux doigts chevauchant l'un sur l'autre : duplicité de sensation qui subsiste, même lorsque la vue nous empêche de porter un jugement faux, et dont l'explication doit être du ressort de la physiologie plutôt que de la psychologie.

De son côté, Kant a opposé au *phénomène* qui tombe sous nos sens externes ou internes (parmi lesquels figure la conscience des psychologues) le *noumène* qui n'est saisi que par l'intellect, et que l'imagination, cet *arrière-sens*, ne peut pas se représenter. Mais les sens, l'imagination laissés à eux-mêmes sont très-sujets à se prendre à l'apparence ; et pour distinguer le phénomène de l'apparence ils ont besoin d'être guidés par la raison. Il y a donc du noumène jusque dans le phénomène, en tant que la raison a seule la vertu de le distinguer de l'apparence, d'après des caractères qui tombent sous l'œil de la raison et qui peuvent ne pas tomber sous les sens. A proprement parler, il faudrait réserver le nom de noumène à ce dont l'esprit a l'idée sans avoir aucun moyen de s'en former une image. Ainsi le corps solide qui tombe sous nos sens et que l'imagination nous représente, n'est qu'une *apparence* que la physique résout en une multitude de particules maintenues à distance les unes des autres, comme le télescope d'Herschel résout en des milliers de petites étoiles les taches de la voie lactée. Le même corps imaginé comme un amas d'atomes étendus et figurés constitue « le *phénomène* bien ordonné » dont nous parle Leibnitz et dont le physicien s'occupe. Enfin, lorsque nous dépouillons l'atome de cette étendue, de cette figure qu'on n'admet que pour les besoins de l'imagination, nullement pour ceux de la raison et de la science (p. 57), il ne reste qu'un *noumène* à livrer aux philosophes qui sont fondés à en admettre l'existence, sans en pouvoir rien dire de plus.

Kant était donc autorisé à distinguer le noumène du phénomène, et même à dire que les corps, l'espace, le temps, le mouvement n'ont qu'une existence phénoménale, sous le voile de laquelle l'esprit conçoit une réalité absolue, intrinsèque, qui lui reste et lui restera toujours cachée. Son tort est d'avoir soutenu que l'espace, le temps, le mouvement ne sont que des formes de notre sensibilité ou, comme il s'exprime, des *catégories* de notre esprit, d'où nous ne pouvons rien préjuger de ce que les choses sont en elles-mêmes, abstraction faite de notre manière de les sentir. Puisque nous saisissons dans le monde des lois d'une grande simplicité, à l'aide desquelles nous relions et expliquons très-bien les phénomènes, et qui impliquent les conceptions d'étendue, de durée, de mouvement, non comme imposées par l'esprit aux choses du dehors, mais comme s'imposant à l'esprit par le spectacle des choses du dehors (p. 270, 275, 300), il faut bien que les lois observées et les conceptions qu'elles impliquent soient quelque chose de vrai ou de réel, d'une vérité ou d'une réalité indépendante de nous. Le problème transcendant que la raison réserve, ou sur la solution duquel elle n'autorise que des conjectures, consiste à savoir si cette réalité extérieure, indépendante de nous, est absolue ou si elle n'est encore que relative, suivant les explications données au précédent paragraphe. Derrière le phénomène saisissable, l'esprit admet par analogie la possibilité d'un noumène insaisissable, tout en étant fondé à juger que sa propre constitution, qui certainement n'influe pas sur la nature du noumène, n'est pas non plus ce qui doue le phénomène de ses caractères saisissables. Nous ne pouvons imaginer que des choses étendues, parce que nos lobes cérébraux, notre rétine, notre appareil nerveux et toutes ses dépendances figurent dans le nombre des choses étendues. Mais, pourquoi donc y figurent-ils ? Certainement parce que l'étendue était dès le principe, bien avant que le temps de l'homme fût venu, une condition de l'organisme vivant, une condition de l'existence des corps et de l'action des corps les uns sur les autres, une condition de la manifestation cosmique de la pensée divine, et nullement parce que ce serait en particulier une condition de la constitution de l'esprit humain.

Si, selon la doctrine de Kant, telle au moins que nous la comprenons, les facultés de l'esprit humain n'avaient pas été expressément accommodées à la perception d'un ordre phénoménal, bien supérieur et antérieur à l'homme, et dès lors subsistant indépendamment de l'esprit humain, il faudrait admettre que la loi de courbure du miroir façonné après coup, au lieu de déformer et d'embrouiller toutes les images du monde extérieur, a eu l'étrange vertu de mettre dans les images ou dans la représentation des choses un ordre, une règle qui n'existe pas dans les choses représentées. Cela n'aurait pu arriver que par une combinaison si singulière, par un hasard si peu probable que la raison n'hésite pas à rejeter l'hypothèse. Mais qu'importe à Kant qui ne veut pas, non plus que tant d'autres philosophes, que l'homme se contente en philosophie d'une raison dont pourtant il faut bien qu'il se contente partout ailleurs. On ne peut administrer la preuve logique ou mathématique que les notions d'espace et de temps ont une valeur représentative, une réalité extérieure : donc pour le philosophe elles ne représentent rien du tout ; elles ne sont que des formes de notre sensibilité, des catégories ou des conditions de notre intellect. Kant nie la valeur externe des idées qui sont le fondement de la philosophie naturelle, comme Pyrrhon niait en théorie l'existence des corps, sauf à y accommoder la pratique, ou comme Descartes lui-même refusait d'y croire, à moins d'avoir Dieu et sa véracité pour garants. Kant aurait pu aussi s'autoriser de Pascal selon qui « la Nature confond les pyrrhoniens, et la raison (*lisez* le raisonnement) confond les dogmatiques » ; tandis qu'à vrai dire la raison, d'accord avec la Nature, ne confond que ceux qui méprisent les principes nécessaires de toute critique (p. 260).

Bien loin qu'il faille songer à prouver la réalité physique par quelque syllogisme ou par quelque construction mathématique, nous n'avons pour juger de la valeur de nos théories mathématiques, pour y voir autre chose qu'un jeu d'esprit ou que l'effet d'une convention, d'autres motifs que ceux qui nous portent à attribuer une réalité extérieure au monde physique et aux lois qui le gouvernent. Par quelle singulière rencontre une convention arbitraire qu'il dépendait de nous de faire ou de ne pas faire, que les Grecs ont faite et à laquelle les Chinois n'ont pas songé, engendrerait-elle tout un monde de vérités intelligibles que nous mettons en ordre et expliquons les unes par les autres, avec la conscience que nous les découvrons et ne les inventons point (p. 300), pas plus que Champollion n'a inventé les hiéroglyphes qu'il déchiffrait ! Toutes ces conclusions, il faut l'avouer, ne sont que probables..., à condition d'ajouter que leur probabilité est de nature à contenter tous ceux qui ne veulent pas systématiquement se ranger parmi les mécontents.

Kant n'en a pas moins eu une pensée lumineuse et vraiment philosophique, quoi qu'il en ait fait des applications contestables : celle de rechercher s'il n'y aurait pas dans le système de nos idées des lacunes, des incohérences ou, comme il le dit, des antinomies qui nous inclineraient à croire, sinon que telles de nos idées sont fausses et dépourvues de toute réalité extérieure, du moins qu'elles ne sont vraies que d'une vérité relative et ne nous éclairent pas suffisamment sur le fond des choses. Sans sortir du domaine de nos sciences physico-chimiques, on peut voir, dans l'impossibilité où nous sommes de comprendre l'action à distance de deux particules matérielles, et dans la tendance scientifique à tout expliquer par des actions à distance, l'une de ces antinomies qui peuvent tenir à notre idée humaine de l'espace et que résoudrait peut-être le noumène, s'il nous était accessible. Ce soupçon se fortifierait à la vue des difficultés insurmontables contre lesquelles l'esprit humain se heurte, dès qu'il aborde l'étude des phénomènes de la vie (p. 106).

A quelle idée les philosophes ont-ils attribué une valeur plus absolue qu'à l'idée de substance? Et pourtant (p. 5, 104, 144), il est assez facile de reconnaître que cette idée a constamment embrouillé la philosophie ; que naturellement suggérée ou fortifiée par cette loi du monde physique que la masse des corps est quelque chose d'indestructible et d'invariable, elle nous égare et nous jette dans des voies sans issues dès que nous voulons aller plus loin et affirmer quelque chose de l'essence ou de la substance des corps; que l'obscurité redouble et que les contrariétés sont plus choquantes lorsqu'on tente d'adapter cette idée à l'explication des phénomènes de la vie, et à plus forte raison lorsqu'on ose s'élancer vers des régions encore plus hautes sur les ailes de l'ontologie, c'est-à-dire en prenant l'idée de substance pour fil conducteur. Au contraire l'idée de la raison des choses éclaire tout, coordonne tout, et guide le physicien comme le géomètre, le naturaliste comme le physicien ; le moraliste, le politique et l'historien comme le naturaliste, le physicien et le géomètre. C'est le flambeau de tout le monde : il faut donc bien que ce soit aussi le flambeau du philosophe, et que le don de percevoir clairement ou même de sentir confusément la raison des choses soit l'attribut éminent, le trait caractéristique de la raison personnelle. Et comme d'ailleurs (p. 344) l'idée de la raison des choses revient à concevoir un ordre dans les choses, comme nous jugeons de la valeur d'une conception rationnelle par le mérite de l'ordre qu'elle met dans les choses, il s'ensuit que l'idée d'ordre est nécessairement le fil conducteur du philosophe dans la critique de toutes les autres idées.

Pourquoi, disent certains philosophes, telle idée, telle conception de l'entendement aurait-elle le singulier privilége de contrôler les autres? Il faut les admettre toutes au même titre avec les dogmatiques, ou les tenir toutes en suspicion avec les sceptiques. Le mieux serait d'énumérer les principes que généralement les hommes admettent comme évidents, et d'en composer un code de la raison humaine, un symbole de la croyance humaine ou du sens commun, en renonçant à convertir ceux qui ne veulent pas être convertis, e acceptant la séparation de ceux à qui il plaît de se séparer. Pourquoi tel article de ce commun *Credo* serait-il choisi de préférence, à l'effet de servir de fondement aux autres et d'en garantir l'autorité?

Pourquoi? Non certes pour satisfaire un goût personnel ni par un platonique amour de l'unité, mais parce que la nature des choses dicte le choix et se charge d'embrigader la troupe confuse des axiomes ou des articles de foi. C'est ce que ne manquent pas de faire les théologiens : ils tâchent d'introduire dans les articles de leur créance un ordre qui les fasse dépendre de quelque croyance fondamentale; et Descartes les imite, lorsqu'une fois en possession de l'idée de Dieu et de ses attributs, au nombre desquels se range la véracité, il en conclut que Dieu ne peut tromper l'homme et qu'ainsi toutes les croyances naturelles à l'homme doivent être vraies. Effectivement l'ordre mis ainsi par Descartes dans le code de la raison humaine n'a pas le tort d'être arbitraire : mais que d'objections l'on peut faire au principe même de la preuve et à la manière de l'appliquer !

Au contraire l'idée d'ordre, seule entre toutes, possède bien ce caractère éminent de pouvoir se critiquer elle-même en même temps qu'elle critique les autres. Si elle ne tenait qu'à la constitution de l'esprit humain et au besoin qu'il a d'un ordre méthodique pour lui venir en aide dans sa faiblesse, comment concevoir la présence dans le monde d'un ordre que le progrès de la science met de plus en plus en lumière et dont, sauf des exceptions dont le plus souvent on se rend compte, les caractères se conforment à ceux que l'esprit humain attache à l'idée d'ordre, antérieurement à tout travail scientifique ? Peut-on admettre sans invraisemblance qu'une faiblesse, une imperfection de l'esprit humain servît à mettre dans le monde un ordre simple et régulier qui ne serait pas effectivement une loi du monde ? Quand notre logique instrumentale, quand nos méthodes artificielles font violence à la nature des choses, ce dont on a vu des exemples, ne nous en apercevons-nous pas ? Et n'est-ce pas précisément ce qui, au § 2 de la présente section, nous a autorisé à distinguer entre l'ordre purement logique et l'ordre rationnel? L'idée de l'ordre rationnel ou de la raison des choses a donc bien, à l'exclusion de toute autre, la propriété de se contrôler elle-même sans cercle vicieux : ce qui fonde son droit à contrôler et à autoriser toutes les autres, s'il est vrai que l'avantage de tous soit le fondement le plus légitime de toute subordination et de toute autorité.

Les sceptiques, les empiriques de tous les temps n'ont jamais manqué de distinguer entre la spéculation et la pratique. Pour la spéculation, ils n'y ont nulle foi ; ils diraient volontiers avec le Sage hébreu « qu'elle n'est que vanité et affliction d'esprit ». Pour la pratique, toutes les croyances naturelles se justifient à leurs yeux comme la croyance à l'existence du soleil, en ce sens que nous pouvons aller nous promener par un beau jour d'hiver, en un lieu abrité de la bise, avec la confiance que nous nous réchaufferons au soleil. Il est fort inutile en effet, pour satisfaire ce besoin, de s'enquérir si le soleil tourne ou ne tourne pas, si c'est un fantôme ou un corps massif, gros comme un fromage ou comme le Péloponnèse. Cependant l'astronomie a la prétention fondée de répondre à ces questions et à bien d'autres ; et le succès que ne manquent guère d'obtenir, pour peu qu'ils soient passablement écrits ou qu'ils portent un nom connu, les livres où l'astronomie est mise à la portée d'un public mondain, montre assez que la curiosité des hommes ne se règle pas seulement sur l'intérêt pratique. Ainsi, pendant que certains philosophes cherchent ce qui ne peut être trouvé et que d'autres affichent le mépris de la philosophie, les sciences font leur chemin en se défendant également des spéculations vaines et d'un empirisme grossier. Curieux phénomène dont l'examen doit terminer ce rapide et peut-être trop aventureux voyage dans le pays de la raison!

§ 9. — De la philosophie et de la science.

« La métaphysique, a dit Voltaire, se compose de choses que tout le monde sait et de choses que personne ne saura jamais », ce qui ne l'a pas empêché de faire toute sa vie de la métaphysique : car, dans le langage des beaux esprits de son temps, de l'un et de l'autre sexe, métaphysique voulait dire philosophie, ou ce que l'on trouve dès que l'on creuse la philosophie. Cela demande d'être expliqué.

Le mot de *philosophie*, dont l'étymologie est trop connue pour qu'on la rappelle, et qui a tant d'acceptions courantes dans le sans-gêne de la conversation, peut être pris plus sérieusement en deux sens : tantôt substantivement et pour désigner un sujet d'étude qui se distingue par des caractères propres; tantôt comme la personnification abstraite d'un caractère ou d'un attribut commun à certains esprits, à certains ouvrages, dans la manière d'envisager ou de traiter des sujets d'ailleurs fort différents. Au temps de Voltaire surtout, on était disposé à prendre le mot dans cette seconde acception quand on parlait de philosophie. Selon nous, l'esprit philosophique est l'esprit qui s'attache dans les sciences, dans l'histoire et partout, à pénétrer la raison des choses, à les mettre dans l'ordre le plus propre à montrer comment elles procèdent rationnellement les unes des autres. Nous ne savons pas pour cela plus de choses, mais nous les savons mieux, à la plus grande satisfaction de ce sens ou de ce goût particulier; qu'on peut appeler le sens ou le goût philosophique, et qu'il serait aussi peu raisonnable de nier que de nier le sens ou le goût du beau. Que ce sens soit éducable ou perfectible, on ne saurait non plus le nier, quoiqu'il paraisse bien que sa perfectibilité a des bornes, comme celle des sens physiques, de la mémoire et de tous les dons naturels, et quoiqu'il n'en faille pas pousser l'usage jusqu'à l'abus, non plus que pour les autres sens. Le mot de Voltaire ne s'applique donc pas à la philosophie ainsi conçue. Elle n'appartient pas à tous les hommes au même degré, et lui-même n'en voulait ni pour les laquais, ni pour les cuisinières. Elle peut se perfectionner ou s'améliorer d'un siècle à l'autre, et Voltaire était bien persuadé, nous croyons même trop persuadé qu'à cet égard son siècle l'emportait de beaucoup sur celui de Louis XIV, dont personne ne sentait mieux que lui la supériorité littéraire. Nous-mêmes, gens du dix-neuvième siècle, nous avons quelques raisons de croire que notre lunette philosophique porte plus loin que celle de Voltaire.

Ce qui est un objet propre d'étude ou de critique, et ce que Voltaire appelle la métaphysique, c'est la constitution même de l'entendement humain ; ce sont les idées fondamentales à la faveur desquelles l'homme tâche de comprendre, de lier, d'expliquer les phénomènes naturels et les faits de toute sorte sur lesquels portent ses observations. Parmi ces idées, il peut s'en trouver d'étrangères au commun des hommes et qui n'ont fait dans nos théories (par exemple en chimie et en histoire naturelle) qu'une apparition tardive : mais le bon sens dit que la plupart de ces idées fondamentales, ayant été données à l'homme pour se conduire dans les circonstances ordinaires de la vie ou étant le produit d'un fond d'éducation commune, liée aux besoins de la vie sociale, doivent être en ce sens des choses que tout le monde sait. Et si elles donnent lieu à des disputes que, ni l'expérience, ni la logique ne peuvent décidément trancher, ce seront en ce sens des choses que personne ne saura jamais, des sujets de problèmes sur lesquels l'esprit de contention trouvera toujours à s'exercer; quoique la raison, le sens philosophique dont il était question tout à l'heure, nous inclinent à les résoudre d'une manière plutôt que d'une autre. Ainsi la raison, jugeant en appel, pourra selon les cas, tantôt confirmer, tantôt réformer le jugement primesautier, le préjugé vulgaire, le sens commun tel qu'il s'est formé par l'éducation et par l'habitude. Il suit de là qu'on ne saurait s'occuper de la philosophie de l'esprit humain sans faire continuellement appel au sens philosophique, quoiqu'on puisse traiter philosophiquement une foule de sujets sans fixer précisément son attention sur la philosophie de l'esprit humain.

Dans les sciences, la philosophie ou la critique de certaines idées fondamentales apparaît dès le début, au seuil même de la science, pour le tourment des professeurs et des auteurs de traités didactiques qui reconnaîtront là les épines du métier. Puis, quand la science nous a conduits jusqu'où elle peut actuellement nous conduire, quand viennent les problèmes qu'elle pose et qu'elle ne résout pas, il faut bien revenir à la critique des idées dont nous commençons à soupçonner l'insuffisance, à mettre en doute l'autorité.

La philosophie se retrouve donc au terme *actuel* de la. la course scientifique comme au début ; et si c'est là ce que M. Cousin entend par le *vestibule* et le *sanctuaire* (p. 253), M. Cousin a raison. Dans le *mémoire* de recherches, ou dans l'œuvre proprement scientifique, on accepte d'ordinaire les données fondamentales, les idées premières, sans les discuter à nouveau, et l'on s'abstient de toucher aux problèmes qui provoqueraient une pareille révision : mais cette réserve extérieure du savant, non exempte parfois de quelque affectation, ne va pas jusqu'à le désintéresser effectivement du problème philosophique. Grattez l'épiderme du savant et la sensibilité du philosophe reparaîtra. La conversation le dédommagera de la retenue académique que sa plume s'est imposée (1) ; et parfois, vers la fin de sa vie, il donnera à cet égard des marques de conversion tardive, comme d'autres en donnent sur d'autres sujets.

A tout prendre, le savant a des raisons de s'en tenir, autant qu'il le peut, à ce qui est proprement de son métier, à ce qui fait sa réputation méritée. Car, remarquez bien que tout le corps des vérités scientifiques

---

(1) Je tiens de M. Poisson que lorsqu'il revenait avec Laplace des séances du bureau des longitudes, en suivant à pied l'allée de l'Observatoire (ce *premier méridien*, non segmenté alors comme il l'est aujourd'hui), la conversation ne manquait jamais de retomber sur les mêmes matières philosophico-religieuses ; ce qui pour l'ordinaire provoquait, quand on atteignait le même arbre, la même exclamation mal sonnante. Un livre dont on ne parle plus, l'*Histoire du Christianisme* par le libéral belge *de Potter*, faisait alors du bruit, et Laplace en a laissé d'amples extraits, écrits de sa main. On ajoutait que les manuscrits de Lagrange, déposés à l'Institut, témoignent des mêmes préoccupations.

restera le même, de quelque manière que le professeur ou l'auteur didactique ait résolu *in limine* le problème philosophique. Le même bonheur reviendra aux auteurs de découvertes, les mêmes disputes de priorité s'élèveront, les conclusions auront le même degré de rigueur, l'expérience les confirmera au besoin de la même manière. Des jurisconsultes qui diffèrent radicalement d'opinion sur les fondements philosophiques du droit, le disciple de Bentham comme le disciple de Domat, arriveront d'ordinaire aux mêmes solutions juridiques en droit positif, soit qu'ils traitent un point de théorie, soit qu'ils aient une consultation à donner ou des conclusions à prendre dans une affaire litigieuse. Des géomètres qui envisagent diversement les principes du calcul intégral, feront usage des mêmes formules et conviendront de tous les théorèmes. On disputera sur les fondements de la mécanique et sur l'ordre qu'il convient de suivre dans l'enseignement de cette science, mais on retombera d'accord quand il s'agira d'appliquer les théorèmes de la mécanique et de repousser par une fin de non-recevoir les trouveurs de mouvement perpétuel. Rien de plus digne de remarque que ce besoin d'un support philosophique pour un édifice scientifique qui a sa solidité propre, indépendante du choix du support.

Si donc la philosophie est pour chaque science en particulier *l'alpha et l'ômega*, le principe et la fin, la base et le couronnement de l'édifice, si pour ce motif on peut accorder au philosophe qu'elle règne sur les sciences, on est encore mieux fondé à dire qu'elle ne les gouverne pas : l'expérience nous apprenant que chaque science se fraye sa voie, trouve ses procédés, se crée ses instruments, sa langue et sa méthode selon ses propres besoins, d'après la nature des choses sur lesquelles portent ses investigations. Envisage-t-on au contraire les sciences dans leur ensemble et par ce qui les relie toutes en un même faisceau, à savoir l'intervention active de l'esprit humain ? Alors il sera vrai de dire avec Nicolas Oresme (ce bon évêque et précepteur de *roy*, qui ne savait pas seulement la philosophie de son temps, mais qui était avant le temps algébriste, économiste) que la philosophie *ordenne de tout*, ou mieux encore qu'elle *ordenne du tout* : son objet propre étant l'architectonique des sciences ; et son rôle royal, son rôle de régulateur ou d'ordonnateur devenant d'autant plus utile que chaque science, en se fortifiant, semble plus disposée à faire parade de son autonomie, à s'affranchir de toute subordination. Cependant, même à ce point de vue, la philosophie contribue moins aux progrès des sciences, que les sciences ne contribuent aux progrès de la philosophie, aux seuls progrès réels que la philosophie comporte. En effet, ce ne sont pas les primitives et fondamentales conditions de l'esprit humain qui peuvent changer, et ce qu'elles laissent insoluble ou indémontrable scientifiquement le sera toujours : tout au plus saura-t-on mieux que l'on ne sait rien et pourquoi l'on ne peut rien savoir, pourquoi la poursuite d'une démonstration est chimérique. Au contraire il est dans l'ordre naturel que les progrès des sciences manifestent de nouvelles analogies, suggèrent de nouvelles inductions, témoignent de la fécondité et de l'accord de certaines idées, accusent la stérilité ou l'incohérence des autres, dessinent plus nettement les grands traits du plan de la Nature. Donc il est aussi dans l'ordre que les progrès des sciences fournissent à la critique de nos idées, à leur mise en œuvre et surtout à leur mise en ordre des ressources inconnues aux anciens âges de la philosophie, alors que la plupart des sciences aujourd'hui connues n'existaient pas encore ou n'existaient qu'à l'état embryonnaire. Que quelques *néo-cartésiens* aient poussé la hardiesse (j'oserais dire l'impertinence) jusqu'à prétendre que de grands philosophes se sont égarés en philosophie pour avoir pris une part glorieuse au mouvement scientifique de leur temps, et que le tort ou le malheur de Descartes a été de prendre rang parmi les grands géomètres : nous soutiendrons au contraire que les crises rénovatrices des sciences ont été les seules crises utilement rénovatrices de la philosophie; et que si, par exemple, la philosophie du dix-septième siècle a rompu d'une manière éclatante, pour le profit réel de l'esprit humain, avec les vieilleries alexandrines, juives, arabes et scolastiques, elle le doit aux étonnants progrès des sciences dans ce siècle mémorable où les philosophes de haut vol étaient en même temps des génies scientifiques de premier ordre, des Descartes, des Pascal, des Newton et des Leibnitz.

Que le domaine de la philosophie, tel qu'on le décrit d'ordinaire, offre çà et là des lambeaux de théories scientifiques, nous ne le contestons pas. On va voir que la philosophie se mêle constamment à la science : il n'est pas étonnant que la science se mêle quelquefois à la philosophie. Ainsi nous trouvons dans la théorie du syllogisme comme dans l'algèbre une sorte d'application de la *syntactique* ou de la science abstraite des combinaisons : mais l'une tourne court, l'autre se perfectionne et s'étend sans cesse. La morale philosophique, lorsqu'on la suit à l'exemple de Pothier dans ses applications « au for intérieur », s'organise en une science parallèle à la jurisprudence civile, quoiqu'elle se soit attiré, sous le nom de casuistique, des reproches en partie fondés. Nous avons reconnu plus haut dans la psychologie empirique une science à l'état rudimentaire : l'autre *psychologie*, née au Collége du Plessis ou dans la rue des Postes, n'étant sous un autre nom que ce qu'on appelait au temps de Voltaire la *métaphysique*, et ce que plus tard, sous les ombrages d'Auteuil, on appelait l'*idéologie*, quand les Cabanis, les de Tracy, les Garat y devisaient de philosophie, entre deux séances du Sénat.

En tout cas, des fragments ou des ébauches de théories scientifiques ne suffiraient pas pour justifier le nom de science, trop souvent donné de nos jours à la philosophie. Il faut classer et nommer les choses d'après ce qui les caractérise dans l'ensemble; et il est trop évident que l'allure générale de la philosophie où les systèmes se succèdent et reparaissent, capricieusement selon les uns, à tour de rôle et en vertu de quelque loi secrète selon les autres, contraste avec la marche essentiellement progressive de la science et de chaque science en particulier. L'erreur, une fois bannie de la science, n'est-elle pas bannie pour toujours? Qui fera revivre les cieux de cristal et le phlogistique? Quelques esprits bizarres l'essaient de temps en temps, mais ils ne font pas école et leur travers n'est pas contagieux. On a admiré Gœthe quand il faisait de la haute anatomie : on a eu pitié du vieux poëte qui s'obstinait à vouloir renverser la science de l'optique. Par contre on remarquait, dès le temps de Cicéron, qu'il n'y a pas d'extravagance que quelque philosophe n'ait avancée ou soutenue, tant le champ des spéculations philosophiques est inégalement éclairé, et tant il est conforme au plan de la Nature qu'il y ait des yeux qui cherchent le grand jour, d'autres le demi-jour, et d'autres tout à fait nocturnes! A mesure que les sciences font des progrès, elles se fixent dans quelques-unes au moins de leurs parties, tandis que la philosophie ne se fixe en aucun point; quoique chaque philosophe ait à son tour la double prétention, d'abord de ruiner les systèmes de ses devanciers, ce à quoi il réussit d'ordinaire assez facilement, ensuite de bien asseoir les fondements d'un nouveau système sur lesquels ses successeurs n'auront plus qu'à édifier : rôle modeste auquel on ne voit point que les successeurs se résignent, auquel il serait fâcheux qu'ils se résignassent, par la raison bien simple qu'en philosophie les fondements de l'édifice sont tout l'édifice, de même que la racine d'une truffe, c'est toute la truffe.

Avant que l'on arrive à une bonne classification, c'est-à-dire à une classification naturelle, il faut que les espèces connues soient assez nombreuses pour bien faire ressortir les genres naturels et leurs caractères essentiels. Quand la géométrie et l'astronomie étaient presque les seules sciences connues, il était bien pardonnable à des hommes de génie, tels que Platon et Aristote, de faire un amalgame de la science et de la philosophie, de ne pas très-bien démêler ce qui caractérise essentiellement l'une et l'autre. Aujourd'hui qu'il y a presque autant d'espèces de sciences que d'espèces botaniques du genre *sauge*, une telle confusion n'est plus permise, les caractères du genre naturel se sont nettement prononcés. Si l'on tenait absolument à qualifier de science la philosophie, pour l'honneur (mal entendu selon nous) de certains personnages ou de certains corps, il faudrait ajouter que cette espèce de science est une espèce *sui generis*, nullement une espèce du genre *science*, tel que la Nature et le temps l'ont constitué. Mais alors pourquoi s'entêter à affubler d'un nom de genre et du nom d'un genre étranger une espèce à laquelle on a raison de tenir pour ses qualités propres? On ne faisait certes pas cette confusion au temps de Voltaire et de d'Alembert, ce qui n'empêchait de cultiver ni la philosophie, ni les sciences. Frédéric se piquait d'être poëte et philosophe, et sentait qu'il aurait eu mauvaise grâce à se piquer d'être savant : il laissait ce titre à M. Euler et, par une erreur fort excusable de sa part, à M. de Maupertuis. Après la restauration d'une Université française, Laromiguière, Royer-Collard, Cousin, Jouffroy ont professé avec éclat la philosophie dans une Faculté des *lettres*, sans demander qu'on les en détachât pour les rattacher à une Faculté des *sciences* où ils se seraient sentis assez dépaysés. Depuis le télégraphe électrique, les sciences ont acquis, j'en conviens, encore plus de renom ; la philosophie est une science, l'histoire est une science, la politique, l'esthétique sont des sciences. Mais, comme on ne peut pas faire violence au bon sens public jusqu'à persuader au monde que des sœurs qui ont si peu d'airs de famille sont vraiment des sœurs, ne serait-il pas à craindre que le monde, en se déprenant de l'idée que la philosophie est une science, n'en vînt à croire que la philosophie n'est rien du tout, au grand préjudice des sciences comme de la philosophie, et partant au grand préjudice de l'esprit humain.

Telle est en effet la conclusion à laquelle arrivent des philosophes très-connus de nos jours sous le nom de *positivistes*. Et d'abord remarquons qu'ils donnent comme Voltaire à la philosophie le nom de métaphysique ; qu'ils lui font le même reproche, celui de s'occuper de choses qu'il est inutile de savoir, qu'on ne peut savoir ou qu'on ne saura jamais. Ils vont encore plus loin puisqu'ils jugent la métaphysique pernicieuse, et qu'ils regardent comme une chose de très-grande importance pour l'esprit humain, de se débarrasser des entités métaphysiques, de passer (comme ils disent) de l'état métaphysique à l'état scientifique ou positif ; de même qu'à d'autres époques un progrès non moins important suivant eux, a consisté à passer de l'état théologique à l'état métaphysique. Sans revenir ici (car le temps nous presse) sur ce que nous avons dit ailleurs de cette généalogie prétendue, contentons-nous de remarquer que toute science digne de ce nom se compose essentiellement de faits empiriques ou positifs et d'une théorie qui les relie et les explique à l'aide de certaines idées dont la critique est du ressort de la raison, c'est-à-dire de la philosophie ou de la métaphysique, ainsi que l'entendent les positivistes. Quand un géomètre se fait sa théorie des quantités négatives, imaginaires, infinitésimales, fait-il de la science positive, peut-il justifier par une expérience cette théorie dont il ne saurait se passer ? Ce qu'il justifiera au besoin par une expérience, en pesant des sphères, des cylindres, des cônes aussi réguliers et aussi homogènes que possible, ce sont les théorèmes qui donnent la mesure de la sphère, du cylindre, du cône, de quelque manière qu'il les ait obtenus, par la considération des éléments infinitésimaux ou autrement : mais, s'il se contente de pareilles vérifications, il n'est plus qu'un praticien, il cesse d'être un géomètre. Réduite à sa partie empirique ou à ce qui peut être positivement constaté par l'expérience, la chimie mériterait-elle encore le nom de science, ou du moins ne subirait-elle pas un grand amoindrissement dans sa dignité scientifique? Les théories changent, mais il faut une théorie. Lorsque les naturalistes divisent certains genres et en réunissent d'autres, font passer des variétés au rang d'espèces ou des espèces au rang de variétés, en s'occupant sans relâche d'améliorer leurs classifications, de peser la valeur des caractères, et de saisir l'identité des pièces organiques à travers leurs métamorphoses et malgré la diversité des fonctions qu'elles remplissent, ne se flattent-ils pas avec raison de faire œuvre de science, quoiqu'ils fassent plutôt de la métaphysique que de la science positive au sens des positivistes? Reconnaissons donc que dans la trame des sciences l'idée se marie au fait, un principe rationnel ou philosophique dispose et met en ordre les données empiriques ou positives : de telle sorte qu'une science réduite à son bagage empirique n'est pas encore une science à proprement parler, mais plutôt la *matière* d'une future science, en attendant l'idée qui doit y mettre l'ordre ou la *forme*, ces mots de *matière* et de *forme* étant pris dans le sens raffiné qu'y attachait la subtilité grecque. Et cependant cette science mutilée, rabaissée, peut avoir autant et même plus d'utilité pratique que la science arrivée à la forme la plus parfaite, attendu que, pour être informe, elle n'en est pas moins positive. Toutefois les positivistes nuiraient grandement à la dignité de l'esprit humain s'ils réussissaient à persuader au monde que toutes ces manières de savoir reviennent au même; s'ils introduisaient dans les sciences ce principe de démocratie égalitaire qui vise « à allonger les vestes » et qui n'aboutit « qu'à raccourcir les habits », qui tend à rabaisser les grands au niveau des petits plutôt qu'à rehausser les petits pour les mettre, s'il se peut, au niveau des grands.

On amenderait beaucoup la philosophie positiviste si, à l'instar de M. Stuart Mill dans la critique qu'il a faite de l'idée de cause, on regardait comme positives ou comme fondées sur l'expérience toutes les idées fondamentales, toutes les conceptions théoriques que les sciences admettent, et dont l'emploi, pour l'explication et la liaison scientifique des faits naturels, se justifie ou se légitime par le succès même. On appliquerait, à propos de l'idée plus générale de l'ordre et de la raison des choses, tout ce que dit le chef des positivistes anglais à propos de l'idée de cause. On ne ferait ainsi que reproduire sous un autre aspect et dans un autre ordre nos principes de philosophie critique, tels qu'ils sont résumés dans le présent volume. Naturellement, l'ordre que nous avons conçu nous paraît plus simple et plus lumineux; naturellement aussi M. Stuart Mill, s'il n'avait quitté ce monde pour un autre, trouverait le sien préférable : c'est au lecteur qui en voudra prendre la peine qu'il appartient de prononcer, en rapprochant de l'abrégé qu'il a entre les mains les *Principes de loguiqe* de M. Stuart Mill (1).

Ce que nous regardons, dans l'exposé de l'habile logicien comme un renversement de l'ordre naturel, est chose assez indifférente au point de vue de la logique pure (p. 292). Mais ce serait à d'autres égards abuser des termes pour colorer une injustice à l'endroit de la raison, en lui dérobant la part qui lui revient à bon droit dans l'économie de nos connaissances et dans l'enchaînement historique des découvertes. Il est bon de remarquer que la géométrie est une science tout aussi positive qu'une autre; mais que gagnerait-on à soutenir ce paradoxe, que la géométrie est une science expérimentale comme la physique? Au contraire, c'est un honneur pour l'esprit humain que des hommes sagaces, sans s'aider d'autre chose que d'un crayon et d'une ardoise, aient pu, au flambleau de la raison, trouver tant de vérités importantes et les enseigner avec autant de confiance que d'autorité? Et quand on est passé effectivement de la géométrie à la physique, ne s'est-on pas constamment servi de la raison pour interpréter l'expérience, non de l'expé-

---

(1) A peine voudrions-nous effleurer ici la question de priorité. Nous croyons que les *dates* seraient en notre faveur, mais la *publicité* n'est pas précisément la même chose que la *publication*; et si nous connaissons, depuis longtemps déjà, les écrits de M. Stuart Mill, nous admettons volontiers que les nôtres ont dû lui rester inconnus. Sans insister sur ce mince détail, saisissons plutôt l'occasion de placer une remarque qui vient à l'appui de notre thèse : à savoir que les procès de priorité, si âpres entre savants, ne naissent guère ou ne méritent guère de naître entre philosophes. Voilà un caractère commode, quoique de la nature de ceux qu'on appelle empiriques, pour distinguer la science de la philosophie (p. 369).

rience pour composer le code de la raison ? Pour le besoin de son système, M. Stuart Mill confond perpétuellement une *épreuve* avec une *expérience* ; et pourtant autre chose est d'éprouver une théorie ou une idée, en montrant qu'elles s'accordent avec des faits connus, autre chose de donner cet accord comme une preuve *expérimentale* de la vérité de la théorie ou de la justesse de l'idée. Un tel accord doit passer au contraire pour une preuve essentiellement rationnelle, que l'on n'apprécie bien qu'en scrutant les principes en vertu desquels la garantie de l'épreuve est une suite de l'autorité de la raison.

Espérons donc que le temps maintiendra ou remettra chaque chose à sa place. Croyons que pour l'honneur de l'esprit humain, la philosophie n'abdiquera pas ; qu'elle éclairera au contraire la marche des sciences tout en profitant de leurs progrès. Il faut ce concours de la philosophie et des travaux scientifiques pour étendre autant que possible le domaine de la raison, pour fixer en connaissance de cause les bornes du *rationalisme*, et pour ne pas laisser la raison dépourvue de toute autorité là même où nous reconnaissons volontiers qu'elle n'a plus précisément de juridiction.

§ FINAL. — **Des aspirations de l'âme humaine et des insuffisances de la raison. — Du transrationalisme.**

De tout ce qui précède il ressort, croyons-nous, avec clarté que la raison, aux lumières de laquelle nous cherchons et saisissons la raison des choses, est la règle, le principe et la fin de l'intelligence humaine à tous ses degrés : simple connaissance, science, philosophie. La ferme adhésion à cette maxime fondamentale est ce qui constitue essentiellement le *rationalisme*. Maintenant y a-t-il dans la nature humaine quelque chose de supérieur encore à l'intelligence et partant à la raison? La religion, l'honneur, le patriotisme, la charité, le dévouement, l'amour sous toutes les formes répondent : *oui*, il y a quelque chose de meilleur et de préférable, car il y a l'AME.

Nous employons donc ici pour la première fois, au moment de poser la plume (et Dieu veuille qu'il n'y ait pas trop de gens disposés à nous en faire sans autre examen un amer reproche !), ce mot d'*âme*, ce vocable de notre patois roman, qui dit tant de choses en trois lettres; dont il est puéril, parfois révoltant, de chercher une définition marquée au coin de la philosophie naturelle, et dont les définitions scolastiques impliquent des conceptions arbitraires ou dépourvues d'autorité scientifique et même d'autorité dogmatique. Les mots *âme* et *esprit* n'ont point du tout le même sens. Un homme peut avoir l'esprit grossier et l'âme délicate, l'esprit vigoureux et l'âme faible. Qui s'aviserait de confondre la direction des âmes et la direction des esprits? Nous nous permettons après tant d'autres un examen critique de l'esprit humain, et nous laisserions à de plus habiles ou à de plus dignes la tâche de sonder les mystères de l'âme. De ce que l'on n'a pas l'honneur d'appartenir à telle école qui se vante de son *spiritualisme*, il ne s'ensuit point que l'on se range parmi les « libres penseurs » à l'endroit de l'âme. Au point de vue de l'ontologie, on peut discuter la question de savoir si la nature de tout être vivant n'implique pas l'union d'un *corps* ou d'une substance matérielle, et d'un *esprit* ou d'une substance simple, active, immatérielle : tandis que l'âme doit être conçue comme quelque chose de tellement humain que la thèse « de l'âme des bêtes » n'a pas même de sens. Il serait plus raisonnable d'examiner si tous les hommes ont une âme, que de soutenir que les bêtes en ont une, quoiqu'elles possèdent certainement l'intelligence réduite à son plus bas degré, la connaissance.

Cependant, à ne consulter que l'étymologie gréco-latine, les mots ψυχή et πνεῦμα, *anima* et *spiritus* sont identiques au fond, impliquent la même métaphore, la même allusion au phénomène de la respiration, au vent qui souffle plus fort ou plus faible. Il faut chercher d'autres racines aux mots νοῦς et *mens*, plus spécialement affectés aux fonctions intellectuelles, et que dans leur grossièreté nos ancêtres ont eu le tort de laisser perdre, en obligeant ainsi leurs successeurs d'attribuer au mot *esprit* le sens plus subtil qui était celui du latin *mens* et non du latin *spiritus*. Les Grecs avaient bien encore leur mot θυμός et les Latins leur mot *cor*, d'où viennent les acceptions métaphoriques de notre mot *cœur*, mais qu'il convient de laisser à la langue populaire ou, ce qui revient presque au même, à la langue oratoire, sans en embrouiller la philosophie. Dire avec un écrivain célèbre que « les grandes pensées viennent du cœur », c'est répéter une phrase absurde scientifiquement quoique l'effet oratoire en soit infaillible, et qu'elle puisse contenir un sens moral et humain si le mot *cœur* est pris comme synonyme du mot *âme*.

Il faut donc que l'histoire supplée à l'étymologie et que nous sachions d'où vient la fortune du mot *âme*. Sans nul doute elle vient de l'influence de l'Église au moyen âge, pendant tout le temps qu'a duré l'enfantement de nos idiomes modernes. Les symboles du Christianisme des premiers siècles parlent de la « résurrection de la chair » et de l'attente « d'une résurrection des morts », sans rien dire de l'âme : tandis que le chrétien de nos jours, en cela fidèle à la tradition du moyen âge, s'occupe beaucoup du sort de son âme, et a tout au plus du corps le même souci qu'en pourraient avoir le payen ou l'incrédule. C'est que pendant des siècles le prêtre n'a parlé que de leurs âmes aux grands et aux petits, et surtout aux petits, en leur inculquant cette idée que l'âme de la plus humble créature peut avoir plus de prix devant Dieu que celle d'un roi, d'un pape ou du plus éminent docteur. Il y a bien loin de là aux calculs de « milliers d'âmes », tant reprochés avec raison à ces diplomates qui se croyaient le droit de disposer des populations comme d'un vil bétail : mais l'abus du mot, abus récent et odieux, venait d'un usage ancien, infiniment respectable, et n'est intelligible que par la connaissance de l'usage. Si nous venions à oublier les croyances chrétiennes, nous ne nous entendrions plus en parlant de l'âme, nous cesserions de comprendre un terme dont le sens s'est formé à la longue sous l'influence du dogme chrétien.

Pour le philosophe aussi bien que pour le vulgaire, le sens habituel du mot *âme* semble indiquer que l'on considère comme ce qu'il y a de capital dans la nature de l'homme, dans la personne humaine, non l'intelligence qui l'éclaire, mais la vie qui l'anime, vie fort supérieure à la vie animale, et dont les instincts (s'il est vrai que l'instinct soit inséparable de la vie (doivent être estimés fort au-dessus des instincts de la chair et du sang. De cette âme, de cette vie supérieure, la science ne sait rien, la philosophie critique ne peut rien dire avec une autorité suffisante : mais les besoins de l'âme sont là, ses instincts la sollicitent ; l'homme y cède ou y résiste, entraîné qu'il est d'ailleurs par les sollicitations des sens ou par l'orgueil de sa raison. Si l'âme succombe dans la lutte, c'est tantôt la brute qui reste, au grand péril de la société, tantôt la pure intelligence (νοῦς) avec cette apathie sereine, cette superbe indifférence tant vantée par la philosophie antique et que l'analogie des situations porte à glorifier de nouveau, comme dans ce personnage olympien de Gœthe dont les Allemands sont si fiers.

Les philosophes ont coutume de distinguer dans l'homme l'âme et le corps, et dans l'âme l'entendement et la volonté : mais l'instinct dérange fort cette *dichotomie ;* car le corps vivant a ses instincts comme l'âme a les siens ; et les instincts de l'âme, tels que la croyance à une autre vie pour nous et pour les personnes qui nous sont chères, ne peuvent se ranger, ni sous la rubrique de la volonté, ni sous la rubrique de l'entendement, quoiqu'ils aient une relation évidente, tant avec les déterminations de la volonté qu'avec les idées d'après lesquelles l'entendement se gouverne.

Des besoins, des instincts supérieurs de l'âme et de l'insuffisance de la raison, de la science pour leur donner la satisfaction qu'ils réclament, nous n'entreprendrons point de traiter ici avec détail : cela a été fait tant de fois, par de si beaux génies et avec des magnificences de couleur ou des finesses de touche que nous ne saurions avoir la prétention d'imiter!

Puisque les religions se sont formées surtout en vue de répondre à ces besoins et à ces instincts, ou ne se sont soutenues que parce qu'elles y répondaient plus ou moins, il suffit de rappeler en gros les circonstances où la plupart des hommes sont amenés à recourir, où quelques-uns regrettent de ne pouvoir recourir aux consolations et aux espérances religieuses. Il faut rappeler aussi que les religions ne sont pas établies seulement en vue de soulager les âmes qui souffrent, de soutenir les âmes faibles, de relever les âmes déchues; mais qu'il rentre encore dans leur institution de tracer des voies indéfinies de perfectionnement, d'ouvrir des perspectives sans bornes aux âmes les plus fortes, les plus pures et souvent les mieux partagées dans la distribution des biens terrestres.

Aux époques de doute comme aux époques de foi, l'on a vu dans tous les rangs, surtout chez le sexe le plus délicat physiquement et moralement, des gens enclins à des ravissements, à des extases, à des terreurs, à des superstitions dont les unes se mariaient à la religion établie, tandis que la foi orthodoxe en condamnait d'autres, et qui toutes témoignaient de la disposition de l'homme à croire à des puissances surnaturelles, à un monde mystérieux et invisible sur lequel la science et la raison n'ont pas plus de prise que les sens. Pour exprimer cette disposition, on a déjà dans la langue philosophique le mot de *mysticisme*, mais il s'y attache une sorte de défaveur qu'il faut éviter, si l'on veut étudier le fait en lui-même et sans parti pris. On a aussi proposé les épithètes de *transcendant*, de *transcendantal*, qui nous donnent à entendre quelque chose d'*au delà*, sans dire au delà de quoi, et que géomètres et métaphysiciens ont employées diversement, parfois même trop ambitieusement. Nous ne voudrions pas forger un mot nouveau, et pourtant il nous semble que le mot de *transrationalisme* n'aurait pas les inconvénients qu'on vient de signaler : il dit tout ce qu'il faut dire et ne dit que cela. Au reste il ne s'agit pas d'en faire un mot de la langue, mais une simple étiquette pour un fait ou une idée dont l'importance n'est pas contestable (1).

Pour qui va au fond des choses, le passage au transrationalisme est l'inverse du mouvement par lequel l'idée pure se dégage de l'image et de toutes les affections de la sensibilité : c'est une réaction de l'âme contre des habitudes d'abstraction qui la rebutent, comme suspectes de dessécher en elle les sources de la vie.

L'âme en quête de l'invisible, du surnaturel et du divin peut avoir confiance en ses propres forces, s'abandonner à ses inclinations, ou au contraire, persuadée de son insuffisance, se soumettre à une autorité qui la dirige et que l'éducation, la tradition, l'exemple lui ont appris à respecter. C'est à des croyances ainsi réglées par une autorité extérieure que s'applique surtout le nom de *foi*. Quand l'âme ne connaît pas ce joug ou qu'elle l'a secoué, le transrationalisme a libre carrière, à cette seule condition de justifier le nom que nous lui avons donné, c'est-à-dire de faire, selon les dispositions individuelles, des excursions par delà le

---

(1) Puisque les disciples d'Aug. Comte, bien supérieurs à leur maître pour le style comme pour la doctrine, ont accepté sa *sociologie* et son *altruisme*, y aurait-il outrecuidance à demander qu'on supportât notre *transrationalisme ?*

domaine de la raison et de la science, sans contredire la raison ni la science sur leur propre terrain où doivent se rencontrer toutes les saines intelligences. Ainsi il serait contraire à la raison de croire qu'il s'est passé ou qu'il se passe dans le monde phénoménal des faits incompatibles avec les conditions fondamentales de tout phénomène, avec les lois du monde physique valables en tout temps et en tout lieu : tandis que la raison ne serait point choquée de la croyance à des faits qui impliquent seulement une dérogation mystérieuse aux règles habituelles de la Nature, dans un ordre de faits enveloppés pour nous des ombres du mystère. Grâce à une analyse plus subtile, la raison s'accommoderait encore de la croyance à des faits dont l'apparente contradiction avec les notions fondamentales pourrait disparaître, moyennant qu'on admît que celles-ci ne sont vraies que d'une vérité relative et non absolue, moyennant que l'on distinguât entre le *phénomène* et le *noumène* (p. 358). En tout cas il serait déraisonnable de mêler le phénomène et le noumène, le visible et l'invisible, les conditions du monde sensible et celles d'un monde suprà-sensible. Ce serait tomber dans le mythe qui n'est que le travestissement du noumène en phénomène. Par exemple, s'il est légitime de croire à une vie future pour la récompense des vertus et le châtiment des crimes, il y aurait enfantillage à localiser cette vie future dans quelque planète, au centre de la terre ou par delà la voie lactée. Il faut la concevoir affranchie de toutes les conditions des phénomènes sensibles, de la condition de l'espace comme de la condition du temps.

Il faut encore que la croyance soit justifiée par

quelque besoin de l'âme, et non suggérée par une vaine curiosité de l'esprit ou par les écarts d'une imagination déréglée. Vous voudriez connaître la physionomie de la Nature australienne : allez y voir ; ou si vos occupations, votre santé, votre bourse ne vous permettent pas cette satisfaction, sachez couper court aux rêves de votre imagination. La Nature refuse aux touristes la satisfaction d'aller visiter le monde de Jupiter : il faut en prendre son parti ou, si l'on veut se passer la fantaisie d'un voyage imaginaire, y mettre une grande sobriété. C'est un amusement de l'esprit auquel l'âme n'est point intéressée. En général, il est contre la raison de vouloir supprimer par l'imagination les barrières physiques qui bornent nos connaissances. Car nous pouvons être assurés que, si de tels obstacles physiques étaient levés, l'étendue de nos connaissances s'accroîtrait sans que les conditions fondamentales de notre connaissance fussent changées : de sorte que nous serions encore réduits à deviner ce que justement nous désirerions le plus de connaître, pour avoir le nœud de ces grands problèmes que l'esprit, conseillé par la raison, peut écarter comme insolubles, mais dont l'âme n'est pas libre de se désintéresser.

On peut être sûr que, tant qu'il y aura des hommes, il y aura des âmes que ces grands problèmes préoccuperont, agiteront, tourmenteront. Cependant il faut reconnaître que d'autres facultés de l'homme, et notamment l'expérience, la science, l'industrie, comportant des progrès indéfinis, la part laissée à ce qui ne s'accroît pas de même doit aller en s'amaigrissant. Par le progrès de ce qu'il est convenu d'appeler civilisation, les liens de l'individu et de la société avec le monde sensible, avec les choses terrestres, ne se relâchent pas, bien au contraire. Si de grands malheurs publics ou privés ont pour effet momentané d'en rompre quelques-uns, comme cela s'est vu lors de l'effondrement du monde romain, le fil rompu se renoue et la tendance générale l'emporte. On peut gémir de cette tendance, on ne la surmontera pas. Les individualités en tout genre s'effacent : il s'établit un niveau moyen des âmes comme un niveau moyen des esprits et des fortunes ; et [la suppression ou la neutralisation des grandes individualités influe bien plus défavorablement encore sur le niveau moyen des âmes que sur le niveau moyen des esprits (p. 233). Car, en ce qui concerne les choses de l'esprit, et surtout les choses d'expérience, de science, d'industrie, elle est en partie compensée par l'accroissement du nombre des chercheurs et les perfectionnements apportés dans les procédés de recherche.

Ces remarques s'appliquent aux croyances religieuses comme aux autres croyances de l'âme malgré les caractères qui distinguent les croyances religieuses et qui provoquent, dans la défense et dans l'attaque, une vivacité et une persistance qu'on n'observe nulle part ailleurs. Même à l'heure actuelle il est clair que la question religieuse selon les uns, cléricale comme d'autres l'appellent, prime de beaucoup toutes les questions dynastiques et politiques et figure au premier chef parmi les questions qu'on appelle sociales. Les partis se sont arrangés pour lever à cet égard tout doute, toute équivoque. L'incompatibilité absolue, la guerre à outrance ont été proclamées de part et d'autre ; et les modérés, les pacifiques attendent avec anxiété l'issue du combat.

Il faut bien le reconnaître : tant de progrès accomplis depuis quatre siècles dans les sciences, dans l'industrie, dans toutes les branches de la civilisation, non-seulement sans le secours de l'esprit chrétien, mais même au préjudice évident de l'esprit chrétien, inclinent à croire que cet esprit de renoncement, d'humilité, est effectivement incompatible avec les aspirations du siècle et le mouvement d'une civilisation progressive et luxueuse. D'un autre côté, le désordre croissant des esprits, l'audace des nouvelles théories, les excès lamentables du fanatisme anti-religieux expliquent comment des hommes éclairés, qui même n'envisageraient les choses que d'un point de vue purement humain, peuvent être amenés à croire que les prospérités dont le monde moderne est si fier n'auront qu'un temps; que quelque grande catastrophe obligera bien les hommes et les sociétés humaines à rentrer dans la voie hors de laquelle il n'y a point de salut. Au fond cette situation ressemble fort à celle des chrétiens des premiers siècles, attendant à bref délai, avec une espérance mêlée de crainte, le jour du Seigneur, ou à celle des Juifs opprimés, consignant dans des prophéties anonymes ou apocryphes, leur attente de l'ère messianique et du triomphe d'Israël. L'idée est la même avec des ménagements d'expression qui tiennent justement au progrès des connaissances scientifiques et de l'expérience historique. Il n'y a en effet qu'un surcroît d'expérience historique qui puisse un jour (p. 211), ou décidément constater le triomphe de l'idée religieuse dans ses prétentions au gouvernement de la société, ou reléguer parmi les songes de l'esprit humain cette croyance à une conversion finale après une grande défection, à une victoire finale de l'esprit chrétien sur l'esprit du siècle, qui pourtant ne serait pas celle dont il a été dit dès le principe qu'elle serait accompagnée ou presque immédiatement suivie de la dissolution du monde et du siècle.

A l'état d'indépendance de toute autorité dogmatique, les croyances religieuses ne peuvent que tourner rapidement à une vague religiosité, si l'enthousiasme de secte, auquel certaines races paraissent plus disposées que d'autres, ne vient les raviver sans cesse en multipliant les sectes et en les remplaçant les unes par les autres. Toutefois l'on ne peut guère méconnaître une cause générale d'attiédissement qui opère même au sein des races où les émotions religieuses sont le plus généralement partagées.

Là au contraire où, pour fixer les croyances religieuses et en prévenir la dégénérescense, règne une autorité dogmatique et absolue, nos remarques, sans changer au fond, prendront une autre forme. Les règles de bon sens que doit observer dans l'adoption de ses croyances l'âme affranchie de toute autorité, deviennent les règles de sagesse qui doivent présider à la fixation du dogme et à la détermination de la compétence de l'autorité dogmatique.

Il serait absurde de soumettre à une autorité dogmatique la décision d'une question de mathématiques, de chimie, d'histoire naturelle, de chronologie ou d'histoire proprement dite. Où la science et l'histoire ont prise ou peuvent un jour avoir prise, il faut appliquer les méthodes scientifiques, mettre en œuvre les matériaux historiques, ou attendre patiemment qu'on ait recueilli les observations et les documents nécessaires.

Mais, ce qui semblait à une époque être tout à fait hors du domaine de la science ou de l'histoire, peut y rentrer par suite de quelque découverte inattendue ou du lent progrès des méthodes et de la critique. Et comme les dépositaires de l'autorité dogmatique sont des hommes toujours plus ou moins imbus des opinions de leur temps ou des temps antérieurs, comme ils ne reçoivent (par hypothèse) de lumières surnaturelles que sur des choses où les lumières naturelles sont et seront toujours insuffisantes, il faut que leur prudence soit bien grande pour qu'il ne leur arrive jamais d'excéder leur compétence en décidant dogmatiquement ce qui ne comportait pas alors, mais ce qui comportera plus tard une solution scientifique, au risque de contrarier la solution dogmatique.

Pour asseoir la compétence de l'autorité en matière de dogme, il ne suffit pas que la question ne puisse se résoudre scientifiquement ou historiquement : il faut que la réponse soit sollicitée par les besoins de l'âme, non par la curiosité de l'esprit; il faut, pour employer la formule des théologiens, qu'elle intéresse « la foi ou les mœurs ». Mais les mœurs sont changeantes au point que ce qui intéressait les mœurs peut cesser de les intéresser, et que les lois civiles en viendront à encourager ce qu'elles proscrivaient, ou à proscrire ce qu'elles encourageaient. Le prêt à intérêt, la traite des nègres offrent des exemples saillants de l'un et de l'autre cas. Il est toujours bon de faire du respect des lois établies un précepte divin : mais il a été prudent de ne pas fonder l'esclavage sur le droit divin, et imprudent (l'imprudence est aujourd'hui réparée) de condamner de droit divin le prêt à intérêt.

Bref, l'autorité dogmatique et l'autorité scientifique sont deux puissances qui ont chacune leur territoire, leur juridiction, leur compétence, et qui dans les cas douteux peuvent se trouver en conflit comme l'Eglise et l'Etat, ou comme d'autres pouvoirs mis en face les uns des autres par la constitution de l'Etat. Or, il est naturel que chaque pouvoir veuille rester juge du conflit et de la question de compétence, sauf à se dessaisir de son plein gré s'il reconnaît lui-même son incompétence. Chaque pouvoir veut avoir le dernier mot ou, en d'autres termes, la souveraineté, dans la crainte de perdre sa légitime autonomie s'il ne se réserve le dernier mot : comme en effet il en courrait le risque si l'on décernait le gouvernement du monde à la logique pure plutôt qu'à la raison et au bon sens (p. 301). On ne doit donc pas s'étonner si l'autorité dogmatique entend rester juge de la compétence, ne se déjuger jamais et ne se dessaisir qu'à bon escient, après qu'une autre autorité a établi d'une manière éclatante, par des preuves irrésistibles, sa propre compétence. Il est bien naturel à une autorité essentiellement conservatrice de repousser l'innovation, tant que les novateurs ne se sont pas mis d'accord entre eux.

Cependant, tout en admettant en droit les prétentions de l'autorité dogmatique à rester juge du conflit et à avoir le dernier mot, il faut bien reconnaître qu'en fait le dernier mot ne peut manquer de rester à l'autorité scientifique dont le propre est de gagner toujours du terrain et de s'affirmer devant les hommes par des succès éclatants, par des découvertes d'une incontestable utilité. Encore une fois la plus grande prudence est requise pour ne pas se brouiller sans retour avec un tel pouvoir, aujourd'hui sûr de sa force et qu'on n'amènera point à abdiquer son autonomie. Puisque l'autorité dogmatique ne saurait se déjuger, il faut qu'elle ne tranche les questions qu'à la dernière extrémité. Il faut même qu'elle se prête à laisser tomber dans l'oubli, plutôt que de les réveiller intempestivement, les décisions qu'elle aurait pu rendre par suite d'une *erreur de fait* sur les limites de sa compétence : erreur couverte dans le passé par la maxime *error communis facit jus*, mais contre laquelle, pour les suites à venir, le recours est toujours ouvert, à la condition de rapporter la preuve indéniable de l'erreur de fait.

D'un autre côté, il ne faut pas non plus que l'autorité de la science, ou plutôt des savants, se montre arrogante ou tyrannique : arrogante en ce qu'on ferait sonner le nom de science d'autant plus haut que les découvertes ou les preuves mises en avant seraient encore plus loin d'avoir acquis les caractères vraiment scientifiques; tyrannique en ce qu'on trouverait mauvais que, dans des cas douteux, d'honnêtes gens s'en rapportassent aux guides qui ont de longue main leur confiance, plutôt qu'à de nouveaux venus dont ils ne sauraient contrôler les dires, ni vérifier les lettres de créance. Dans le cas même où leur résistance deviendrait de l'obstination, ce serait encore une obstination respectable.

FIN.

TABLE DES MATIÈRES.

PREMIÈRE SECTION. — MATÉRIALISME.

PAGES.

§ 1er. — De l'idée de matière. 1
§ 2. — De l'idée de force et des principes de la mécanique. . 9
§ 3. — De la constitution chimique des corps et de l'atomisme chimique. 22
§ 4. — Des agents impondérables et de la conversion des énergies physiques les unes dans les autres. 34
§ 5. — Du rôle des sens dans la construction des sciences physico-chimiques. 47
§ 6. — Des modes de succession et d'extinction des phénomènes physico-chimiques, et des idées de déterminisme et de hasard qui y sont applicables. 59
§ 7. — De l'idée du monde et de la cosmologie physique. . . 69
§ 8. — Des questions d'origine ou de la cosmogonie physique. 78

DEUXIÈME SECTION. — VITALISME.

§ 1er. — De la vie et de l'instinct. 87
§ 2. — De l'idée de force, appliquée aux phénomènes de la vie. 99
§ 3. — Des idées du déterminisme et du surnaturel, dans l'ordre des phénomènes de la vie. 112
§ 4. — De la distinction entre la biologie et l'histoire naturelle proprement dite. — De l'idée de type organique. 127
§ 5. — De la paléontologie. 135
§ 6. — De l'espèce organique. 144
§ 7. — Du principe de la concurrence vitale et de la sélection naturelle. 157
§ 8. — De la psychologie animale et du passage de la zoologie à l'anthropologie. 170

www.ingramcontent.com/pod-product-compliance
Lightning Source LLC
Chambersburg PA
CBHW052126230426
43671CB00009B/1139